总第 55 辑 (2022.2)

中国审判指导丛书

商事审判指导

最高人民法院民事审判第二庭 编

人民法院出版社

图书在版编目（CIP）数据

商事审判指导. 总第55辑 / 最高人民法院民事审判第二庭编. -- 北京：人民法院出版社，2023.5
（中国审判指导丛书）
ISBN 978-7-5109-3797-2

Ⅰ. ①商… Ⅱ. ①最… Ⅲ. ①经济纠纷－民事诉讼－审判－中国－参考资料 Ⅳ. ①D925.118.2

中国国家版本馆CIP数据核字（2023）第080616号

商事审判指导　2022年第2辑（总第55辑）
最高人民法院民事审判第二庭　编

责任编辑	路建华
出版发行	人民法院出版社
地　　址	北京市东城区东交民巷27号（100745）
电　　话	（010）67550660（责任编辑）　67550558（发行部查询）
	65223677（读者服务部）
客 服 QQ	2092078039
网　　址	http://www.courtbook.com.cn
E - mail	courtpress@sohu.com
印　　刷	河北鑫兆源印刷有限公司
经　　销	新华书店

开　　本	787毫米×1092毫米　1/16
字　　数	264千字
印　　张	17.75
版　　次	2023年5月第1版　2023年5月第1次印刷
书　　号	ISBN 978-7-5109-3797-2
定　　价	68.00元

版权所有　侵权必究

《商事审判指导》
编委会

编委会主任 刘贵祥

编委会副主任 林文学　杨永清　付金联　周伦军

　　　　　　　卢成军

编委会委员 （以姓氏笔画为序）

　　　　　丁俊峰　刘崇理　苏　蓓　杜　军

　　　　　李　伟　李　涛　李晓云　李敬阳

　　　　　杨　卓　张　颖　张小洁　郁　琳

　　　　　黄　年　梅　芳　麻锦亮　葛洪涛

　　　　　潘勇锋

执 行 编 委 李敬阳

执 行 编 务 陈　明　李　洁

目　录

【政策通知】

最高人民法院
　　印发《关于为深化新三板改革、设立北京证券交易所提供
　　　　司法保障的若干意见》的通知
　　　　（2022年6月23日） ………………………………………（1）

【大法官论坛】

从公司诉讼视角对公司法修改的几点思考 …………刘贵祥（9）
当前民商事审判中几个方面的法律适用问题 …………刘贵祥（47）

【权威解读】

《最高人民法院关于人民法院强制执行股权若干问题的规定》的
　　理解与适用 ……………何东宁　邵长茂　刘海伟　王　赫（101）
中国银保监会、中国人民银行有关部门负责人就《关于推动
　　动产和权利融资业务健康发展的指导意见》答记者问………（117）
中国银保监会、中国人民银行有关部门负责人就《关于进一步
　　促进信用卡业务规范健康发展的通知》答记者问……………（122）

【地方司法文件】

上海市高级人民法院　中国证券监督管理委员会上海监管局
贯彻落实《关于适用〈最高人民法院关于审理证券市场虚假陈述
侵权民事赔偿案件的若干规定〉有关问题的通知》
加强协作的若干意见
（2022年5月16日）……………………………………（127）

【征求意见】

最高人民法院
关于适用《中华人民共和国民法典》合同编通则部分的解释
（征求意见稿）………………………………………（131）

【实务研讨】

出资不实股东对公司债权人的责任范围 …………潘勇锋（157）
目标公司能否为购买目标公司股权的转让款提供担保
………………………………………李晓云　汪自洁（171）
关于重整程序中债转股的性质认定和法律适用问题
……………………………………………………郁　琳（180）
企业破产法实施中的八个突出问题与相关修法建议
……………………………………………………俞秋玮（191）

【裁判文书选登】

招商银行股份有限公司济南分行与临清新银河实业有限公司、
中冶纸业银河有限公司金融借款合同纠纷案
——最高人民法院民事裁定书（2021）最高法民申2707号 …（206）

【案例解析】

证券服务机构承担虚假陈述民事赔偿责任的认定
　　——李某某等诉中安科股份有限公司等证券虚假
　　陈述责任纠纷案 ………………………………… 周伦军(212)

无法证明票据所签印章系付款人签章时的票据责任
　　——西安品博公司与巴士在线公司票据纠纷案 …… 郝晋琪(227)

民营上市公司市场化重整探索与实践
　　——天海融合防务装备技术股份有限公司重整案
　　………………………………………………………… 姚　磊(235)

董事任期届满拒绝续任可请求涤除登记
　　——光大安石(北京)资产管理有限公司诉重庆悠游光石
　　企业管理有限公司等变更公司登记纠纷案
　　………………………………… 郝绍彬　吕荣荣　刘智铭(254)

同业存款业务中表见代理及资金损失分担的认定
　　——广发银行股份有限公司福州分行与中国农业银行
　　股份有限公司荆州分行等合同纠纷案 ………… 关晓海(262)

【政策通知】

最高人民法院
印发《关于为深化新三板改革、设立北京证券交易所提供司法保障的若干意见》的通知

2022 年 6 月 23 日　　　　　　　　　法发〔2022〕17 号

各省、自治区、直辖市高级人民法院，解放军军事法院，新疆维吾尔自治区高级人民法院生产建设兵团分院：

现将《最高人民法院关于为深化新三板改革、设立北京证券交易所提供司法保障的若干意见》印发给你们，请认真贯彻落实。

最高人民法院
关于为深化新三板改革、设立北京证券交易所
提供司法保障的若干意见

深化新三板改革、设立北京证券交易所，是中央全面深化资本市场改革、完善资本市场基础制度、提升资本市场功能、支持中小企业创新发展的重要安排，也是落实创新驱动发展战略、推进北京国际科技创新中心和国家金融管理中心建设的重大举措。为充分发挥人民法院审判职能作用，保障深化新三板改革、设立北京证券交易所顺利推进，保护中小企业和投资者合法权益，现就人民法院正确审理新三板挂牌公司、北

京证券交易所上市公司相关案件等问题，提出如下意见。

一、提高认识，全面把握深化新三板改革、设立北京证券交易所的重要意义和总体安排

1. 充分认识深化新三板改革、设立北京证券交易所的重要意义。党的十八大以来，党中央高度重视资本市场改革和中小企业发展工作。中央经济工作会议、"十四五"规划纲要和中央政治局会议都对发展"专精特新"中小企业和深化新三板改革作出了重要部署。立足于打造服务创新型中小企业主阵地，此次深化新三板改革，将新三板精选层变更设立为北京证券交易所，打通"创投基金和股权投资基金—区域性股权市场—新三板—证券交易所"中小企业持续成长的全链条市场服务体系，创造中小企业积极向上的良性市场生态，充分体现了以习近平同志为核心的党中央对资本市场服务广大中小企业发展的殷切希望。各级人民法院要坚持以习近平新时代中国特色社会主义思想为指导，认真贯彻落实习近平总书记关于资本市场和中小企业发展的一系列重要指示批示精神，依法妥善审理涉全国中小企业股份转让系统、北京证券交易所及其挂牌公司、上市公司的各类案件，为中小企业健康发展和多层次资本市场体系建设营造良好的司法环境。

2. 准确把握深化新三板改革、设立北京证券交易所的总体安排。本次改革，新三板基础层、创新层和北京证券交易所聚焦服务创新型中小企业，形成"层层递进"的市场结构：北京证券交易所在新三板精选层基础上变更设立，新三板仍保留基础层和创新层挂牌公司，基础层挂牌公司符合创新层进层条件的，进入创新层；北京证券交易所上市公司从新三板创新层挂牌公司产生，同步试点股票发行注册制；与沪深市场相比，北京证券交易所拥有相同的法律地位和市场功能，其上市公司符合转板条件的，可转到创业板和科创板上市。北京证券交易所与沪深交易所、区域性股权市场坚持错位发展与互联互通，重在实现"三个目标"：一是构建一套契合创新型中小企业特点的基础制度安排，二是畅通北京

证券交易所在多层次资本市场的纽带作用，三是培育一批"专精特新"中小企业，形成良性市场生态。各级人民法院要立足证券刑事、民事和行政审判实际，深刻认识多层次资本市场"层层递进"市场结构的多层次司法需求，通过司法审判推动形成市场参与各方依法依约行为、资金信息有序流动、主体归位尽责及合法权益得到有效保护的良好市场生态，为投资者放心投资、中小企业大胆创新创业提供有力司法保障。

二、靠前发力，依法保障深化新三板改革、设立北京证券交易所重大部署顺利推进

3. 依法保障证券监管部门行政监管和北京证券交易所自律管理。设立北京证券交易所并试点注册制，除在前端进行发行上市制度改革外，证券监管部门和北京证券交易所根据创新型中小企业的特点，对上市公司再融资、并购重组、交易、退市等配套制度进行了完善。各级人民法院要立足司法审判，通过统一法律适用保障各项改革举措有效实施，支持多层次资本市场发展普惠金融。对于证券监管部门、证券交易所经法定程序制定的、与法律法规不相抵触的股票发行、上市、持续监管等规章、规范性文件和业务规则的相关规定，人民法院可以在审理案件时依法参照适用。对于北京证券交易所所涉纠纷，要积极引导当事人先行通过证券交易所听证、复核等程序表达诉求，寻求救济。严格执行证券法有关保障证券交易所履行自律管理职能的有关规定，依法落实证券交易所正当自律管理行为民事责任豁免原则。

4. 充分尊重新三板作为国务院批准的全国性证券交易场所的改革实践和业务规则。新三板为证券法规定的国务院批准的全国性证券交易场所。由于证券法对全国性证券交易场所的规定相对比较原则，新三板在深化改革中探索出一套以证券监管部门规章、规范性文件以及证券交易场所业务规则为主，适应"层层递进"市场结构安排的挂牌转让、持续监管等制度体系。人民法院在事实认定和法律适用过程中，应充分尊重相关改革实践，参照适用依法制定的相关规章、规范性文件、业务规则，切实维护新三板市场秩序,保护投资者合法权益。

5. **对北京证券交易所及其上市公司所涉案件集中管辖。**根据《最高人民法院关于北京金融法院案件管辖的规定》(法释〔2021〕7 号)相关规定,对于以北京证券交易所为被告或者第三人的与证券交易场所管理职能相关的第一审证券民商事和行政案件,由北京金融法院管辖。为统一裁判标准,稳定市场司法预期,服务北京国家金融管理中心建设,参照《最高人民法院关于北京金融法院案件管辖的规定》第三条的规定,对北京证券交易所上市公司所涉证券发行纠纷、证券承销合同纠纷、证券上市保荐合同纠纷、证券上市合同纠纷、证券交易合同纠纷和证券欺诈责任纠纷等第一审金融民商事案件,由北京金融法院试点集中管辖。

6. **全面参照执行科创板、创业板司法保障意见的各项司法举措。**本次设立北京证券交易所并试点注册制改革充分借鉴和吸收了科创板、创业板试点注册制改革经验,并针对中小企业特点作了部分差异化安排。各级人民法院在审理涉北京证券交易所相关案件时,要增强为设立北京证券交易所并试点注册制提供司法保障的自觉性和主动性,本意见未规定的,参照适用《最高人民法院关于为设立科创板并试点注册制改革提供司法保障的若干意见》(法发〔2019〕17 号)、《最高人民法院关于为创业板改革并试点注册制提供司法保障的若干意见》(法发〔2020〕28 号)。

三、主动作为,以优质司法服务支持中小企业借助资本市场做大做强

7. **依法支持证券中介机构服务中小企业挂牌上市融资。**相较于沪深上市公司,新三板基础层、创新层和北京证券交易所的创新型中小企业处于发展早期,规模体量相对较小。各级人民法院在审理涉中小企业及其证券中介机构虚假陈述案件时,要立足被诉中小企业尚属创业成长阶段这一实际,准确完整理解《最高人民法院关于审理证券市场虚假陈述侵权民事赔偿案件的若干规定》(法释〔2022〕2 号,以下简称《虚假陈述司法解释》)所秉持的证券中介机构责任承担与注意义务、注意能力

和过错程度相适应原则,力戒"一刀切"。要准确适用《虚假陈述司法解释》第十七条至第十九条的规定,对服务中小企业的证券中介机构的过错认定,坚持排除职业怀疑后的合理信赖标准,提高裁判标准的包容性和精准性。要正确厘清新三板挂牌公司主办券商与上市公司保荐机构职责之间的差异,按照《虚假陈述司法解释》第二十三条的规定,审慎判定主办券商的责任范围,防止过分苛责证券中介机构产生"寒蝉效应"。

8. 按照"层层递进"的市场结构对虚假陈述民事责任予以区别对待。人民法院在认定虚假陈述内容是否符合《虚假陈述司法解释》第十条规定的重大性标准时,应当尊重创新型中小企业的创业期成长特点,对其信息披露质量的司法审查标准不宜等同于发展成熟期的沪深上市公司,做到宽严适度:对于财务报表中的不实记载系由会计差错造成的,在信息披露文件中的技术创新、研发预期等无法量化内容的宣传进行合理商业宣传的,以及信息披露文件中未予指明的相关事实对于判断发行人的财务、业务和经营状况等无足轻重的,人民法院可视情形根据《虚假陈述司法解释》第六条第一款、第十条第三款等规定,认定该虚假陈述内容不具有重大性,为创新型中小企业创业创新营造良好环境。因北京证券交易所上市公司的财务造假等违法违规行为,部分可能追溯至其在新三板挂牌期间,对于该类案件,人民法院要结合其跨新三板基础层、创新层和北京证券交易所期间的信息披露等行为,准确把握不同阶段的信息披露要求,综合认定其违法违规行为及其实施日等要素,不得随意延展其虚假陈述实施日的时间范围,防止上市中小企业民事赔偿责任不当扩大。要尊重新三板市场流动性及价格连续性与交易所市场存在较大差距的客观实际,人民法院在新三板挂牌公司虚假陈述案件损失计算上,不宜直接适用《虚假陈述司法解释》第二十七条和第二十八条的规定,而应主要根据第二十六条第五款的规定充分听取专业意见,以对相关行业企业进行投资时的通常估值方法等为参考,综合考量各项因素,合理确定投资者损失。

9. 秉持资本市场"三公"原则依法降低中小企业融资交易成本。畅通资本市场直接融资途径，是解决中小企业"融资难、融资贵"的有效举措。对于创新型中小企业的上市和再融资，不仅要打通多层次资本市场"扶上马"，还要秉持公开、公平、公正原则"送一程"。在上市过程中，对于为获得融资而与投资方签订的"业绩对赌协议"，如未明确约定公司非控股股东与控股股东或者实际控制人就业绩补偿承担连带责任的，对投资方要求非控股股东向其承担连带责任的诉讼请求，人民法院不予支持。在上市公司定向增发等再融资过程中，对于投资方利用优势地位与上市公司及其控股股东、实际控制人或者主要股东订立的"定增保底"性质条款，因其赋予了投资方优越于其他同种类股东的保证收益特殊权利，变相推高了中小企业融资成本，违反了证券法公平原则和相关监管规定，人民法院应依法认定该条款无效。为降低中小企业上市成本，对于证券中介机构以其与发行人及其控股股东、实际控制人等在上市保荐、承销协议、持续督导等相关协议中存有约定为由，请求补偿其因发行人虚假陈述所承担的赔偿责任的，人民法院不予支持。

10. 优化审判执行程序降低创新型中小企业诉讼成本。各级人民法院要认真贯彻落实《最高人民法院关于充分发挥司法职能作用助力中小微企业发展的指导意见》（法发〔2022〕2号）精神，处理可能对创新型中小企业持续稳定经营造成较大影响的诉讼案件时，要充分听取中小企业的诉求，依法充分优化立案、保全、审理、执行等诉讼程序，切实降低企业诉讼时间成本和经济成本。对创新型中小企业要依法审慎采取财产保全措施，经初步审查认为当事人的诉讼请求明显不能成立的，依法驳回保全申请。当事人超出诉讼请求范围申请保全的，对超出部分的申请，不予支持。在金钱债权案件中，被采取保全措施的中小企业提供担保请求解除保全措施，经审查认为担保充分有效的，应当裁定准许，不得以申请保全人同意为必要条件。各级人民法院应当依托12368诉讼服务热线、执行信访等问题反映渠道，建立解决超标的查封、乱查封问题快速反应机制，对当事人反映的问题及时受理，快速处理；执行人员对超标的查封、乱查封问题存在过错的，依法严肃追责。

四、恪守底线，依法有效保护投资者合法权益

11. 严厉打击涉新三板基础层、创新层和北京证券交易所市场违法犯罪行为。充分发挥刑事责任追究的一般预防和特殊预防功能，严防"带病闯关"，依法从严惩处通过财务造假等方式实现在新三板挂牌、北京证券交易所上市或者挂牌、上市后发行证券引发的欺诈、腐败等犯罪行为。对于发行人与证券中介机构合谋串通在证券发行文件中隐瞒重要事实或者编造重大虚假内容，以及发行审核、注册工作人员以权谋私、收受贿赂或者接受利益输送的，依法从严追究刑事责任；依法严惩违规披露、不披露重要信息、内幕交易、利用未公开信息交易、操纵证券市场、背信损害上市公司利益等犯罪，依法加大财产刑处罚力度，严格控制缓刑适用。对于假借新三板名义非法集资行为，以"新三板挂牌公司原始股"名义吸引投资者、未经合规发行程序违规募集资金，构成犯罪的，依法从严惩处。

12. 切实防止上市公司、挂牌公司通过破产程序损害投资者合法权益。《最高人民法院关于审理上市公司破产重整案件工作座谈会纪要》施行以来，人民法院依法审理部分上市公司破产重整案件，最大限度减少因上市公司破产程序给社会造成的不良影响，实现法律效果和社会效果的统一。北京证券交易所上市公司与沪深上市公司法律地位相同，对其破产重整案件，人民法院应当适用前述纪要办理。新三板挂牌公司虽因不具有法定上市公司地位，其破产重整案件不适用前述纪要程序，但其作为非上市公众公司，破产重整也涉及投资者、债权人等多方利益保护。为防止挂牌公司滥用破产重整程序逃废债务、损害投资者合法权益，人民法院在审理破产重整案件时，对于挂牌公司在破产重整过程中涉及资产交易并达到重大资产重组标准的，应加强与证券监管部门和证券交易场所的沟通协作，督促公司及相关主体依法履行相应程序，在司法程序中关注注入资产的合规情况等，依法惩处规避证券监管、损害公司和投资者合法权益的违法违规行为。

13. 依法规范证券投资咨询机构对新三板基础层、创新层和北京证券交易所市场的投资建议服务。新三板挂牌公司和北京证券交易所上市公司以中小企业为主，企业投资风险相对较高。各级人民法院在依法适用投资者适当性管理义务规定督促证券公司把好投资者"入口关"的同时，也要准确适用证券法第一百六十一条的规定督促证券投资咨询机构尽责归位。对于涉新三板挂牌公司和北京证券交易所上市公司的投资者诉证券投资咨询机构民事赔偿案件的审理，应重点审查该机构及其从业人员是否具有投资服务资质、提供投资建议时是否按照客观谨慎、忠实客户的原则，对于证券投资咨询机构未向投资者提示潜在投资风险、向客户承诺保证收益、进行利益输送等违反监管规定和行业自律规定的欺诈投资者行为，应依法判令其承担相应赔偿责任，切实保护投资者合法权益。

14. 进一步健全证券诉讼和纠纷多元化解机制。各级人民法院要认真遵照执行《最高人民法院关于证券纠纷代表人诉讼若干问题的规定》（法释〔2020〕5号），充分发挥证券集体诉讼震慑证券违法和保护投资者的制度功能。要运用人民法院一站式多元纠纷解决机制建设成果，发挥人民法院调解平台在化解证券纠纷中的重要作用，完善有机衔接、协调联动、高效便捷的证券纠纷多元化解机制。要立足新三板基础层、创新层和北京证券交易所市场的特点，进一步发挥专业力量在解决案件关键性争议焦点中的支持作用，加快制定专家证人的资格认定和管理办法，进一步发挥专家证人在案件审理中的作用，确保正确认定事实和适用法律。

【大法官论坛】

从公司诉讼视角对公司法修改的几点思考

刘贵祥[*]

党的十八大以来，以习近平同志为核心的党中央高度重视以法治思维和法治方式激发市场主体活力，在深化国有企业改革、提升企业竞争力、加强产权保护、优化营商环境、促进资本市场健康发展等方面作出重大决策部署，推动公司制度和实践进一步发展。党的二十大强调要构建高水平社会主义市场经济体制，完善中国特色现代企业制度，加快建设世界一流企业。立法机关及时启动作为社会主义市场经济制度基础性法律的公司法的系统修改，十分必要。《中华人民共和国公司法（修订草案）》（2022年12月二次审议稿，以下简称公司法修订草案）立足于我国国情和实际，汲取我国公司法学术研究成果及实践经验，借鉴域外立法例，强化党对国有企业的领导，完善国家出资公司特别规定，改革公司资本制度，优化公司组织机构设置，强化控股股东和经营管理人责任等，殊值赞同。一部科学的公司法不仅能够推动社会主义市场经济高质量发展，还能产生稳定社会预期、消除不必要的纠纷争议、减少诉讼的功能作用。本文结合长期以来人民法院审判实践中所遇到的争议，从公司诉讼视角就公司股东出资义务、公司经营的资本维持、与公司治理有关的协议、公司清算、公司关联交易、公司基础性制度等提出一些修

---

[*] 最高人民法院审判委员会副部级专职委员，二级大法官。

改建议，供讨论参考。

一、关于股东出资问题

基于对以公司注册资本信用为着力点的严格法定资本制并不能达到所假定的功能的深刻反思，自2013年修法以来，公司法对公司资本制度逐步松绑。从取消法定最低资本额及实缴资本制，到出资形式多样化且无期限限制的认缴资本制，再到本次公司法修订草案增加的股份公司授权资本制，可以说公司资本制度发生了跨越式变化。关键是这种变化在社会各方面形成了广泛共识。资本制度的重大变化，不是淡化公司法对债权人保护的功能，而是在公司法实践证明以注册资本为判断依据的资本信用并不能承受保护债权人之重反而束缚现代企业制度发展的情况下，作出的"两利相权取其重，两害相权取其轻"的路径选择。无论是严格的法定资本制，还是认缴资本制或授权资本制，都必须对维护公司相关者利益特别是债权人保护作出相应的制度安排，这是其他法律规范无法完全取代的。民法典中的合同制度、担保制度等虽然为公司债权提供了基本的保护框架，但是只是一般性地回答了债务人对债权人的义务问题，没有回答股东以及董事等在特定情况下对债权人的义务问题。股东逃避出资义务、控股股东滥用有限责任侵蚀公司财产、公司管理层采用一些方法规避合同条款的履行等，都需要以民法典原则性规定为基础，作出延伸或具体规定。在资本制度日益松绑或去管制化，更便利股东设立公司情况下，公司法如何规定债权人保护制度，在公司本身、公司股东与公司债权人之间寻求利益平衡，无疑应成为公司法修改所需要着力的一个重要方面。从公司诉讼的审判实践而言，债权人与公司发生纠纷，在公司履行能力或清偿能力弱化的情况下，债权人往往偏好或不得不在现行法律框架下寻求其他责任主体，而股东尤其是控股股东成为首选。债权人请求股东承担出资瑕疵责任、清算责任，请求控股股东承担滥用法人人格责任的，占有较大比例。因此，最高人民法院2008年、2011年分别发布的《最高人民法院关于适用〈中华人民共和国公司法〉若干问题的规定（二）》[以下简称《公司法解释（二）》]、《最高人民法院关于适用〈中华人民共和国公司法〉若干问题的规定（三）》[以下简称《公司法解释（三）》]主要是先行解决这类纠纷的法律适用问题，以公司法为依据明确实务判断标准。公司法修订草案对出资形式、认缴出资加速到期、股权转让时出让人及受让人的出资责任问题作了规定，在总结实践经验的基础上回应实践需求。从审判实务中的诸多争议看，一些规定还有进一步检视之必要。

（一）关于出资形态

现行公司法规定股东可以以实物、知识产权、土地使用权等可以用货币估价并可以依法转让的非货币财产出资。2022年3月1日废止的《公司注册资本登记管理规定》第六条规定符合该条规定条件的股权可以出资，《公司法解释（三）》第十一条规定出资人以符合该条规定条件的其他公司股权出资的，法院应当予以认可。上述《公司注册资本登记管理规定》第七条规定权利人对公司享有的符合该条规定条件的债权可以转为公司股权。该条许可了以债权转股权的方式出资，但未规定出资人以对他人享有的债权出资的问题。自2022年3月1日起施行的市场主体登记管理条例第十三条列举了不得用于出资的财产，其中不包括股权和债权，但是也要求不得以设定担保的财产作价出资。同日，国家市场监督管理总局公布的市场主体登记管理条例实施细则在废止上述《公司注册资本登记管理规定》的同时，在第十三条规定依法以境内公司股权或者债权出资的，应当权属清楚、权能完整，依法可以评估、转让，符合公司章程规定。这实际上一般地许可了以股权、债权出资。公司法修订草案第四十八条明确规定可以以股权、债权出资，该债权既包括出资人对公司享有的债权，也包括对他人享有的债权。"大陆法系对债权出资的态度比较宽容，但主要集中在公司增资扩股阶段，对于公司设立阶段则严格规制。"① 公司法修订草案的上述规定在债权出资上向前迈进了一大步。将股权、债权全面作为出资形态后，出资人用于出资的财产可以分为两类：一是货币、实物、房屋所有权、土地使用权等权利人具有直接支配力的财产；二是股权、债权等权利人不具有直接支配力的财产。这两类财产在功能上存在很大的不同。

对于第一类财产，其一般以特定物质载体的形式呈现和固化，便于被市场感知、监督和定价。而且，对其被用于出资前的出资人和被用于出资后的公司来讲，这类财产都具有直接支配性，权利人可以直接支配该财产。相应地以该类财产构成资本时资本的明确性、稳定性、可预期性较强。所以，对该类财产，法律主要要解决的问题有两个：一是确保这类财产完整、及时地转移到公司，完成权利变动。换言之，对于动产，需要出资人完成交付。对于不动产，需要及时完成权利过户登记。二是促进全面、准确地公示出资构成。因为资本结构相当程度上象征着公司经营前景。尤其是对于实物、房屋等非货币财产，其在流动性、变现能力方面无法与货币等同。全面准确的公示是降低相对人交易风险的必要手段。对此，公司法修订草案已予体现，不再赘述。

对于第二类财产，股权、债权等均不具有特定的物质载体，其权利具有意定性和非直接支配性，关键是具有较大的不确定性。（1）就债权出资而言，其与债务人的清偿能力、债务人是否享有抗辩权密切相关。如果以债务人丧失清偿能力或存在丧失清偿能力可能的债权出资，或以债务人对债权存在异议的债权出资，可以想象出来的几乎不可避免的争议是，在债权不能实现的情况下，出资股东是否承担出资不足责任？正常的市场风险导致债权不能实现与出资时就已经存在风险导致债权不能实现，出资责任是否应当区别对待？公司设立时按正当程序进行的评估或公示是否可以成为出资股东免除相应责任的抗辩事由？法院既往的裁判观点多认为"股东以其对第三人享有的债权出资的，应当认定出资无

---

① 葛伟军：《债权出资的公司法实践与发展》，载《中外法学》2010年第3期。

效。但是，以依法可以转让的无记名公司债券出资的，或者用以出资的债权在一审庭审结束前已经实现的，应当认定出资有效"①。现在看来此裁判观点有些保守，但如果法律明确规定债权可以出资而又不作任何规制或限定，将会加剧上述争议和纠纷并成为审判实务中的又一难题。（2）就股权出资而言，姑且不论封闭公司股权评估的现实困难，即使是在认缴资本制之下，未实缴出资的股权是否可以出资也是一个疑难问题。循此逻辑，接受未实缴出资的股权出资的公司不仅面临股权价值本身的商业风险，而且面临与自己的股东连带承担出资瑕疵责任或者加速到期责任的风险。而这种风险，毫无疑问会传递给对此没有任何控制能力的债权人。债权人是否可以请求以股权出资的股东在未实缴资本范围内承担出资不足责任，其他初始股东承担连带责任？而股权出资股东是否可以股权经正当程序评估且公司明知为由进行抗辩？笔者完全赞同公司法允许股权、债权等多样化的出资形式存在。但是，为了避免实践中不必要的纠纷频频发生，更为了防止因不稳定的出资形式造成公司资本空洞化，公司法应对其作必要的事前规制及事后补救规定。

首先，规定以债权出资的需经债务人对债权进行确认，而且规定不得以虚构债权出资；虚构债权或未经债务人确认出资的，股东应当在债权不能实现范围内承担出资不足责任。除此之外，债权本身不能实现的风险，应是一个在债权价值评估中需要考虑的问题，与实物出资价值评估过高无实质区别，不宜另行设定特别的事前规制措施。至于债权人与债务人虚构债权或未经债务人确认情况下债务人的责任问题，民法典关于保理制度的规定、关于债权转让的规定可资依据，不需公司法再作规定。另外，对于未来债权，可考虑限定于公路、桥梁、隧道等不动产设施收费权。事实上，这种未来债权一般情况下比现有的债权更具确定性、可评估性，也无须债务人确认。对于债券出资、债转股等亦无作出特别规定之必要。

---

① 最高人民法院民事审判第二庭编：《公司案件审判指导》，人民法院出版社2014年版，第135页。

其次，股权出资中尽管出资人就出资的股权未实缴出资面临前述风险，但对于一个有发展潜力的目标公司来说，无论股权是否以实缴资本为依托，股权的价值都是存在的，甚至是巨大的；对于一个正在设立或存续中的公司，出于经营目标、并购重组的需要，以目标公司股权获得出资是另类商业价值，甚至是至关重要的价值。因此，不能因噎废食，否定以未实缴资本的股权出资的必要性及正当性。是否实缴资本，同样是价值评估问题，也可以以实物价值评估过高规则来处理。尽管审判实务中这将是一个富有争议且十分棘手的问题，但也不宜在立法中把实缴资本金作为以股权形式出资的限制条件。因为审判实务中的难题相对于投资便捷和市场发展需要而言是微不足道的。

总之，撇开股东刻意虚假出资不论，如果公司接受股权、债权出资是一个商业判断问题，那么对于债权人而言，其作出是否与公司交易的商业判断的前提是：不仅应对出资形态及资本结构心知肚明，而且也要根据股权、债权等确定性较弱的非货币出资形式的基本情况调适预期。从既便利股东出资又有利于周全保护债权人利益的角度看，公司法有必要规定公司或股东以股权、债权出资情况下负有在企业信用信息公示系统公示股权、债权基本要素之义务。如披露的信息不实，在发生纠纷时应承担出资估值不明显高于实际价值的举证责任。

（二）关于出资加速到期

自2013年公司法修正全面采纳认缴资本制后，公司不能清偿到期债务但未进入破产程序时，股东认缴的出资能否加速到期以清偿债权人的问题比较尖锐地呈现出来。对此，一种观点认为，只要公司出现不清偿其到期债务之情形，公司债权人即可请求股东在认缴出资范围内对公司债务承担补充清偿责任，而不论股东之出资义务是否已届缴纳期限。[①] 此为肯定说。另一种观点认为，在未进入破产或解散程序时，股东出资原

---

① 参见蒋大兴：《论股东出资义务之"加速到期"》，载《社会科学》2019年第2期。

则上不应加速到期。① 此为否定说。最高人民法院在 2019 年颁布的《全国法院民商事审判工作会议纪要》（以下简称《九民会纪要》）第 6 条基本上采纳了否定说，即股东出资原则上不得加速到期，但在公司符合破产原因以及债务产生后公司延长出资期限两种情形下，债权人可以主张未届缴纳期限的股东在出资范围内对公司债务承担补充赔偿责任，即例外认可出资加速到期。

我们在讨论《九民会纪要》关于出资加速到期这一问题时认为，一般情况下，在公司章程规定分期缴纳出资的情况下股东享有期限利益，如公司仍具有清偿能力，应当由公司首先承担债务，而不应把出资未届缴纳期限的股东拖入诉讼。但对此不能绝对化，出现特殊情况，即在公司不能清偿到期债务且资产不足以清偿全部债务或明显缺乏清偿能力时，股东应丧失缴纳出资的期限利益。这是因为，一方面，公司的法律结构中股东需以其认缴的出资额为限对公司承担责任。在公司不能清偿到期债务时，股东认缴的出资额应当用来充实公司责任财产、提升公司的责任能力。另一方面，公司的资本是公司净资产维持之底线。公司不能清偿到期债务时，公司净资产已经突破底线。股东的出资是充实净资产最自然最直接的途径，此时不论出资期限是否届至，股东都应履行出资义务，充实净资产。正是基于此认识，《九民会纪要》规定了出资加速到期的例外情形，以回应实践中面临的问题。但是，毕竟不能突破现行法律，只能对企业破产法第三十五条规定作扩张解释。即虽然公司未进入破产程序，但在具备破产原因而不申请破产的情况下，适用企业破产法第三十五条关于出资加速到期的规定。为了解决破产原因的直观判断问题，还进一步限定为：公司作为被执行人的案件，人民法院穷尽了执行措施。限定条件似过于苛刻乃不得已而为之。由此看来，公司法修改对此问题进行回应是十分必要的。公司法修订草案第五十三条规定"公司不能清偿到期债务"情况下，已到期债权的债权人和公司均有权要求未届缴纳

---

① 参见最高人民法院民事审判第二庭编著：《〈全国法院民商事审判工作会议纪要〉理解与适用》，人民法院出版社 2019 年版，第 123 页。

期限的股东提前缴纳出资,这比《九民会纪要》更为简明扼要,殊值肯定。

有疑问的是,当债权人主张股东提前缴纳出资时,是将出资归入公司,由其他债权人公平受偿,还是对提出主张的债权人个别清偿?我们在讨论此问题时,有观点认为:从价值关怀上讲,公司具备破产原因情况下全体债权人的利益都受到威胁,此时法律应当以全体债权人利益为关怀对象,而公司具备破产原因时加速到期的出资往往都是公司资产的"最后一杯羹",此时如果直接用于清偿个别债权人,那么既因公司再无后续偿债资源清偿其他债权人,又因公司未来进入破产程序后也无法撤销先前经法院司法程序完成的个别清偿,所以其他债权人利益将受到严重损害,债务人公司与债权人、债权人相互间的矛盾加剧;从立法协调上讲,督促具备破产原因的公司及时进入破产程序是企业破产法和公司法的共同任务,且在企业破产法修改过程中,有观点也积极主张增加对具备破产原因的公司采取施以董事及时申请破产的义务、执行法院移送破产审查等工具选项,目的都是促使具备破产原因的公司及时进入破产程序,既保护全体债权人利益,又避免单个债权清偿后公司彻底沦为"僵尸企业"。因此法律的修改应当相向而行,形成制度合力,发挥集成效应。

笔者对此问题的看法是,股东出资责任加速到期无非股东对债权人承担出资不足补充赔偿责任的一种特殊情形。即便是出资缴纳期限届至,股东向主张其承担出资责任的债权人进行个别清偿,也同样面临着上述观点所强调的问题,故无实质理由加以区别。"就公司个别债权人利益和整体债权人利益的平衡方面,考虑到个别债务清偿毕竟不是破产程序,所以我们倾向了个别债权人,但不妨碍其他债权人申请公司破产,也不妨碍公司自身申请破产。一旦申请破产,未届出资缴纳期限的股东应当将其出资加速到期,归入债务人财产,实现所有债权人公平清偿。"[①] 笔

---

① 最高人民法院民事审判第二庭编著:《〈全国法院民商事审判工作会议纪要〉理解与适用》,人民法院出版社2019年版,第124页。

者深以为然。其他债权人是否对"最后一杯羹"公平受偿，主动权掌握在该其他债权人手里，不必杞人忧天。如果债权人在诉讼中主张的结果是归入公司，债权人主张出资加速到期的动力明显不足。何况，只有支持诉讼中的债权人个别清偿，才能促使其他债权人及时申请破产，避免公司彻底沦为"僵尸企业"后再破产清算。有鉴于此，目前公司法修订草案第五十三条后半句不妨修改为，公司有权要求股东提前缴纳出资，已到期债权的债权人有权要求股东提前承担出资不足责任。这样规定可以避免对原规定理解不一进而徒增争议。

（三）关于股权转让情况下的出资责任

股东转让股权后，出让股东、受让人是否应向公司承担缴纳出资的义务以及向公司债权人承担未出资的补充赔偿责任，这一问题争议较大，观点也较多。大致可以总结为：（1）如果股权转让时出资缴纳期尚未届至，那么股东的出资义务尚未现实地产生，股东不存在履约义务的问题，其此时出让股权退出公司，嗣后当然也就不存在承担出资责任的问题，出资责任应当由受让人承担；如果股权转让时出资缴纳期已届至，那么股东出资义务就已现实发生，该义务作为法定义务不因股东出让股权而免除，所以出让股东仍应承担出资责任。如果受让人知道或应当知道未缴纳出资，其应当连带承担。（2）股权转让时无论出资缴纳期是否届至，出让股东都应当承担出资责任。因为股东承诺的认缴期限为存续的时间段，即便期限未届最后期日，股东的出资义务也已经产生。而且，未届缴纳期限的出资相当于向公司承担的于未来履行的债务，股东出让股权相当于以行为表示其不再履行出资义务，这对公司来讲也符合预期违约的情形，所以出让股东不能免除相应的责任。① 受让人则未必承担连带责任。（3）股权转让时无论出资缴纳期是否届至，受让股东都应当承担出资责任。出让股东转让股权相当于权利义务（出资义务）概括转移。出

---

① 参见李春芬等：《能否追加未届认缴出资期限即转让股权的股东为被执行人》，载《人民法院报》2019年9月12日。

让股东作为出资义务人将出资义务转移给受让人,作为相对人的公司同意转让,那么出资义务就已经转移给受让人,受让人不能免除出资责任。出让股东是否承担责任取决于其是否系恶意损害债权人利益而转让股权。

公司法修订草案向社会征求意见稿(2021年12月)第八十九条基本上采纳了上述第一种观点。该条规定虽简单明了且实践中便于掌握,但笔者认为其第一款在未届出资缴纳期限情况下给予出让股权的股东无代价的退出路径很可能面临"金蝉脱壳"的道德风险。比如,出让股东在公司经营困难而无利可图或公司面临破产的情况下,为规避出资义务而将股权转让给无清偿能力的关联人,如果因转让时未届缴纳出资期限而允许出让股权的股东不承担出资责任,可能是不妥当的选择。因此,按照当时的规定,至少也应在该第八十九条第一款增加规定"出让股东为规避出资义务恶意转让股权的除外"。问题还在于,即便出让股东非恶意,对公司而言也面临受让人出资能力问题,对公司发起人而言面临对受让人出资是否承担出资连带责任以及如承担连带责任能否实际实现追偿权等问题。笔者认为,已认缴但未届缴纳期限与瑕疵出资虽然有所不同,但都涉及公司利益和公司债权人利益的保护。股权转让中,股东转让的仅仅是权利,并不包括其对公司所负债务。正因如此,《公司法解释(三)》第十八条对瑕疵出资时的股权转让问题作了明确规定,认为转让方的出资义务不因股权转让而当然移转给受让人,且受让人知道或者应当知道出资瑕疵时,应与转让方对公司或者公司债权人承担连带责任。在笔者看来,受让人之所以承担连带责任,是因为其在知道或者应当知道转让方瑕疵出资时,通过受让股权而法定地加入转让方的出资义务。公司法修订草案向社会征求意见稿(2021年12月)第八十九条第二款亦采取了司法解释的上述思路,值得赞同。同理,在已经认缴但未实缴的情况下,如果缴纳期限已经届至,自应按照瑕疵出资的情形处理。问题是,在已认缴但尚未到缴纳期限时,股东转让股权是否就将出资义务一并概括转让给受让人呢?显然,根据民法典第五百五十一条的规定,即使采用此种见解,出资义务的转让也应取得债权人的同意。至于受让人,因其在接受此类股权时，必然知道或者应当知道转让方存在已认缴但未实缴出资的情形，根据前述法定债务加入的法理，也应认为其对转让方的出资义务须承担连带责任。基于上述分析，即使股东出让股权时未届出资缴纳期限，立法也不宜径行免除股东的出资责任。鉴于此，笔者当时认为可以考虑两种改进方式：一种方式是不区分股东出资期限是否届至，出让股权股东与受让股东均应对出资义务承担连带责任。如果作出这样的规定，前述的恶意转让股权逃避出资义务的情形可不再作规定。另一种方式是可参照民法典关于债务转让规则的规定，未届出资期的股东转让股权应当经过公司同意。公司同意转让的，出让股东退出与公司"出资"之法律关系，出资义务由受让股权的股东承担；公司不同意转让的，不影响该股权转让效力，但出资义务仍由出让股东继续承担。虽然所谓的公司同意还涉及是需经公司董事会同意抑或需经债权人同意等问题，但该观点相对于上述第八十九条第一款的规定而言，也有较大改进。

公司法修订草案第八十八条第二款基本保留了原先第八十九条第二款内容，就已届缴纳期限股东转让股权时的责任进行规定，值得肯定；第八十八条第一款则对原先第八十九条第一款的内容作了修改，规定未届出资缴纳期限股东转让股权的，由受让股东承担缴纳出资的义务。受让人未按期足额缴纳出资的，出让人对受让人未按期缴纳的出资承担补充责任。该款规定虽未规定出让股东承担连带责任，但其通过补充责任的方式仍将出让股东纳入出资责任体系中，也能达到防范出让股东恶意逃债和充分保障公司以及债权人利益的目的，值得充分肯定。

二、关于公司运营中的资本维持问题

出资义务和责任的良好设计可以解决公司设立之初的资本维持问题。公司运营中，股东出资的财产和公司盈利取得的部分财产均将投入公司持续经营中。公司的经营行为各式各样，相应地导致公司财产也变动不居。如何保障公司运营中坚持资本维持，如何确保公司财产在动态运营中不偏离资本标尺的检视和评价，这是较出资更复杂、更困难的问题。

在公司资本管制放松这一背景下，司法实践中公司为股份购买人提供财务资助问题和"对赌"问题更是亟待公司法给予指引。

(一) 关于公司为他人取得本公司股份提供财务资助

公司提供财务资助在形式上表现为公司资产向股东、即将成为股东的第三人单向流动。这种流动在名义上可以是赠与、提供贷款或担保等。约束财务资助规则在公司法既有的约束公司向股东提供贷款、担保等规范中作出了规定。但是，规定向购买公司股份的主体提供财务资助的问题，直接目的是保证有意取得公司股份的人动用自身财产而不是动用公司财产：一则维持公司资本，防止公司通过不当途径减少资产，进而影响债权人和股东利益；二则防止市场操纵，避免公司与股东操纵股份价格；三则防范管理层通过控制权干扰股份正常流通。① 英国公司法第677条以下规定了约束公众公司财务资助的条款。笔者认为对财务资助规则应当注意以下几个方面。

1. 慎重审视董事会、股东会决议的效能

公司法修订草案虽然原则禁止公司为购买股份行为提供财务资助，但是设定的例外条件中包括了经董事会决议或者股东会决议，同时设置了董事会表决的规则。但是，对于股份转让来讲，双方往往很容易形成决议。司法实践中，公司的原股东意欲出售股权而退出公司，外部人员意欲购买股份入主公司。通常情形下双方都同意以公司净资产作价股份，同时将公司净资产作为原股东的股份对价，由此方式最终实现股东置换。出让股东获得了能归属于自身的利益，受让人未付出成本。所以无论是原股东群体还是受让人群体都能通过股东会决议，甚至全票通过。但此决议的实质是将公司资产转移给股东，威胁了债权人利益。同样，公司管理层意欲控制公司时，也可以通过董事会决议表决支持财务资助。所以，机关决议未必能发挥假定的功能。

---

① 参见陈克：《公司资本制度的整体化改进——公司法草案评析（三）》（下），载搜狐网2022年6月7日，https://www.sohu.com/a/555022785_121123817，2022年7月4日访问。

2. "为公司利益"而提供财务资助应当成为判断财务资助正当性的重要标准

英国公司法规定财务资助获得许可的标准是，公司提供财务资助的主要目的不是让第三人取得股份，而是公司更大目的的附带部分，而且财务资助是为了公司的利益而被善意提供的。① 当然，何谓"更大目的""附带部分""公司的利益"，有较多判例来解读，但其核心都是不能仅仅为了取得股份。在我国，根据这一规则后，如果公司为股东或第三人提供的贷款、担保或者赠与系因股东购买股份而发生，那么其就会接受"为公司利益"之检验。作为一项全新的制度，"为公司利益"应当在立法上予以指引。

3. 财务资助规则的技术性设计

一方面，公司法修订草案第一百六十三条仅在股份公司场合规定了财务资助规则，在有限公司场合未予规定。实际上我国中小型有限公司人合性特点较强，股权转让中的财务资助常以各种形式呈现。但有限公司一般又不存在操纵股权价格、管理层干扰股权流通等情形，所以有限公司中财务资助主要影响的就是资本维持。是否适当借鉴股份公司财务资助规则的合理内核而对有限公司的财务资助情形予以指引，值得考虑。另一方面，关于财务资助行为的法律后果，公司法修订草案规定的是负有责任的董事、监事、高级管理人员承担赔偿责任，但财务资助行为是否应当归于无效，应当予以考量，并作出相应规定，以避免像公司法第十六条规定一样，对违反规定的效力问题陷入长期争议之中。

（二）关于"对赌"协议

"对赌"协议的规范称呼为估值调整协议，即投资人与目标公司或其股东通过协议约定投资人以股权投资方式投资目标公司后，目标公司业绩不能达到预定目标时由目标公司或其股东回购投资人持有的股权或给

---

① 参见葛伟军译注：《英国2006年公司法（第3版）》，法律出版社2017年版，第543页。

予投资人一定的金钱补偿。实践中，投资人与目标公司股东达成的上述协议并无太大法律争议，而投资人与目标公司达成的上述协议法律争议很大。自最高人民法院就"海富公司对赌案"作出判决以来，投资人与目标公司的"对赌"协议是否因属抽逃出资或违反利润分配强制性规则而无效以及相应的履行等问题，业界和理论界有不同的认识，司法实务中也有不同的裁决。最高人民法院在制定《九民会纪要》过程中对这一问题作了深入的研究，在此基础上提出了司法处理意见。《九民会纪要》解决投资人与目标公司"对赌"问题的方式和立足点是：其一，不宜机械否定"对赌"交易方式的合理性。"对赌"交易是公司外部的投资人在不充分了解或相信目标公司业绩情形下为克服信息不对称而进行的风险规避安排。其在降低交易成本、促进经济要素流动、便利企业融资等方面具有明显积极功能，所以对"对赌"协议不宜轻易认定为无效。只要协议不违反法律行为的一般效力要件，就应当认定有效。其二，现行公司法的资本规则应是对"对赌"协议履行的约束。"对赌"协议履行是目标公司与作为股东的投资人之间的行为，该行为不是简单债务属性的资产流动，而是股权投资属性下公司资产向股东的单向流动，其应当受到公司法资本维持规则的检验。具体地讲，对于目标公司向股东的现金补偿，应当受现行公司法第三十五条、第九十一条的禁止抽逃出资规则和第一百六十六条等关于"无利不分"规则的约束。对于股权回购，除上述规则外，还要受到公司法第七十四条、第一百四十二条的例外回购规则的规制。所以，《九民会纪要》对上述两种情况下协议的履行分别进行了设计。其三，在公司法资本规则未作修改的情况下，《九民会纪要》所设计的方式尚不足以充分解决"对赌"协议的履行问题。目前设计的方式主要能解决在判决作出前已完成减资程序或者有足够利润进行分配情形下的纠纷。对于实践中更多的未经减资、无法形成减资决议或者利润状况尚不清楚（包括当期盈利但整体亏损）等情形，现有方式无法彻底、及时解决纠纷和平息争议。

公司法修改中，应当对"对赌"这种较为普遍的股权投资安排予以回应，尤其是应当审视刚性的资本维持原则如何给予"对赌"交易一定的弹性空间。笔者认为，目前我们正处于传统的法定资本制向更灵活的授权资本制过渡期，市场主体和有关方面的观念认知和行为选择均处于调试期。制度实施的效果由实践检验，既有资本规则的改革稳妥有序推进，是正确的。在解决"对赌"问题方面，当前可以考虑以下两种方式：其一，适当放宽公司利润分配限制和股权回购限制。在现金补偿方面，可以考虑允许动用公积金支付现金补偿。在股权回购方面，可以参考公司法第一百四十二条第一款第六项许可为维护股东权益所必需而回购股份之规定，不再要求回购款项必须来源于利润，而只是在回购数额上作适当限制。其二，对投资人"对赌"而持有的股权作出公示。对于"对赌"协议签订前已成为目标公司债权人的主体来讲，所投资资金是"从投资者向目标公司的流入，由此只会增加目标公司的资产和可支配资金，并使其获得本来没有的偿付能力或使其偿付能力得以扩大和增强。即使其后因业绩补偿和股份回购最终将投资资金原封返还，也至多使目标公司的可支付资金和债务偿付能力回归原点"[1]，而不会发生清偿能力减弱的负面效果。在投资者成为"对赌"型股东后，如将该类股权进行登记和公示，后续新债权人可以知晓"对赌"股东的存在且目标公司面临支付义务。充分的信息披露是对后续债权人一种事前提示，使其能够在知情的情况下作出是否与目标公司进行交易的商业判断，所以也不存在损害后续债权人利益的问题。这就需要公司登记及公示制度作出相应的制度安排。以上两种方式中，笔者倾向于后一种方式，当然，也可以两种方式同步进行。

三、关于公司治理的协议问题

公司治理是关于公司权力分配、运行和制衡的制度机制及其实施过程。公司法修改中，公司治理的关注点主要集中在公司机关的设置、权

---

[1] 赵旭东：《第三种投资：对赌协议的立法回应与制度创新》，载《东方法学》2022年第4期。

力范围以及公司章程自治的事项。事实上，在公司组织体中股东间、股东与公司间或股东与他人间缔结的协议，往往深度影响着公司的运营、治理，同时也"制造"出法律适用难题。公司治理中的协议往往以股东个体意思为内容，其与作为组织体的公司的意志如何互动，是公司法应当重视的问题。比如，在美国的闭锁公司中法官曾经对合同机制深表怀疑，但现在这一立场已经彻底改变。"适用闭锁公司的法令呈现出更为明显的合同属性，它授权公司参与方缔结不损害第三方利益的任何合约。"① 从司法实践看，我国公司治理中的协议纠纷主要表现为两类：一是股东间或与公司间相互达成的协议纠纷；二是股东与其他股东之外的第三人达成的股权转让协议纠纷。这两类协议纠纷都与公司治理有关。

（一）关于股东协议

股东协议泛指股东之间、股东与公司之间签署的各类协议，股东协议不同于公司章程，往往不在公司登记机关登记注册。② 与同为股东意思表示之外在体现的公司章程、股东会决议相比，股东协议具有灵活性、私密性、非要式性，而且因其由股东自由协商并同意后达成，往往更反映股东间的真实权利义务，也更具有执行力。实践中，股东协议包括：改变公司治理结构的协议，比如公司全体股东将属于股东会、董事会的大部分权利以协议方式交给某股东行使，或者将公司整体承包给某股东；实现股权利益分离的协议，比如部分股东约定表决权一致行使形成特定股东对公司的控制，或者约定股权的经济性利益与表决权进行非比例性配置；限制股权转让的协议，比如约定特定情形触发时股权被强制出售或购买的协议；等等。③ 这些协议都会对法定的公司结构产生较大影响。现行公司法第三十四条关于有限公司股东可以约定如何行使分红权和新

---

① ［美］弗兰克·伊斯特布鲁克、丹尼尔·费希尔：《公司法的经济结构》，张建伟、罗培新译，北京大学出版社2005年版，第264~265页。
② 参见刘俊海：《现代公司法》，法律出版社2015年版，第144~145页。
③ 参见蔡元庆、黄海燕：《股东协议治理：缘起、困境与规范进路》，载《财经法学》2019年第2期。

增资本优先认缴权，也体现了股东协议的意义。但是总体上现行公司法尚未形成股东协议的基本立场，因而运用民法典第一百五十三条"法律、行政法规的强制性规定"来解释和评价股东协议时，往往就缺乏依归，导致司法适用中存在困难。比如，股东协议的效力，实践中法院均是从个案中进行衡量和判断。有的法院认为如果股东长期遵守股东协议，那么该协议对公司也具有约束力。有的法院认为只要股东协议体现了各股东的真实意思且不与法律法规以及公司章程冲突，就应当与公司章程具备同样的法律效力。① 股东协议是在公司法定结构之外实际影响公司运作的一种隐性机制，公司法应当勾画股东协议的轮廓，理顺股东协议与公司章程及决议的关系、明确股东协议中意思表示的效力范围、设定股东协议的地位和基本原则。

（二）关于股权转让协议

股权转让协议是股东间或者股东与他人订立的以股权变动和股东资格取得为目的的协议，股权转让无疑影响着公司治理。股权转让对公司治理的影响机制基本上沿着"转让协议—权属变动—股东资格取得"的逻辑进行。民法典总则编中的第一百二十五条虽将股权归属于投资性权利，但是民法典合同编未对股权转让合同作出规定，物权编也未就股权变动的规则作出规范。从公司法第四条规定的公司股东依法享有资产收益、参与重大决策和选择管理者等权利看，股权应当是一个权利束，各项权利的内容和行使规则并不一致。所以，司法实践中股权转让协议相关问题的法律适用比较复杂且不尽统一。股权转让协议涉及的问题包括三个方面：一是股权转让协议的效力问题；二是股权权属的变动问题；三是股东资格的内外一致性问题。

就股权转让协议效力，经过多年的探索和总结，理论和实践基本上形成了按照民法典关于合同效力的一般规定进行判断的立场。而且，有

---

① 参见李海东：《有限责任公司股东协议的效力认定》，载《江汉论坛》2019年第9期。

限公司股东对外转让股权时未通知其他股东进而侵犯其他股东优先购买权时,《最高人民法院关于适用〈中华人民共和国公司法〉若干问题的规定（四）》第二十一条第二款等规定也表明股权转让协议的效力并不当然受到影响。① 公司法修改中对形成共识的此类问题宜明确规定。

就股权权属变动，司法实践中主要的争议是股权变动的标准。学理上有股权变动的纯粹意思主义模式和债权形式主义模式等观点。② 笔者认为，股权包含的权利可以分为自益权和共益权两类。自益权是指股东基于自身利益诉求而享有的权利，包括资产收益权、剩余财产分配请求权、股份转让权、新股优先认购权等。共益权是指股东基于全体股东或者公司的利益诉求而享有的权利，包括表决权、股东会召集权和提案权等。③ 无论是自益权还是共益权，其都指向公司，其行使都需要公司予以配合，承担法定的义务。如果公司不承担相应的义务，这些权利就无法实现其意义和价值。所以，施以公司相应义务对股权行使至关重要。公司法第三十二条第二款规定记载于股东名册的股东，可以依股东名册主张行使股东权利。可见，公司的义务产生于股东名册之记载。换言之，在股东名册记载前，公司不负有上述权利所对应的义务。此时谈论股东已变动为受让人并由受让人享有股权，也没有实际意义。全国人大常委会法工委编著的《中华人民共和国公司法释义》中指出，"股东名册在处理各股东关系上具有确定的效力，即记载于股东名册的股东，才可以依股东名册的记载主张行使股东权利"④。从域外立法例来看，英国、美国及我国香港地区，均认为股东名册具有认定股东资格的法律效力。因此，将股东名册之记载作为股权变动的标准在理论上是可行的。而且，股东名册之记载也具有外在表征性和客观性，适宜成为股权转让所需的形式要件。

---

① 相关分析参见最高人民法院民事审判第二庭编著：《最高人民法院公司法司法解释（四）理解与适用》，人民法院出版社2017年版，第461~486页。
② 参见李建伟：《有限责任公司股权变动模式研究》，载《暨南学报（哲学社会科学版）》2012年第12期。
③ 参见黄薇主编：《中华人民共和国民法典解读·总则编》，中国法制出版社2020年版，第373页。
④ 安建主编：《中华人民共和国公司法释义》，法律出版社2005年版，第60页。

所以，在理解《九民会纪要》第 8 条股权变动标准时，应当认为股东名册登记的设权性质决定股权转让合同生效并不会使受让人自动取得股权，股东名册的变更是受让人取得股权的标志。① 对于有观点担心的目前我国有限公司普遍不置备股东名册的问题，其主要原因在于公司法第三十二条第二款规定的是"可以"依据股东名册主张股东权利，这便给法律适用者以解释的空间——股东或者其他主体可以依据其他证明文件来行使股东权利。实践中，公司不置备股东名册既不影响公司设立，也不影响股东行使权利，更无任何行政处罚措施，这导致真正置备股东名册的有限责任公司少之又少。所以，在股东资格确认和股权转让纠纷案件中，法院往往会根据出资人协议或者股权转让协议、公司章程、出资证明或者股权转让款、是否实际行使股东权利、公司登记等信息来综合判断某一民事主体是否具有股东资格，② 这反过来又进一步削弱了股东名册的证明效力，加剧了法律适用的不统一。除此之外，对于在变更股东名册前基于自益权所带来或产生的经济利益（比如分配的盈余）的问题，双方可以通过合同约定其归属，双方的利益也不会因股权未变动而受到影响。综上，笔者建议公司法修改中，应当将股东名册记载的变更作为变动的标准。可以在公司法修订草案第五十五条明确规定："有限责任公司应当置备股东名册载明股东相关信息。只有记载于股东名册的股东才可以主张行使股东权利。"在第八十七条明确规定："股权转让，自股东名册变更时才对公司发生法律效力。"

　　就股东资格的内外一致性，我国实践中股东名册记载与公司登记机关登记不一致导致公司内部、外部确定的股东不符的问题比较突出。德国有限责任公司法在 2008 年修改前其第 16 条第 1 款要求将股权转让通知并加以证明，受让人方取得相对于公司的股东资格。修改后的该款规定，

---

① 参见最高人民法院民事审判第二庭编著：《〈全国法院民商事审判工作会议纪要〉理解与适用》，人民法院出版社 2019 年版，第 135 页。
② 持此观点的有虞政平、王东敏等法律实务工作者。参见虞政平：《股东资格的法律确认》，载《法律适用》2003 年第 8 期；王东敏《公司法审判实务与疑难问题案例解析》，人民法院出版社 2021 年版，第 171 页。

在股东本身及持股范围发生变化的情况下，与公司的关系上，只有在呈交给商事登记簿的股东名册上记载的人才是股东。① 德国法的这种新模式是授予经商事登记的股东名册上记载的人以股东资格，取得股东资格的人就享有成员权，就可以向公司主张股东权利。其要义为：取得股东资格，一是要记载于股东名册，二是该股东名册需要登记。这对我国公司法修改具有启发意义。如上所述，公司法将股东名册作为确定股东资格的依据，但是公司法并未要求将股东名册进行登记，而仅仅是要求将其"置备"于公司，这实际上是完全由公司控制、管理股东名册。同时，公司法第三十二条第三款规定公司要将股东姓名或名称进行登记，未经登记不具有外部对抗效力。市场主体登记管理条例第八条规定有限公司登记股东姓名或者名称，第九条规定有限公司应当将章程向登记机关进行备案。可见，法律法规均是对股东"姓名或名称"这一信息条目进行登记，或者对记载股东姓名或名称这一信息条目的章程进行备案，并赋予这一信息条目很强的外部对抗效力，而对在公司内部授予股东资格的股东名册未作登记或备案之要求。司法实践中，股权转让后，由于种种原因（比如公司在股东名册上未及时变更），具有外部对抗效力的股东信息条目登记（或章程之记载）与具有内部股东资格授予的股东名册记载不一致的情况层出不穷，法院处理相关纠纷时存在较大的法律适用困难。所以，公司法修改中，应当强化内部记载与外部登记的统一。建议将有限公司股东名册作为登记事项，将公司法第三十二条第三款的登记明确为股东名册登记，未经登记的，不得对抗善意相对人。以此构建起我国股东资格（股东权利）权属认定的标准：一是只有记载于股东名册的股东才可以向公司主张行使股东权利；二是股东名册应当进行登记，未经登记或者变更登记的，不得对抗善意相对人。前者明确的是股东资格（股东权利）在公司内部生效的问题，后者明确的是股东资格（股东权利）在外部对抗善意相对人的问题。

---

① 参见胡晓静：《股权转让中的股东资格确认》，载《当代法学》2016年第2期。

四、关于公司解散清算问题

公司解散清算，即通过一定的清算程序，使作为民事主体的公司的权利义务归于消灭，① 解散清算制度的底层逻辑是在公司退出市场的同时实现公司债权人、股东、职工等主体利益，维护和规范经济社会秩序。所以，有论者将公司解散清算制度的价值归纳为：经济参与者各得其所的公平价值，程序正义保障结果公正的秩序价值，维护交易安全与社会信用安全的价值，增进商事自由与国家干预的协调价值，贯彻法人责任财产制度的法律价值，股东利益与公司社会责任的统一价值。② 公司解散清算制度的设计，除了铺就公司退出市场"最后一公里"通道外，还应关注其对市场环境和整体社会的影响。笔者认为，完善公司解散清算制度应当注重：其一，平衡股东和债权人的利益。股东和债权人是公司融资的对象，公司解散后的清算程序中必须平衡二者利益。尤其是在公司财产分配、清算责任的确定等方面要避免畸轻畸重而影响投资者的积极性。其二，提升解散清算的效率。公司解散后不及时清算，不仅损害债权人、股东尤其是中小股东等相关当事人权益，而且其持续存在会耗费市场资源、透支社会信用，威胁甚至扰乱市场秩序。其三，注重清算和破产的衔接。公司解散情形下的清算是在公司资产超过负债的假设前提下进行的，其不仅确保债务得到清偿，而且使股东能够获得公司剩余财产。当前述假设前提不存在或有明显可能不存在时，要注重发挥破产制度保护债权人的功能价值。

（一）关于清算义务人和清算组

公司法第一百八十三条规定公司非因合并、分立而解散的均应当"开始清算"，而且明确规定清算组的组成，即有限公司由股东组成，股份公司由董事或者股东大会确定的人员组成。但是，上述仅是关于清算

---

① 参见龚鹏程：《民法典时代公司解散清算制度的困境及化解》，载《学海》2021年第6期。
② 参见刘敏：《公司解散清算制度》（修订版），北京大学出版社2012年版，第44~53页。

组构成人员的规定，而公司解散后由谁来组织成立清算组进而推动清算正常启动，法律未作明确规定。实践中有的公司解散后不清算，甚至故意借解散之机逃废债务，清算难以开展。为解决这一问题，《公司法解释（二）》第十八条探索建立了清算义务人制度。清算义务人的义务是组织清算，系公司清算的组织主体，其不同于清算组这一具体进行清算事务的主体。司法解释的这一尝试实现了清算"启动职权"和"实施职权"的明确分工，有利于推动公司清算真正地开启。正是由于清算义务人实践的成功经验，民法典第七十条直接建立了法人的清算义务人制度。《公司法解释（二）》在确定清算义务人时，考虑到有限公司具有较强的人合性，未依法启动清算的公司常常具有"所有—经营"合一且股东与董事重叠的特点，所以直接将有限公司的股东确定为清算义务人。这是从正面作出的努力。同时，《公司法解释（二）》第十八条还从反面规定清算义务人未在法定期限内启动清算（依法组建清算组）的，将在造成损失范围内向债权人承担赔偿责任。其目的就是增加清算义务人不作为的成本迫使其选择作为，达到督促其依法清算和规范公司退出行为的目的，加强债权人利益保护。①

制度运行中发现，将股东作为有限公司的清算义务人是一把"双刃剑"。一方面，其的确在一定程度上起到了督促有限公司股东尤其是大股东积极启动清算的目的，清算退出机制在实践中得以激活。另一方面，有限公司中很多小股东对公司并不具有控制权也不实际参与管理，而且随着投融资方式的多样化，有的投资者获得股权系让与担保形成，所以，这类股东事实上难以承担起组织清算的职责。实践中，由股东承担清算义务人责任也出现了滥用的苗头。一些"职业债权人"低价收购对公司的债权后，提起诉讼请求股东对已沦为"僵尸企业"的公司的债务承担连带责任。此时，在大股东无力偿债的情况下往往由并未参加公司经营管理的小股东承担了责任，这明显利益失衡。对有限公司股东笼统地施

---

① 参见最高人民法院民事审判第二庭编著：《最高人民法院关于公司法司法解释（一）、（二）理解与适用》，人民法院出版社2008年版，第336页。

加责任，失之过严。鉴此，《九民会纪要》第 14 条专门明确《公司法解释（二）》第十八条股东"怠于履行义务"的内涵，强调只有股东能够履行清算义务人义务而故意拖延不履行时才承担相应的责任。这在一定程度上对司法实践中存在的法律适用问题进行了矫正。但是，在起草《九民会纪要》时，虽然当时民法总则第七十条已有关于清算义务人的规定，但各方面对其与公司法第一百八十三条的规定是何种适用关系存在较大争议，最终《九民会纪要》仅从对《公司法解释（二）》第十八条的进一步解读上回应实践中的问题，而未彻底排除一般股东的清算责任。

　　有论者认为，股东主要通过股东会的集体决策机制行使权利，无法且也不应通过其自身的个别行为来实现权利。股东因怠于履行清算义务对公司债权人承担连带责任的规定违反了公司独立人格与股东有限责任的公司法原则。[1] 相较于股东，董事会是公司的执行机构，其对公司的信息掌握较为全面、准确，能够对公司是否清算作出判断。而且，董事对公司负有信义义务，应当将董事作为公司的清算义务人。清算程序启动后，在清算组的组成上，可以由董事继续担任清算组成员并实质性地开展清算活动，也可以法律授权由公司章程或者股东会决议来确定（比如股东会决议由专门的中介机构来清算）。无论哪种，清算组都是在清算程序启动后负责具体清算事务的机构。笔者认为，由于清算组相当于清算中法人的代表机构，所以清算组成员应当承担信义义务。公司法修订草案第二百二十八条将清算义务人规定为董事，相应规定清算组的组成，而且在第二百三十四条对清算组成员负有忠实义务和勤勉义务作出规定，与民法典第七十条保持了基本一致的规定，笔者深表赞同。

　　需要进一步探讨的是：其一，董事作为清算义务人，是否需通过董事会决议机制来履行清算义务人义务。笔者倾向于由董事会决议机制来行使。主要考虑是：公司法关于董事会职权的规定中即有"制订解散方案"的内容，相应的清算也宜由董事会决议，避免实践中单个董事启动

---

[1] 参见梁上上：《有限公司股东清算义务人地位质疑》，载《中国法学》2019 年第 2 期。

清算时的分歧。董事提议启动清算且提供了组建清算组的可行方案但未获得董事会决议通过而导致清算未启动，其是否还应承担相应清算义务人责任。笔者认为，此时该董事无须承担责任，应当由董事会决议中反对清算的董事承担清算义务人责任。其二，控股股东或实际控制人的清算责任。控股股东、实际控制人对公司负有信义义务。因此，对于控股股东或者实际控制人滥用股东权利，操纵公司董事会或者阻止董事会及时组建清算组进行清算的，其行为与董事怠于履行清算义务人义务相同，应承担相应的赔偿责任。因此，公司法修订草案第二百二十八条应增加控股股东或实际控制人为清算义务人。

（二）关于简易注销

市场主体依法退出市场既是其重要的民事权利，也是供给侧结构性改革的客观需要。退出程序设计中，应当注意降低企业清算成本，畅通退出渠道。简易注销是"放管服"改革中强化市场主体依法退出的重要举措，与我国公司设立制度和资本制度改革形成呼应。市场主体登记管理条例从法规层面正式确立简易注销制度，公司法修订草案第二百三十六条予以吸收，实务意义举足轻重。对简易注销制度可以从以下方面完善。

1. 扩大简易注销的适用范围

以"全体股东承诺"公司未产生债务或者已清偿全部债务作为简易注销的前提，这有利于督促公司在"结束生命"前主动清偿公司债务，保护债权人利益，降低清算成本。但实务中有的公司虽不存在未清偿债务但因部分股东"失联"或者挂名股东不愿配合签署承诺书而一直在市场中"滞留"，往往只能通过法院的强制清算而退出市场。这浪费了司法资源，徒增清算成本。可以进一步考虑，作为清算义务人的董事与控股股东或实际控制人共同作出上述承诺的，公司也可以简易注销。

2. 简易注销后的对外债权处理

相比强制清算程序，简易注销的公司未经清算，作出承诺的股东未必对公司的经营情况全面掌握，容易产生注销后还有对外债权未回收的情况。应该对问题的解决予以考虑，明确股东代表公司回收债权的权利。笔者认为，公司退出市场的本质是回归到设立前各出资人之间没有共同的法律关系的状态，① 故注销后的债权债务关系属股东和债务人之间的关系，应回归到民法上债的关系。股东可代表已注销的公司依法向债务人提起诉讼，但应增加其他股东为共同原告。

（三）关于清算报酬

公司清算由清算组进行。清算组既可能是由公司董事组成，也可能是由其他机构人员组成。清算组能否收取报酬的问题，应由法律作出原则性规定。董事作为清算组成员的，由于履行清算系其职责，所以不应收取报酬。控股股东、实际控制人应当参照董事的标准处理。对于普通股东，如果公司法修改后，根据法律或章程普通股东并无清算之义务，那么普通股东可以获一定的报酬。社会中介机构担任清算组的，应当支付报酬，报酬的支付参照破产案件报酬标准。但是当强制清算程序转入破产程序时，强制清算与破产清算的中介服务机构工作内容存在重复的部分，不应重复计算报酬。

五、关于关联交易规制问题

关联交易规制是一个世界性的命题。我国多年来已经逐步形成比较完善的关联交易法律制度，不同法律位阶的民事规范、行政管理规范、刑事规范对关联交易一体规制，对遏制违法关联交易发挥了重要作用。从1991年发布的外商投资企业和外国企业所得税法及其实施细则定义关

---

① 参见钱玉林：《商事主体注销登记争点问题讨论》，载《法学论坛》2021年第4期。

联企业这一法律术语,① 至今已有20余件关于关联交易的法律、行政法规、行政规章及其他规范性文件。财政部、国家税务总局从财税、会计、审计角度对关联交易进行了规范,企业国有资产法第四十六条规定了国有资本控股公司、国有资本参股公司与关联方的交易的决议程序及回避制度。我国证券法及证券监管部门对上市公司关联交易方面的规范尤为充分。例如,证券法中对上市公司关联交易作了规定:一是该法第八十条要求重大关联交易信息披露;二是该法第一百二十三条、第二百零五条禁止证券公司的特殊关联交易,如证券公司不得为其股东或者股东的关联人提供融资或者担保。此外,金融监管部门对关联交易保持高度警惕,颁布了多部规章对各类金融机构的关联交易进行规范,加强监管。特别是2022年中国银行保险监督管理委员会颁布的《银行保险机构关联交易管理办法》对各类金融机构从关联方、关联交易、关联交易的内部管理、关联交易的报告及披露、关联交易的监督和管理等多角度对关联交易进行统一规制,颇具针对性和现实意义。②

我国现行公司法并没有使用"关联交易"这一概念,而只是在其第二百一十六条对关联关系予以明确界定,第二十条在立法上首次明确了公司的控股股东、实际控制人以及公司高级管理人员利用关联关系损害公司利益的赔偿责任,也就相应地成为我国市场实践中针对不当关联交易寻求司法救济的基本立法依据。此外,公司法还对某些特殊的关联交易制度进行了规定。例如,第十六条关于关联担保的股东表决权排除的

---

① 外商投资企业和外国企业所得税法第十三条规定:"外商投资企业或者外国企业在中国境内设立的从事生产、经营的机构、场所与其关联企业之间的业务往来,应当按照独立企业之间的业务往来收取或者支付价款、费用。不按照独立企业之间的业务往来收取或者支付价款、费用,而减少其应纳税的所得额的,税务机关有权进行合理调整。"外商投资企业和外国企业所得税法实施细则第五十二条规定:"……关联企业,是指与企业有以下之一关系的公司、企业和其他经济组织:(一)在资金、经营、购销等方面,存在直接或者间接的拥有或者控制关系;(二)直接或者间接地同为第三者所拥有或者控制;(三)其他在利益上相关联的关系。"

② 《银行保险机构关联交易管理办法》第四十六条规定:"银行保险机构关联交易控制委员会、董事会及股东(大)会对关联交易进行表决或决策时,与该关联交易有利害关系的人员应当回避。如银行保险机构未设立股东(大)会,或者因回避原则而无法召开股东(大)会的,仍由董事会审议且不适用本条第一款关于回避的规定,但关联董事应出具不存在利益输送的声明。"

规定；第一百一十五条关于公司不得向董事、监事、高级管理人员提供借款的规定；第一百一十六条关于股份公司应当定期向股东披露上述人员从公司获得报酬的规定。

为营造市场化法治化国际化营商环境需要，最高人民法院以公司法关于关联交易的规定为依据，制定了《最高人民法院关于适用〈中华人民共和国公司法〉若干问题的规定（五）》［以下简称《公司法解释（五）》］。其中，第一条规定了不公平关联交易的判断标准，并明确异议股东有权为了公司利益以自己的名义提起诉讼；第二条将股东代表诉讼扩展到对关联交易合同认定无效、可撤销或对公司不发生效力的情形。司法实践中，指导案例也构成了关联交易规范的一部分，在审判实践中发挥着不可或缺的独特作用。例如，最高人民法院发布的指导案例33号"瑞士嘉吉国际公司诉福建金石制油有限公司等确认合同无效纠纷案"，明确了债务人将主要财产以明显不合理低价转让给其关联公司，关联公司在明知债务人欠债的情况下未实际支付对价的，可以认定债务人与其关联公司恶意串通、损害债权人利益，与此相关的财产转让合同应当无效。

然而，我国关于关联交易的规范在立法层级上普遍较低，权威性尤显不足；各类规定比较零散，缺乏系统性；行业监管特色明显，总体框架设计不足。就公司法本身而言，缺乏两类基本规则：一是关联交易的正当程序规则；二是衡量关联交易公平与否的实体法规则。这两项基本规则的缺失，说明公司法规范体系还有根本的缺陷。① 公司法居于关联交易法律规范体系的基本法地位，应以此次修改为契机，从有关部门规章、司法解释中提取规制关联交易的一般规则，完善对各种类型公司关联交易的规范体系。笔者也注意到，公司法修订草案已经进行了相当程度的完善，但还有改进之处。近年来，所发生的一些案件多存在控股股东、实际控制人等利用关联关系和控股地位操纵实施违法关联交易，大肆侵

---

① 参见李建伟：《规制关联交易的法律规范体系及其展开》，载《人民司法》2014年第19期。

占公司利益，或侵蚀运营能力、掏空公司资产，或野蛮生长、无序扩张。风险一旦爆发，将给中小股东、债权人造成巨大而无可挽回的损失，严重的甚至影响到社会稳定。对此，应在公司法修改中引起高度重视。纵观域外立法例、司法实践以及学术研究成果，正当关联交易无外乎应当同时满足三项要求：信息透明、程序合法、定价公平。完善公司法上的关联交易规范体系，也应当从以下三方面着手。

（一）关于关联人和关联交易的信息披露

关联人对关联交易不适当履行信息披露义务，会造成信息不对称，使得任何表决或同意都有可能违背真实意志，导致关联交易正当程序流于形式，丧失其本来意义。关联交易信息充分披露既是关联交易正当程序的一部分，也是关联交易一切制度设计的基础。对此有诸多的学术研究成果，不再赘述。公司法修改首先应当规定适用于各种类型公司的关联交易信息披露制度，比如，在公司董事会、股东会审查关联交易事项前，关联人应当向会议充分告知关联事项及关联关系，等等。

从近年来所发生的各种严重违法的关联交易看，不是缺乏信息披露制度，而是既有制度往往被关联人规避。对关联人而言不进行信息披露，固然后果很严重，但贪恋利益及心存侥幸驱使其不仅不披露，而且还千方百计隐藏、掩盖、粉饰关联交易。因此，过于依赖关联人自觉的信息披露，有时显得苍白无力。一些集团公司实际控制人以隐蔽的关联交易无度地侵占公司利益，久久为之且屡屡得手，不到暴雷就不为人知也说明了这一点。法律必须构建在关联人不披露或者隐藏关联关系、关联交易的情况下的识别或发现机制，并形成公司内部治理与外部监管的合力。当内部治理失灵时外部监管能够及时补位。的确，外部监管除非必要不应干预公司事务，但不少集团公司风险外溢可能或已经危及社会公共利益的案例，都说明公司内部事务许多情况下与外部监管事项是交织在一起的，既涉及商业利益，又涉及公司社会责任和公共利益。公司内部治理与外部监管齐抓共管，应是遏制违法关联交易的有效途径。

因此，公司法制度设计中一方面应注意公法规范的引入，比如可以规定董事，特别是外部董事对违规关联交易向监管部门提出问责请求，监管部门对关联交易公开质询等，形成公司内部治理规范与外部监管制度上的衔接。同时，尤为重要的是对关联关系强制披露与关联交易强制披露相结合。对实际控制人、包括代持股在内达到一定比例持股关系、协议控制关系等关联关系披露关口前移至公司登记及企业信用信息公示系统，并规定不登记或公示的相应法律后果。此制度设计的功能在于：（1）可以使公司内部治理机构、外部监管机构共同享有关联关系信息，形成关联交易识别或发现机制。经济实践中，企业集团规模大且关联企业多，股权的金字塔结构安排，层层嵌套，分支林立，而实际控制人深深隐藏在多层面纱之后"运筹帷幄"，局外人根本无法识别其中的关联关系，从而难以判断是否为关联交易。这种状态下，不在登记环节予以公示，出现问题时仅摸清其庞杂的关联关系就需要较高的社会成本，更谈不上日常监管和公司治理机构制约。只有完善关联关系登记公示制度，才能使公司内部治理与外部监管摆脱对关联人充分披露关联交易义务的过度依赖。当关联人隐藏关联关系、隐瞒关联交易时，公司治理机构、监管部门可以低成本且快捷地发现并及时阻却违法的关联交易。（2）可以把关联关系置于阳光下。关联关系不仅要接受前述监督，还要接受社会、其他利益相关者的监督，使不正当的关联交易被发现的概率较大提高，使不法行为者望而却步。特别是对一些涉及群体利益、社会公共利益的关联交易，形成社会治理格局。（3）可以防患于未然。关联交易的事后追责固然重要，但再好的追责也不如事先防范。通常关联交易待问题真正揭示出来时风险已经爆发，公司、中小股东以及债权人遭受的重大损失已经难以挽回。所以，应当让公司各个利益主体明了关联关系，为防止违法关联交易发生、及时止损创造条件。

笔者注意到，世界上一些主要经济体均已建立受益所有人信息集中登记制度。目前，我国有关部门已经在大力推进受益所有人信息登记制度，现行的企业信用信息公示系统对提高市场透明度有很大的作用。但是法定股权信息还不足以反映市场主体的受益和控制关系。市场主体登记管理条例第九条明确要求市场主体受益所有人的相关信息应当向登记机关办理备案。随后中国人民银行、国家市场监督管理总局也就《市场主体受益所有人信息管理暂行办法》公开征求意见。征求意见稿中明确列明规定了需要登记的公司、合伙企业的受益所有人是指符合下列条件的自然人：(1) 通过直接方式或间接方式最终拥有公司、合伙企业25%以上股权、股份或合伙权益；(2) 不通过直接方式或间接方式最终拥有公司、合伙企业25%以上股权、股份或合伙权益，但单独或联合对公司、合伙企业进行实际控制；(3) 通过直接方式或间接方式最终享有市场主体25%以上收益。受益所有人备案制度的实施必然对推动社会诚信体系建设以及建立充分有效的信息披露制度起到重要作用。公司法修改中应充分关注这些制度建设，并予以适当吸收，以位阶更高的法律提供相应的制度供给。

(二) 关于关联交易正当程序

关联交易的实质在于"交易表面上发生在两个或者两个以上当事方之间，实际上却只由一方决定"①。因此一般交易中的程序调节机制在关联交易中存在失灵的可能，仅仅依靠双方当事人的自我协商、意思表示一致达成交易的程序不足以保障关联交易中当事人的合法权益，必须予以特殊的程序规定。目前公司法中对于关联交易程序的规制还比较粗疏，除了第一百二十四条规定了上市公司关联交易程序外别无其他规定。就该条规定本身而言，其范围不能仅限于上市公司，而且程序本身也需完善。

因此，修改方向应当是以公司法第一百二十四条为蓝本扩大适用范围，完善程序规则，使之适用于全部公司类型。关联交易的正当程序规定非常重要，可以将其置于总则部分，与公司法人格否认等地位等同；或者置于有限公司部分，同时以转致条款让股份公司同样适用。具体而

---

① [美] 罗伯特·C. 克拉克：《公司法则》，胡平等译，工商出版社1999年版，第117页。

言，关联交易的正当程序至少应当包含以下规则：一是关联交易事项应当由董事会审查；二是董事会审查关联交易事项前关联人应当向会议充分告知关联事项及关联关系；三是董事会审议有关关联交易事项时，关联董事及其受托人不应当参与投票表决，其所代表的表决权数不计入有效表决总数；四是董事回避表决造成董事会人数不能达到法定人数的，应当将事项提交股东会讨论决定，股东会讨论时，关联股东及其代理人、受托人应当回避表决；五是董事会或股东会记录中应当明确记载非关联董事、股东的表决情况，决议需要公告的，公告中应当充分披露非关联董事、股东的表决情况。

公司法修订草案第一百八十三条关于关联交易程序的规定相比现行公司法无疑有重大进步，但仍有需完善之处：应当将控股股东与实际控制人在关联交易方面的责任与董事、监事、高级管理人员进行统一规定。就基本法理来说，上述人员是公司的代理人，其与公司之间的关联交易是直接利益冲突交易。而控股股东、实际控制人与公司之间是两个法律主体，人格相互独立，其关联交易可以采取事后规制的方式。然而，考虑到我国公司股权结构的客观实际，大股东、实际控制人操纵的关联交易数量反而占了绝对多数，董事关联交易数量是第二位的。基于控股股东、实际控制人对公司的重大影响力，在关联交易问题上应当与董事等上述人员适用相同的法律规则。

（三）关于衡量关联交易公平性的规则

一般而言，不公平关联交易的认定有程序控制与结果控制两种途径。程序控制论是指，如果关联交易符合了公平程序，则程序本身就能证明结果是公正的；结果控制论是指，关联交易不论是否符合程序规则，还必须证明交易结果是公正的。对于有争议的关联交易，证明其结果公正比较困难。最高人民法院制定《公司法解释（五）》时，对于这一问题曾进行深入讨论。单就司法审判、当事人举证而言，程序控制论是较优选择。但是采纳程序控制论的前提必须是法律对于关联交易程序有严格的规定，此时才可以认为符合公平程序的关联交易的结果是公正的。然而，公司法对关联交易未规定普遍适用的程序，当前仅以正当程序来进行规制也缺乏可参照的规范。故《公司法解释（五）》第一条在认定不公平关联交易时明确采取结果控制论。即关联交易发生争议时，无论其是否符合法定程序，交易人均需要证明该交易结果是公平的才能免责。这一规定是符合我国实践的。当然，结果控制论对于当事人举证、司法认定而言都有相当难度。

此次公司法修改中可以采取"程序控制+结果证明"的方式，即应当规定：关联交易依法定程序的，主张该交易不公平并要求损害赔偿的一方应当举证证明该交易实质损害了公司利益；关联交易未遵循法定程序的，则交易方应举证证明该交易结果实质公平，否则，对公司承担不公平交易损害赔偿责任。

六、关于公司基础性制度问题

公司作为法律拟制的具有独立法律人格的"人"，应当有自己的名称、住所、注册资本、公司章程等内容。这些内容是公司设立的基本要素，与此相关的制度规范构成了公司的基础性制度。在立法层面构建清晰、明确的公司基础性制度，对于降低公司治理成本、稳定市场主体预期、维护交易安全进而推动完善现代法人治理机制、推进国家治理体系和治理能力现代化具有十分重要意义。一些看似简单的问题，如在公司法修改中予以明确将产生较大的社会效用。

（一）关于公司住所

"住所在法律上的作用，是赋予公司行为以一定的法律意义，并使其参加的法律关系集中于一处。"[①] 公司住所的法律效力通常被归纳为四点：（1）据以确认诉讼管辖及司法文书的送达；（2）据以确认登记、税收及

---

① 史际春：《公司法教程》，中国政法大学出版社1995年版，第76页。

其他行政管理关系；（3）据以确认合同的履行地；（4）在涉外民事管理领域，作为适用准据法的依据。① 从各国立法例看，公司住所都属于在登记机关登记的事项。我国法律历来规定公司以其主要办事机构所在地为住所。但是，公司未将主要办事机构所在地登记为住所的情况并不少见，这就导致了实践中交易主体、行政管理机关、司法机关在向公司的登记住所送达文书时经常遇到无人办公、送达不能，不得不采取公告送达，导致延误程序，影响对其他权利人的及时救济。比如，就法院送达而言，在2022年7月1日星期五第8768期《人民法院报》上，公告一共78条，其中被送达人为公司的共有47条。这个数量占比很高，也印证公告送达中公司占比至少在一半以上。就交易相对人而言，因法律规定的送达效力的不确定性，影响其合理预期，不得不采取公证送达、摄像送达等手段，严重增加交易成本、影响交易效率。

为进一步明确认定法人住所的原则及更进一步规范法人住所登记事项，民法总则第六十三条在民法通则的基础上，增加了"依法需要办理法人登记的，应当将主要办事机构所在地登记为住所"的内容，并在第六十五条明确规定"法人的实际情况与登记的事项不一致的，不得对抗善意相对人"。民法典延续了民法总则的前述规定。这种变化体现出立法者在有意强化住所登记的对抗效力。虽然公司法修订草案第三十四条规定"公司登记事项发生变更的，应当依法办理变更登记。公司登记事项未经登记或者未经变更登记，不得对抗善意相对人"，但该规定依然无法顺理成章地得出向公司登记的住所送达即推定公司能够收到之结论。在民法总则实施后，尽管有第六十五条之规定，但送达难问题仍然如故的现实也说明这一点。因此，公司法应进一步明确向公司登记的住所送达的相应法律效力，可将公司法修订草案第八条的"公司以其主要办事机构所在地为住所"修改为："公司应当将其主要办事机构所在地登记为住所。行政管理部门、司法机关、民事主体等向其登记住所送达文书的，

---

① 参见施天涛：《商法学》，法律出版社2008年版，第131页。

发生送达效力,但是公司事先向其作出书面声明的除外。"该条与公司法修订草案第三十四条配套适用,以强化公司住所登记的双重效力,即向公司登记的住所送达的,发生送达效力,所登记的住所发生变更的,应作变更登记,未变更登记的,不能对抗善意送达人。上述规定虽着墨不多但能够达到"四两拨千斤"的社会效果。一方面,对公司交易相对人、第三人来说其无须再忧虑是否产生送达效果,避免实践中常常出现不得不采用公证等手段加以证明送达的现象,提升交易便捷性和交易效率,降低交易成本;另一方面,行政管理部门以及司法机关对公司也不必在此种情况下再采取公告送达的方式,能够极大地节省社会资源,缩短程序周期,高效履行服务管理职能,及时维护相关主体的合法权益。

(二) 关于公司秘书制度

公司秘书制度发端于英国,[①] 近年逐渐为大陆法系国家和地区所吸纳。例如,意大利、比利时、卢森堡以及我国澳门地区,都由法律或通过公司章程规定了公司秘书制度。我国香港地区沿袭英国公司秘书制度,发展极为成熟。香港的公司条例规定公司须有一名秘书。在公司注册时根据公司章程委任首任秘书,此后的任命一般由董事会作出决定。除此之外,公司秘书的资料还须向有关公司注册处申报,以便公众查阅。上市公司的公司秘书资料还要向联交所申报备案。公司秘书职权具体可分为法则遵守、法律事务、股份过户、公司行政管理、其他职能。我国澳门商法典第二百一十四条第一款规定公司机关由股东会、行政管理机关、公司秘书和监事会(独任监事)组成;第二款规定股份公司或10名及以上股东等类型的公司必须设公司秘书;第二百三十七条第一款规定其他公司也可以指定公司秘书;第二百三十八条规定公司秘书职权可以归纳

[①] 英国公司法第271条规定公众公司必须设置秘书。根据学者归纳,其职权主要有:(1) 妥善保管公司的各项会议记录、决定、合同、股东名册等文件,并证明文件及副本的真实性;(2) 发出并认定所有发出的通知依公司章程细则而言均属正当,或均为法律所要求;(3) 作为公司印章的保管人,并认定公司印章在所有文件上代表公司的使用均系经过正当授权;(4) 根据公司主管机关的要求及时准确地提供和披露有关文件和信息。

为确认权、公证权、监控权，其中包括在公司登记簿册编列、确保簿册供股东或有关人士公开查阅等。我国内地目前只规定了上市公司董事会秘书制度，公司秘书制度部分地区在逐步探索。珠海经济特区借鉴了香港制度，通过地方立法①首开我国公司秘书制度先河，并进行了具体实践。② 海南省也提出改革公司登记制度，建立公司秘书制度。③ 在公司法修订草案中，如果能够借鉴吸收其他法域以及国内地方立法经验设立公司秘书制度，规定凡依照公司法成立的公司均应设立公司秘书，将是对公司登记机关社会管理方面的一个重要突破。增设公司秘书制度具有较大的社会价值，公司秘书制度对公司经营管理人员具有制约功能，对公司股东以及交易相对人具有保护功能，能够提高公司内部运作效率，完善公司治理结构。可以解决向公司的送达问题，公司负担的查询、信息公开、登记事项变更多种义务也有了具体的责任人。公司秘书制度与上述公司住所制度配套运作，适用效果最佳。

　　建议公司法修改中增设公司秘书制度，将公司秘书作为必须登记事项。公司秘书可以由自然人，也可以由机构担任，同一人也可以担任多家公司的秘书。公司可以单独聘任公司秘书，也可以数家聘任一个公司秘书。公司秘书职能可繁可简，主要负责向社会公开应当公开的信息，接受查询等内外联络事项，使得公司实际上也能收到相关信息，具有重要作用。此外，如果公司未进行登记事项变更，或者需要披露的信息

---

① 《珠海经济特区横琴新区商事登记管理办法》首次在我国内地规定了公司秘书制度。

② 《珠海市商事主体公司秘书管理办法》第三条规定："公司秘书制度是指有限责任公司应设立公司秘书，公司秘书负责向社会公众披露依法应当公开的公司信息，并接受政府行政部门查询公司相关情况的管理规范。公司秘书制度在公司章程中规定。"第四条第一款规定："有限责任公司的公司秘书可以由自然人或者依法成立的秘书公司担任。"第五条规定："有限责任公司聘请秘书，应当在公司成立之日起三十日内向商事登记机关申请备案。公司秘书备案事项发生变化的，公司应在作出变更决定后的三十日内，向商事登记机关申请变更备案。"第八条规定："有限责任公司秘书应当履行下列职责：（一）负责在珠海市商事登记机关商事登记业务平台上提交公司应当公开的信息；（二）接受有关部门的依法查询；（三）筹备公司股东会议和董事会议；（四）管理股东材料和公司文件、档案。"

③ 《海南省企业登记制度改革十六条意见》（琼府办〔2013〕80号）第五条规定："建立公司秘书制度。公司在设立登记时，应当明确公司秘书作为公司登记信息公示的责任人，负责企业与登记机关等政府部门和社会的联络。"

没有披露等，公司秘书都是具体的责任主体。公司中普遍设置公司秘书，则上市公司中没有必要单独设立董事会秘书，可将二者职责合并，当然亦可单设。具体制度设计应当包括：（1）在公司登记事项条款中增加公司秘书项目；（2）规定公司应当设立公司秘书，由自然人或者依法成立的秘书公司担任，并依法向登记机关进行登记；（3）规定公司秘书的具体职责，包括负责接收公司作为收件人的文书，办理公司变更登记事项，向社会公众披露依法应当公开的公司信息，并接受司法机关、政府部门、公司股东等有权机关或者个人依法对公司进行的查询，等等。上述构建起公司秘书制度的框架，具体细则可以留给司法解释、规章制度等予以规定。

（三）关于企业信息公示的法律效力

公司法修订草案在民法典第六十六条公司登记事项公示的基础上，又吸收了《企业信息公示暂行条例》第十条[①]的规定，在第四十条规定公司应当对非登记事项公示，即对有限公司股东认缴和实缴的出资额、出资时间、出资方式，股份公司发起人认购的股份数，有限公司股东股权转让等股权变更信息，行政许可取得、变更、注销等信息进行公示。换言之，根据公司法修订草案，应当通过企业信用信息公示系统公示的事项既包括公司登记事项也包括部分非登记事项。如此规定的目的在于提高非登记事项的知悉度，便于市场主体及时、高效获取公司相关信息，其益处是显而易见的。但需要注意的有两点：一是有限公司股东认缴和实缴的出资额是否需要归入登记事项；二是对非登记事项的公示将产生何种法律效力。

---

① 《企业信息公示暂行条例》第十条规定："企业应当自下列信息形成之日起20个工作日内通过企业信用信息公示系统向社会公示：（一）有限责任公司股东或者股份有限公司发起人认缴和实缴的出资额、出资时间、出资方式等信息；（二）有限责任公司股东股权转让等股权变更信息；（三）行政许可取得、变更、延续信息；（四）知识产权出质登记信息；（五）受到行政处罚的信息；（六）其他依法应当公示的信息。工商行政管理部门发现企业未依照前款规定履行公示义务的，应当责令其限期履行。"

1. 关于增加公司登记事项

公司向登记机关进行登记体现的是国家对公司的监督和管理。减少公司登记事项，体现的是国家对公司事务的松绑和放活。正是在这一意义上，2013年修改公司法时将有限公司"出资额"从登记事项中删除，转而由企业自行通过企业信息公示系统进行公示。但实践中，公司主动公示此类信息的积极性并不高，交易主体如欲了解股东的具体出资信息需要查阅公司章程、股东名册甚至股东协议，出资信息不透明拉高了市场主体的交易成本、损害了交易安全，并引发大量矛盾纠纷。笔者认为，降低准入门槛、减少登记事项、优化登记办理流程是"放管服"改革的必然要求，也应该是此次公司法修改的鲜明导向。但是，在确定哪些事项纳入登记事项时不能仅在数量上与修改之前的公司法作比较，也不能以是否增加公司负担为唯一考量标准，而是应该充分论证纳入登记将会给公司、股东、公司债权人、股东的债权人以及市场经济秩序产生何种影响，进而在降低公司治理成本和降低交易相对方交易成本、维护交易安全之间寻找恰当的平衡点。前文笔者提到的应当将股东名册、关联交易信息以及股权、债权出资情况下基本要素状态纳入登记事项，正是基于这样的考虑。所以，从保持股权结构透明、保护交易安全的角度看，有限公司股东出资额信息和股东姓名（名称）信息同等重要，都应当在登记机关统一登记。并且，随着现代信息技术发展，如今办理公司登记的便利化程度和工作效率已与2013年修改公司法时不可同日而语，对出资额进行登记并不会过分加重公司负担。所以，可在公司法修订草案第三十二条中明确有限公司股东的出资额属于应当登记的事项。登记机关登记后，统一在企业信息公示系统进行公示，彻底解决股东出资额信息记载散乱、不一致、不准确等问题。

2. 关于对非登记事项的公示将产生何种法律效力

从公司法修订草案第四十条看，无论是否采纳笔者提出的将出资额纳入登记事项的建议，该条都不得不面临这样的追问：公司自行对非登记事项的公示将产生何种法律效力？对此，公司法修订草案未予明确。

笔者提出两种思路供参考：一是由于该公示属于公司自行公示，登记机关并不进行审查，公示信息的真实性存疑。所以可以参照动产和权利担保统一登记系统的声明登记，将该公示认定为一种"声明公示"，意在提醒市场主体在进行公司交易、股权交易时应该注意信息的真实性。二是既然我国已经推行企业信用信息公示系统，并在实践层面运行多年，那么就应该充分发挥该系统的社会功能和法律功能。将在该系统公示的事项——无论是登记事项还是非登记事项——赋予同等的法律效力，即公司的实际情况与公示的情况不一致的，不得对抗善意相对人。

当前民商事审判中几个方面的法律适用问题

刘贵祥[*]

近年来,人民法院在民商事审判工作中,以习近平新时代中国特色社会主义思想为指导,深入学习贯彻习近平法治思想,坚持党的绝对领导,坚持中国特色社会主义法治道路,坚守司法为民、公正司法的初心使命,不断强化中国特色社会主义民商事审判理念,完善统一民商事法律适用工作机制,精准服务党和国家经济社会发展大局。本文仅就当前民商事审判中几个方面较为突出的法律适用问题,梳理实践共识及面临的分歧与难题,并力所能及地提出一些不成熟的思考。特别是文中所论及的刑民交叉问题,由于笔者对刑法缺乏研究,深感力有不逮,因此所提出的解决方案仅仅是一孔之见,难免有不周全或有失偏颇之处,还请大家共同讨论研究。

一、关于审理刑民交叉案件的几个问题

在司法实践中,存在这样一种现象,同一合法权益受到民法、刑法等不同部门法的多重保护,同一法律事实引起的法律关系的变动受到民法、刑法等不同部门法的多重调整,民商事纠纷的处理与刑事案件的处理存在竞合关系或关联关系,需要综合协调运用民事、刑事等多个部门法进行判断,或者需要从程序上、实体上正确处理多个部门法之间的相

---

[*] 最高人民法院审判委员会副部级专职委员,二级大法官。

互关系,以达到既惩罚犯罪,又保护合法民事权益的目的。这种现象被统称为刑民交叉。刑民交叉是民商事审判中的一个老问题,又是一个至今存在诸多争议、实务中未完全形成统一裁判规则的重大疑难问题。随着学界的深入研究、审判实务的不断探索,逐渐形成一些共识,殊值提炼总结,更需对一些模糊认识和失当操作予以澄清,对一些分歧进行再探讨。

(一) 刑民关系的由来及变迁

20世纪80年代中期,人民法院在审理经济纠纷时往往发现涉及经济犯罪问题,为了处理好审理经济纠纷与打击经济犯罪的关系,有效解决审理经济纠纷时发现经济犯罪不移送及移送不畅等问题,确保依法及时惩处经济犯罪,1985年最高人民法院、最高人民检察院、公安部发布《关于及时查处在经济纠纷案件中发现的经济犯罪的通知》(以下简称1985年《查处经济犯罪通知》)。此后,1987年最高人民法院、最高人民检察院、公安部又发布《关于在审理经济纠纷案件中发现经济犯罪必须及时移送的通知》(以下简称1987年《经济犯罪移送通知》)。一般认为,1985年《查处经济犯罪通知》与1987年《经济犯罪移送通知》确立了"先刑后民"规则。但是,1985年《查处经济犯罪通知》与1987年《经济犯罪移送通知》关于"审理经济纠纷时发现经济犯罪一般应全案移送"的规定看,更大程度上体现的却是对案件的定性并据此选择刑事程序还是民事程序的问题,而非在刑事程序和民事程序并存的情况下何者优先的问题。因此,以"先刑后民"概括1985年《查处经济犯罪通知》与1987年《经济犯罪移送通知》确立的规则并不准确。此外,在当时经济社会发展状态下,1985年《查处经济犯罪通知》与1987年《经济犯罪移送通知》确立的规则具有时代的合理性,至今亦有现实意义。但是,遗憾的是1985年《查处经济犯罪通知》与1987年《经济犯罪移送通知》对全案移送、部分移送的基本标准,以及分案处理情况下是"先刑后民"还是"刑民并行",都没有明确规定。随着社会主义市场经济的发展，经济关系、社会关系乃至法律关系日益复杂多元，将民事程序与刑事程序割裂开来，认为二者是非此即彼的关系，势必造成相关规则的滥用。实践中，一度出现的以刑事案件的名义插手民事纠纷、把民事纠纷当作刑事犯罪案件办理等现象也说明这一点。这些现象引起社会高度关注，促使实务界开始反思究竟什么情况下人民法院在民事诉讼中应该驳回起诉，将案件移送刑事侦查机关？什么情况下民事诉讼与刑事诉讼分别进行，即"刑民并行"？这种反思在有关司法解释或司法文件中多有体现，如1997年《最高人民法院关于审理存单纠纷案件的若干规定》（法释〔1997〕8号）第三条第二款最后一句规定："对于追究有关当事人的刑事责任不影响对存单纠纷案件审理的，人民法院应对存单纠纷案件有关当事人是否承担民事责任以及承担民事责任的大小依法及时进行认定和处理。"事实上，在1997年至2005年，各级法院按照分开审理的思路，处理了一大批以存单为表现形式的借贷纠纷，既及时保护了当事人的合法权益，又惩罚了相应的犯罪行为。1998年发布的《最高人民法院关于在审理经济纠纷案件中涉及经济犯罪嫌疑若干问题的规定》（以下简称1998年《经济犯罪规定》），较系统地规定了人民法院在审理刑民交叉案件时刑事程序与民事程序的关系，如第一条规定"同一公民、法人或其他经济组织因不同的法律事实，分别涉及经济纠纷和经济犯罪嫌疑的，经济纠纷案件和经济犯罪嫌疑案件应当分开审理"，第十条规定"人民法院在审理经济纠纷案件中，发现与本案有牵连，但与本案不是同一法律关系的经济犯罪嫌疑线索、材料，应将犯罪嫌疑线索、材料移送有关公安机关或检察机关查处，经济纠纷案件继续审理"。可以认为，自1998年《经济犯罪规定》以来，"同一法律事实"或"同一法律关系"成为处理刑民交叉案件中程序关系的基本标准，并且"刑民并行"规则得到进一步强化。例如，2014年《最高人民法院、最高人民检察院、公安部关于办理非法集资刑事案件适用法律若干问题的意见》（以下简称2014年《办理非法集资刑事案件意见》）、2015年《最高人民法院关于审理民间借贷案件适用法律若干问题的规定》（以下简称《民间借贷规定》)乃至2019年《全国法院民商事审判工作会议纪要》(以下简称《九民会纪要》)等,均有类似明确规定,在一定程度上解决了实践中可操作性、精准化问题。但是,其一,实践中对于如何界定"同一事实"仍存在不同的认识。其二,即使在"同一事实"的背景下,也有人担忧刑事案件受害人的民事权益能否通过刑事程序获得全面的保障,当事人是否仍有提起民事诉讼的可能和必要。其三,在"刑民并存"时,如何确保人民法院对民事案件的处理与刑事案件的处理在结果上的一致性?此外,在通过刑事程序实现对受害人的民事权益进行救济时,如何从程序上保障案外人的合法权益,也是一个亟待解决的问题。

(二)"同一事实"的进一步界定

虽然2014年《办理非法集资刑事案件意见》之后的司法解释及司法文件将1998年《经济犯罪规定》所称的"同一法律事实"表述为"同一事实",但并未有意作实质性改变,只是认为以"同一事实"表述更为准确,在此不赘。然而,在实践中如何界定"同一事实"确是需要厘清的一个问题。据对2021年之前1232份"涉违法发放贷款罪金融借款合同纠纷"裁判文书分析,涉及审理模式选择的共有857份,其中采取刑事程序处理的占比50.53%,采取"刑民并行"的占比49.47%。对比发现,在相同情况下,部分案件选择了刑事程序处理,而部分案件却选择了"刑民并行"的处理模式,说明实践中在处理"刑民交叉"案件时,仍存在适用程序上不一致问题。正因为如此,《九民会纪要》第128条针对实践中的问题,进一步明确了不适用刑事程序吸收民事程序而应适用"刑民并行"的五种具体情形,以避免实践中把本应分别处理的案件有意无意地仅以刑事程序处理。但是,《九民会纪要》没有对何谓"同一事实"作进一步概括性界定。总结近年来的司法实践,可以认为,"同一事实"应是指民事案件与刑事案件主体相同且民事案件的基本事实与刑事案件的基本事实存在竞合或基本竞合的情况。首先,构成"同一事实",最为重要的是要刑民案件的主体相同,从1998年《经济犯罪规定》以来的司法解释及司法文件规定看,"同一事实"情况下人民法院一般要将案件移送其他司法机关,驳回民事案件当事人起诉。如果主体不同,只是一个刑民程序先后问题,就不应以一个程序代替另一个程序。因此,如把主体不相同的刑民交叉案件定位为"同一事实",与多个司法解释及司法文件所规定的仅以刑事程序处理案件的情形不相符、不协调,从而影响类型化处理刑事程序与民事程序关系的可操作性、针对性。其次,这里所说的事实是指案件事实,与我们常说的"查明事实""事实不清"无异。同时,还需进一步限定为"案件基本事实"。从民事诉讼的视角观察,是关系当事人基本的权利义务、民事责任有无的事实。从刑事诉讼的视角观察,是关系罪与非罪、此罪与彼罪的事实。刑民"案件基本事实"不存在竞合或基本竞合的,不应作为"同一事实"。比如,甲与乙签订一份机器设备租赁合同,甲在租赁期间擅自将该机器设备出卖给丙,所得价款部分用于支付乙的租赁费,部分挥霍。乙要求甲返还机器设备,甲无法返还,乙遂向人民法院提起民事诉讼,请求甲返还设备或赔偿损失,同时向公安机关报案,后刑事判决认定甲构成合同诈骗罪。对此刑民交叉案件是否属于"同一事实",有两种观点:一种观点认为,甲卖掉机器设备及价款的流向这一事实,对民事案件而言无足轻重,不影响甲承担违约责任,故不属民事案件的基本事实,而对甲的合同诈骗罪而言是关系定罪的基本事实。因此,尽管刑民案件主体相同,但案件基本事实不相同,应按"刑民并行"处理。另一观点认为,甲乙签订合同、履行合同的事实同属刑民案件的基本事实,且通过刑事追赃退赔也能实现乙的合法权益,故民事案件应驳回起诉,移送公安机关按刑事案件处理。笔者倾向于第一种观点,本刑事案件中据以对甲定罪量刑的事实与民事案件中据以认定甲违约的事实,不存在竞合或基本竞合。何况对民事案件而言,甲违约事实清楚,足以认定其违约,在已经启动民事诉讼程序的情况下,似既无以刑事程序吸收民事程序之必要,也无"先刑后民"之必要。何况,如仅按刑事程序处理,刑事退赔仅限于机器设备损害,租赁费、违约金等损失难以得到填补。在另一案例中,A作为B公司的财务人员挪用公司财务资金,在对 A 按职务侵占罪判处刑罚的情况下,B 公司又提起民事诉讼,要求 A 赔偿因挪用公司资金所造成的各种损失。对此案例,刑民案件属于"同一事实"并无争议,争议在于在刑事案件已判令 A 向 B 公司退赔所挪用资金的情况下,是否应驳回 B 公司的起诉。对此类争议容下述及。

(三)"同一事实"情况下刑事程序对民事程序的吸收及例外

基于上述对"同一事实"的界定,一般情况下,刑民案件构成"同一事实"的,通过刑事退赔,可以维护刑事受害人同时也是民事案件一方当事人的合法权益,按照"一事不再审"原则,不宜"刑民并行",而应以刑事程序吸收民事程序。对此,有关刑事方面的司法解释有比较明确的规定。例如,《最高人民法院关于适用〈中华人民共和国刑事诉讼法〉的解释》(以下简称《刑事诉讼法解释》)第一百七十六条规定:"被告人非法占有、处置被害人财产的,应当依法予以追缴或者责令退赔。被害人提起附带民事诉讼的,人民法院不予受理。追缴、退赔的情况,可以作为量刑情节考虑。"《最高人民法院关于适用刑法第六十四条有关问题的批复》(法〔2013〕229号)规定:"追缴或者责令退赔的具体内容,应当在判决主文中写明;其中,判决前已经发还被害人的财产,应当注明。被害人提起附带民事诉讼,或者另行提起民事诉讼请求返还被非法占有、处置的财产的,人民法院不予受理。"此外,1998年《经济犯罪规定》第十一条、2014年《办理非法集资刑事案件意见》第七条、《民间借贷规定》第五条,均有类似规定。根据这些规定,典型的因"同一事实"而以刑事程序吸收民事程序的情形主要包括以下四类。

其一,以表面上的民事法律关系掩盖双方共同犯罪行为的,无以民事程序给予保护之必要,民事案件不应受理,移送有关司法机关按刑事案件处理。比如,以股权转让合同进行利益输送,实为贿赂犯罪;又如,名为买卖合同,实为毒品、违禁品交易;等等。

其二,非法吸收公众存款或集资诈骗采取刑事集中处理的司法机制,当事人的民事权利通过刑事追赃退赔的方式解决，只要刑事程序中没有出现不构成相应涉众犯罪的处理结果，不应再继续或重新启动民事诉讼或执行程序。亦即当事人再另行提起民事诉讼的，按"一事不再理"原则不予受理或驳回起诉。原已启动的民事诉讼程序中"中止审理"的，在刑事生效裁判作出后，按驳回起诉处理；"中止执行"的，按终结执行处理。司法实践证明，这是符合我国国情且行之有效的做法。以"e租宝"案为例，通过刑事追赃，按照一定的法律规则确定退赔比例，高效且最大化地维护了受害人的合法权益。我们无法想象，对此类涉及数十万名受害人的案件，通过民事审判执行或破产程序能够取得比刑事集中处理更好的效果。

其三，刑事附带民事诉讼与另行提起民事诉讼只能二选一，不能对在刑事附带民事诉讼中未予支持的诉讼请求另外提起民事诉讼。司法实践中已经注意到，依据有关司法解释规定，关于人身损害赔偿的范围，刑事附带民事诉讼与另行提起民事诉讼可能存在差别，确有再作深入研究之必要，但不能成为二者并用的理由。当然，一些当事人在提起刑事附带民事诉讼后又撤诉，再另行提起民事诉讼的，人民法院应当受理。

其四，即使不属于涉众型犯罪，通过刑事追赃退赔基本可以实现与民事诉讼相同的保护合法权益之目的的，不宜另行通过民事诉讼处理。问题是，刑民"同一事实"情况下，如刑事退赔不能填补被害人损失，是否可以待刑事案件有处理结果后，另行提起民事诉讼。对此，实践中存在争议。刑事审判工作者多认为，在对刑事犯罪分子予以刑事处罚情况下，通过追缴退赔已基本能够弥补受害人的直接损失，即便是通过民事程序判决了更多赔偿，也无实际执行之可能，导致空判，徒增诉累和诉讼成本；此外，刑事程序一般把犯罪嫌疑人退赔被害人损失多少作为其犯罪情节轻重，乃至量刑幅度的考量因素，能够促使其家属积极配合退赃或筹集资金弥补被害人损失，使在犯罪嫌疑人现有财产状况下被害人利益得到最大限度维护，这是民事程序中所难以企及的功能。因此，应以实事求是的态度处理此类问题为宜。民事审判工作者多认为，刑事追缴退赔虽越来越规范,但退赔范围往往局限于直接损失,无论是侵权责任,还是合同责任,刑事退赔范围多小于民事赔偿范围,仅刑事退赔不能填补受害人的损失,特别是合同纠纷中,直接损失与履行利益损失有比较大的差距;何况,刑事方面的有关司法解释只是规定"另行提起民事诉讼请求返还被非法占有、处置财产的,人民法院不予受理",并未明确另有损失,特别是对合同履行利益损失,不能另行提起民事诉讼;至于能否实际履行,不能仅以眼前情况判断,犯罪分子刑满后也有可能重获偿债能力,特别是近年来犯罪分子通过多层级、错综复杂、或明或暗的关联企业开展经营活动,对其履行能力一时亦难辨真假。应当说,两种观点确均有合理之处。刑事退赔有时达不到填补被害人民法意义上的损失的效果这是事实,而绝大多数另行提起民事诉讼难以得到实际执行也是事实。基于司法为民、公正司法的基本理念,设身处地为被害人考虑,可区别不同情况处理:在被害人另行提起民事诉讼时,人民法院应审查刑事裁判所确定的退赔范围是否基本能够填补被害人的实际损失,能够填补其损失的,原则上不予受理,已受理的,驳回起诉,但被害人有权提起附带民事诉讼的除外;在经初步审查刑事退赔不能填补被害人的损失的,应向被害人释明执行不能等诉讼风险及诉讼成本,受害人坚持起诉的予以受理。在刑民案件属于"同一事实"的情况下,实践中还需注意一些刑事程序不宜吸收民事程序的例外情况。

其一,刑事案件处理结果出现特殊情形的,即便是因刑民系"同一事实"而有关司法解释作了"不予受理""驳回起诉"或移送其他司法机关的规定,当事人再次提起民事诉讼的,亦应受理。这些情形包括:侦查机关决定不立案或撤销案件,检察机关对刑事案件不起诉或撤回起诉,生效刑事裁判认定涉嫌刑事犯罪当事人不构成犯罪等。但是,对已经提起的附带民事诉讼,经调解达成协议或者一并作出刑事附带民事判决的除外。

其二,实践中还存在未严格把握"同一事实"界限,把民事诉讼主体与刑事诉讼主体不相同,而案件基本事实相同的情况按"一事不再审"

处理的现象，确应切实予以避免。如《九民会纪要》第128条列举的五种具体情形，不仅犯罪分子应承担退赔责任，其他关联民事主体还应承担相应的民事责任，刑事退赔无法解决其他民事主体责任问题，无疑不能剥夺当事人的民事诉权。

其三，实践中，被害人多在向公安机关报案的同时，提起民事诉讼，人民法院对是否属于"同一事实"在立案时难以作出判断，一般不宜简单的不予受理或驳回起诉，可受理后根据情况决定是否中止审理；待刑事案件有处理结果后，再决定是否驳回起诉或继续审理。从这种意义上而言，即使刑民交叉案件属于"同一事实"，不仅存在以刑事程序吸收民事程序的情况，也存在"先刑后民"的情况。在中止审理问题上，与下述的非"同一事实"情况下的"先刑后民"基本相同。

（四）非"同一事实"情况下"先刑后民"规则的适用

"同一事实"的定位，旨在解决什么情况下刑事程序吸收民事程序及其例外的问题，那么，在非"同一事实"的情况下，民事案件与刑事案件一般应分别审理，即"刑民并行"。但是，民事案件查明的事实如果与刑事案件事实存在牵连关系，虽不影响刑民案件分别审理，但可能面临一个程序先后的问题。《民间借贷规定》第七条、《九民会纪要》第130条依据现行民事诉讼法第一百五十三条第五项均规定民事程序的基本案件事实必须以刑事案件审理结果为依据，而该刑事案件尚未审结的，应当裁定中止诉讼。这种情况体现的就是程序顺序问题，属于典型的适用"先刑后民"规则的情形。至于何为《九民会纪要》第130条规定的"必须以相关刑事案件的审理结果为依据"，主要包括以下几种情况。

其一，在民事案件审理中基本事实无法查清，或者依据民事证据规则认定事实，可能严重背离客观真实，以致可能出现显失公正的裁判结果的情况下，如果刑事案件的处理结果更有利于查明事实真相，有利于所认定的民事案件基本事实最大限度地接近客观真实，则有必要中止民事诉讼。比如，在一银行存款纠纷案件中，银行主张存款人的存款未存入其账户，而是存入了其他人的账户，存款人所持存单与其存款账户存款不符；存款人主张其款项之所以未存入其账户，是因为银行工作人员向其出具伪造的存单，并把其款项存入他人存单项下的账户。本案中是存款人的工作人员与银行工作人员共谋，还是系一方犯罪造成，这些事实对认定银行民事责任关系重大，刑事程序未作出裁判，民事程序相关基本事实无法查清，显属应当中止的情形。

其二，民事案件当事人以刑事犯罪相关事实作为支持其主要诉讼请求依据的，在刑事案件尚未有处理结果时，一般应当中止民事诉讼。比如，借贷合同纠纷中，担保人主张借款人向出借人的法定代表人行贿，恶意串通骗取其提供担保。因出借人与借款人是否存在恶意串通，直接关系担保人是否承担担保责任，而正在办理的刑事案件是否认定出借人的法定代表人构成受贿罪，受贿罪与此合同签订是否有关系，对是否免除担保责任关系重大，因此应当中止相应的民事诉讼。

其三，直接关系民事合同效力认定、是否承担民事责任、民事责任大小的关键证据，依赖刑事案件处理结果的。比如，在审理合同纠纷时，一方当事人主张公章虽真实，但系犯罪分子盗盖。在民事案件审理过程中，从各种情况判断其主张有较大的可能性，但又难以认定的，可以根据刑事程序的进展情况，确定是否等待刑事程序获取相关证据。又如，甲公司与乙公司签订煤炭购销合同，但在庭审时各方所出具的合同文本中所载明的付款方式、交货方式不一致，各持的合同文本中本方的公章是真章，而对方的公章均是假章；甲公司主张交付了煤炭却没有得到相应的货款，乙公司主张交付了货款却未得到煤炭。该案双方当事人各持的主要合同条款不同的合同是如何形成的，抓捕在案的诈骗犯的供述是关系甲公司、乙公司过错大小的关键证据，故需要根据诈骗刑事案件的处理结果予以认定。

此外，实践中是否中止民事诉讼程序，并非完全基于事实查明的考量，还可能基于其他因素：公权力先行救济更有利于认定责任主体，或者更有利于节约诉讼成本，提高诉讼效率的。例如，高空抛物民事纠纷需公安机关查明具体侵权人。刑事先决更有利于最大限度避免刑民判决的根本冲突，衍生更多民事诉讼的。例如，民事诉讼争议的标的物被刑事案件查封扣押，标的物系犯罪嫌疑人的合法财产或者违法所得，还是案外人财产需要刑事程序认定。又如，在犯罪分子复杂的诈骗链条中，嵌套了多个主体的合同关系，就某一个合同关系提起民事诉讼，事实基本清楚，也可按民事规范认定相应的民事责任。但是放在整个犯罪链条中去考量，让某个合同当事人承担责任可能有失公正，还有可能与后续刑事程序的处理结果出现冲突。此种情况待刑事侦查或刑事裁判有结果后，再系统考量民事责任为宜。

还应注意的是，实践中往往因嫌犯逃匿等客观原因使刑事程序受阻而迟迟不能侦查终结、提起公诉或继续审理，民事诉讼程序是否可以启动，中止审理的是否可以继续审理？笔者认为，对于类似特殊情况，应以有利于保护当事人的合法权益为出发点，不应僵化机械地固守"先刑后民"规则，民事诉讼程序可就能够查清事实的部分，先行判决并执行，特别是涉及人身损害的情况，更应如此。民事判决生效并执行后，如果后来作出的刑事生效判决认定的事实与民事判决认定的事实不一致，且足以推翻民事判决的结果，则可通过审判监督程序纠正民事判决，再通过执行回转等制度对当事人进行救济。当然，司法实践中面临的问题往往是复杂的，从司法机关近年来所处理的刑事案件看，犯罪嫌疑人潜逃导致刑事程序难以推进的不少是涉众型的非法集资、电信诈骗案件，查扣冻在案的涉案财产往往远不足退赃退赔。这种情况下，以刑事程序按一定的规则对追缴的财产先行处置分配给受害人，可能是一个比较切合实际的选择，而启动民事诉讼程序亦难以达到及时维护受害人合法权益、社会稳定之效果。

（五）"刑民并行"情况下刑事与民事裁判冲突的解决及对案外人权益的程序性救济

在刑事案件与民事案件非"同一事实"或民事案件无须以刑事案件

裁判结果为依据的情况下，民事案件与刑事案件应分别审理，但如何避免裁判冲突，如何从程序上对刑事案件的案外人给予救济，也是刑民交叉案件面临的一个突出问题。

其一，如何解决刑民分别裁判情况下被害人重复受偿问题。有关司法解释，特别是《九民会纪要》明确了诸多"刑民并行"的情况，但实践中一些法院因担心刑事裁判追缴退赔与民事责任裁判出现同一当事人重复受偿的问题，故偏好于通过"中止审理"或"延长审限"等方式等待刑事裁判结果。其实，一般情况下这是不必要的。如果刑事案件的受害人通过追赃退赔已部分实际获赔，在民事案件审理过程中就可作为查明的事实，将其从损失中予以扣除。而如果没有实际退赔，在刑民各自作出裁判后，通过在执行程序中合并执行或协调执行即可避免发生重复受偿问题。需注意的是，在民事案件未作出生效判决前，如果生效刑事判决已判令追缴退赔的明确数额，且刑事案件与民事案件的当事人完全相同，则无论刑事判决确定的退赔数额是否实际执行，民事判决一般均应予以扣除，以尽量避免刑事判决和民事判决作出的部分赔偿范围出现重合。但是，如果刑事判决尚未作出或者虽已作出但未判令追缴退赔的数额，则民事判决可以就全部损失作出判决，再在执行程序中根据刑事判决的执行情况进行调整。例如，在一起刑民交叉案例中，刑事案件尚未就追缴犯罪分子甲骗取的案款5000万元退赔给乙农商行作出判决；民事判决先判令丙银行对乙农商行5000万元的损失承担80%的赔偿责任，乙农商行自行承担20%的损失，并在判决书中明确：后续刑事程序中追回退赔给乙农商行的款项扣减乙农商行相应损失基数；如丙银行已履行80%的赔偿责任，刑事赃款追回部分按80%分配给丙银行。该民事判决对刑事退赔与民事责任关系的裁判明确而具体，可为参考范例。此外，如果民事案件与刑事案件的主体不同，则即使生效刑事判决已判令追缴退赔的明确数额，但如果未实际执行到位，对于未实际执行的部分，民事判决也不应扣除，并应在判决书中明确：当事人实际应承担的民事责任应根据刑事判决的执行情况进行调整，或者当事人承担民事责任后，如刑事判决的执行取得进展，应根据民事判决确定的比例分配给民事案件的当事人。

其二，刑事裁判涉及案外人权益从程序上如何救济？刑事案件处理中，对一些财产的追缴，可能涉及案外人合法权益，而案外人对财物处置有异议的，如何从程序上给予相应救济？对此，《刑事诉讼法解释》第二百九十七条、第四百五十一条与《最高人民法院关于刑事裁判涉财产部分执行的若干规定》（法释〔2014〕13号，以下简称《涉财产部分执行规定》）第十五条给出了救济路径，即案外人对查封、扣押、冻结的财物及其孳息提出权属异议的，人民法院应当听取案外人的意见，必要时，可以通知案外人出庭；案外人认为已经发生法律效力的裁判侵害其合法权益而提出申诉的，人民法院应当受理；在执行程序中案外人认为刑事裁判中对是否属于赃款赃物认定错误的，可通过刑事审判部门作出补正裁定，无法作出补正裁定的，按刑事审判监督程序处理。

其三，刑事裁判与民事裁判对同一标的物作出矛盾裁判时如何处理？实践中，因刑民案件诉讼当事人、参加人不同而可能出现民事判决与刑事判决冲突。比如，刑事判决认定一房产系犯罪分子甲非法占有而追缴退赔给受害人乙，而另一民事判决判令甲向买卖合同买受人丙交付该房产。这就出现乙、丙对同一房产的权利冲突，而这种冲突是刑民两个判决不一致造成的。类似情况通过刑事、民事审判监督程序均可予以救济，关键看是刑事案件的受害人作为民事案件的案外人对民事案件申请再审，还是民事案件的当事人作为刑事案件的案外人提起申诉。但无论启动刑事还是民事审判监督程序，均应将刑事、民事案件合并审查，以判断哪个案件存在认定事实或适用法律错误，从而解决两个裁判的冲突。

（六）刑事追缴退赔与案外人权益保护的关系

我国刑法第六十四条在财产刑之外规定了对犯罪分子一切违法所得予以追缴、责令退赔、返还被害人的合法财产等刑事措施。应当说，追缴是一个手段，追缴有三种结果：一是上缴国库；二是返还被害人；三是无法返还情况下责令按价退赔。在这三种情况下，如果所追缴的财物被第三人取得，如何解决与第三人合法权益保护的关系？在法律适用上是否应有所区别？我们常提到的善意取得在什么情况下可以适用，什么情况下不能适用？这些问题都需要区别不同情况条分缕析。否则，泛泛谈追缴、善意取得，很可能导致法律适用上的错误或作出不公正的裁判。

其一，赃款追缴与案外人权益保护的关系。货币作为一种特殊的种类物，具有高度的可替代性，多适用"占有与所有一致"的特殊规则，无法适用民法上的物权变动、善意取得制度来解决其权属变动及取得问题。因此，在刑事追缴问题上与其他财产形式的追缴应有所区别。在赃款无合法原因或合理对价而流向其他主体的情况下，"一追到底"是没有问题的。但是，如赃款用于支付正常市场交易的价款，再向取得该价款的案外人追赃则缺乏正当性和合法性。因此，《刑事诉讼法解释》第四百四十三条规定："被告人将依法应当追缴的涉案财物用于投资或者置业的，对因此形成的财产及其收益，应当追缴。被告人将依法应当追缴的涉案财物与其他合法财产共同用于投资或者置业的，对因此形成的财产中与涉案财物对应的份额及其收益，应当追缴。"该规定基本明确了在赃款通过正常市场交易转换为其他财产形式的情况下，只能追缴相应财产。比如，犯罪嫌疑人用包括赃款在内的资金购买了土地使用权，出卖人所得价款是以土地使用权换取的对价，不应作为赃款追回。此时如果土地使用权仍旧属于犯罪嫌疑人，则赃款已转化为赃物，可以追缴自不待言；如果犯罪嫌疑人已将该土地使用权再行转让给他人，并取得合理对价，该对价又转化为赃款，但无论该款是否存在，都与取得土地使用权的当事人无关，不应再穿透到交易相对人进行所谓的追赃；如果犯罪嫌疑人以上述土地使用权向银行贷款抵押，因土地使用权还在犯罪嫌疑人名下，司法机关可以采取查封措施，但最终不应影响银行行使抵押权。再以犯罪所得赃款投资入股为例，此时赃款已转化为股权，则不应向目标公司追缴相应款项，而只能追缴股权，以股权价值退赔受害人。对此，《最高人民法院关于适用〈中华人民共和国公司法〉若干问题的规定（三）》

第七条第二款针对实践中出现的向目标公司追缴出资款的情况作了相应规定。问题是，实践中犯罪分子投资入股某公司后，该公司又向其他公司再投资，取得巨大收益，是否对此收益一概追缴，有不同观点。笔者认为，无论是从退赔受害人的角度，还是从没收罪犯全部违法所得的角度，对此再投资收益都应予以追缴，只是要厘清犯罪分子在其投资入股公司所占股权比例，按利润分配规则追缴其相应份额。

实践中另一常见的问题是，犯罪分子将所得赃款用于偿还其合法债务，是否可以向受清偿的债权人追缴赃款。2011年发布的《最高人民法院、最高人民检察院关于办理诈骗刑事案件具体适用法律若干问题的规定》（法释〔2011〕第7号，以下简称《办理诈骗刑事案件规定》）第十条，2016年发布的《最高人民法院、最高人民检察院、公安部关于办理电信网络诈骗等刑事案件适用法律若干问题的意见》第三条，以及2019年发布的《最高人民法院、最高人民检察院、公安部、司法部关于办理黑恶势力刑事案件中财产处置若干问题的意见》第十六条等规定，应当追缴、没收的财产用于清偿债务，只有四种情况下可以追缴：案外人明知是违法犯罪所得；无偿或者明显低于市场价格；源于非法债务或犯罪行为形成的债务；案外人以其他方式恶意受偿。这意味着只要债权人系合法债务且不明知所偿还款项系违法犯罪所得，属于善意债权人，则不应追缴。既然近十余年来相关司法解释及司法文件中对犯罪分子以违法犯罪所得清偿债务问题有一系列的规定，司法实践中一般应当严格遵守。有观点认为，以犯罪所得赃款清偿债务，即便债权人属于善意，也不能绝对化，而应区分情况。如果作为非法所得追缴归国库，基于民法典关于民事债权优于公债权之规定，不应追缴；如追缴的目的是用于退赔被害人，则关系两个民事债权冲突如何平衡问题。犯罪分子本已无清偿能力，债权人面临不能清偿的风险，而以赃款清偿债务不予追缴相当于以被害人不应有的损失去承担债权人本应承担的债权不能清偿的风险，对被害人实属不公。此观点有一定的合理性，实践中确实存在犯罪分子"拆东墙补西墙"，在短时间内通过资金连续倒账偿还债务等情况，让前手被害人完全承担犯罪行为所产生的损失，确有违一般人的公平观念。事实上，有关司法解释关于债权人不具善意性的情况下（所规定的可以追缴的几种情况）应予追缴的规定，可以说已对可能出现的不公平情况进行了考量。但从进一步完善制度的角度考虑，规定对特定期限内以赃款偿还债务的可以追缴退赔，或者按一定比例退赔，可能更具合理性。

其二，赃物追缴与案外人权益保护的关系。在犯罪行为直接涉及的是赃物，也就是特定动产或不动产的情况下，则应与上述赃款问题有所区别。例如，行为人以犯罪行为违法取得他人土地使用权，而后转让或抵押给第三人。对此类问题是否可以适用善意取得制度，素有争议。物权法及民法典均未作规定，而现行司法解释有关于适用善意取得的规定，如前述的关于《办理诈骗刑事案件规定》第十条第二款规定，他人善意取得诈骗财物的，不予追缴。2014年《办理非法集资刑事案件意见》第三条亦作了完全相同的规定。此外，《涉财产部分执行规定》第十一条第二款规定，第三人善意取得涉案财物的，执行程序不予追缴，由诉讼程序处理。这一司法解释实际上未对从实体上是否适用善意取得制度作出规定，只是明确执行程序不予追缴。由于有关诈骗犯罪的两个司法文件明确了"他人善意取得诈骗财物不得追缴"，一种观点认为，其他刑事犯罪赃物追缴与诈骗犯罪并无实质区别，应参照适用；另一种观点则认为，不宜扩大该规定的适用范围，应仅限于现行司法解释规定的情形。笔者认为，该司法解释对善意取得问题的规定是一个比较笼统的规定，不能与民法典第三百一十一条关于善意取得制度的规定画等号。试分析如下。

就刑事赃物追缴而言，应区分两种情况：其一，追缴犯罪分子一切违法所得上缴国库。此种情况着重点在于追缴犯罪分子的一切违法所得。在犯罪分子将违法取得的财物通过正常市场交易转让的情况下，违法所得是其因此所取得的价款或其他对价物及相应的收益。显然，不知情的第三人按正常的市场交易支付对价所取得的相应财产不属于犯罪分子的违法所得，不应追缴。其二，追缴犯罪分子各类财产退赔给被害人。如前所述，基于返还被害人合法财产及退赔被害人的追缴，其范围不限于犯罪分子违法所得，还包括犯罪分子的合法财产。① 因此，首先应甄别该特定财产是犯罪分子违法所得还是合法财产。如果是合法财产，谈不上无权处分，交易完成，所有权发生转移，没有任何追回退赔之理由。如果是违法所得，则需进一步明确，是为退赔被害人损失而追缴的犯罪分子的其他违法所得，还是追缴被害人享有物权的特定物。就前者而言，与前述追缴犯罪分子违法所得上缴国库的情况相同，在第三人按正常市场交易支付对价情况下，已非犯罪分子违法所得，不应追缴。只有被害人享有物权的特定物被犯罪分子无权处分时，才关系能否适用善意取得制度的问题。

  善意取得制度是为了保护交易安全针对无权处分而作出的例外规定，其适用范围原则上应以现行民事法律为依据，从民法典第三百一十二条对遗失物处分所作的区别于善意取得的规定看，民法典第三百一十一条规定的善意取得不能适用于遗失物无权处分的情况，举轻以明重，原则上也不应适用于犯罪分子违法所得，即赃物无权处分的情况。比较民法典第三百一十一条与第三百一十二条之规定可知，善意取得所适用的是有权占有情况下的无权处分，而第三百一十二条适用的是无权占有情况下的无权处分，犯罪分子违法所得转让显然也是无权占有情况下的无权处分，与遗失物转让相类似。在民法典未对赃物无权处分问题作专门规定的情况下，可类推民法典第三百一十二条规定，解决被害人与第三人的权利冲突。具体而言，在被害人请求第三人返还标的物的情况下，应向第三人支付其购买此标的物时所支付的等额价款；如被害人只是请求退赔损失或被害人无法向第三人支付相应价款，只能对标的物溢价部分款项受偿。应强调的是，按第三百一十二条处理赃物追缴问题，必须符合第三百一十二条规定的其他适用条件，即案外人必须是通过拍卖或者

---

① 因为追缴退赔旨在弥补被害人的损失，如仅限于违法所得，在违法所得已灭失或不足以填补被害人损失的情况下，必然需另行引起民事诉讼，这与"同一事实"刑事判决退赔能够弥补被害人损失的不应再提起民事诉讼的制度设计不相符。何况，以犯罪分子合法财产赔偿给被害人造成的损失本是无可争议的基本法理。

向具有经营资格的经营者购得标的物。第三百一十二条的这一限定条件旨在判断第三人取得标的物是否符合正常的市场交易，进而判断其是否明知或应当知道该标的物是赃物。也就是说，即便是适用第三百一十二条，也对第三人有善意的要求，非善意第三人无适用第三百一十二条保护之余地；而即使是善意，也有别于第三百一十一条的善意取得制度。

从以上分析可以认为：第一，在追缴犯罪分子违法所得上缴国库的情况下，对第三人合法受让的财产不应追缴；第二，在追缴犯罪分子违法所得只是用于赔偿被害人损失而不是被害人享有物权的特定物的情况下，不应追缴；第三，在追缴犯罪分子违法所得属于被害人享有物权的特定物的情况下，类推适用民法典第三百一十二条的规定。上述三种情形都建立在第三人善意基础上，即不知道或不应当知道所受让的财产是犯罪分子违法所得，而在第三人善意的情况下，要么是不得追缴，要么是以被害人支付对价为条件追缴。因此，有关司法解释关于"善意取得的财物不得追缴"的规定虽不能与民法典第三百一十一条规定的善意取得制度相提并论，在第三人善意情况下不得追缴的结论总体上符合刑事、民事法律规定精神，也是可行的，只是具体适用时要做到"心中有数"，区别不同情况，更加精准适用而已。总之，如何平衡好刑事追赃与保护案外人合法权益的关系问题，错综复杂，必须从细处入手，理论与实际相联系，刑法与民法相贯通，进行系统研究探讨，形成相应的司法规则。大而化之、顾此失彼，难以真正达到政治效果、社会效果与法律效果的有机统一，难以让人民群众感受到公平正义。

刑民交叉案件的审理既涉及大量的程序问题，也涉及大量实体问题，且程序问题与实体问题常常交织在一起，从而给民商事审判工作带来了诸多困扰。从司法实践的情况看，与刑民交叉有关的另一个问题是当事人构成犯罪是否必然导致其所订立的合同无效？笔者将在下文进行阐述。

二、关于审理合同纠纷案件的几个问题

民法典合同编通则部分在总结司法实践经验的基础上，吸收相关司

法解释与司法政策的规定，将预约合同、悬赏广告、情势变更、债务加入等予以法典化，并对合同解除、多数人之债等制度进行了完善，从而为诸多疑难问题的解决提供了法律依据。近期人民法院在审理合同纠纷中涉及了几个问题，关系对民法典有关规定的理解和适用。

（一）当事人构成犯罪对合同效力的影响

在刑事案件与民事案件基于"同一事实"而由刑事程序吸收民事程序的情况下，讨论合同效力问题似无实际意义。但是在刑民分别审理，特别是出现《九民会纪要》第128条所规定的由其他民事主体承担合同责任的情况下，对合同效力的认定，直接关系其他民事主体的责任认定问题。当然，即便是合同有效，类似于非法集资等涉众型案件，也不能成为另行提起民事诉讼的理由。在此只是从一般意义分析刑事犯罪与合同效力的关系。合同当事人构成犯罪必然导致合同无效的观点，一度在司法实践中占主导地位，但近十余年来，越来越多的学者对当然无效说进行反思，从多视角、多层面指出当然无效说的理论缺陷和实践弊端，并进一步探索从犯罪主体、合同时点、合同目的进行综合判断合同效力的路径以及逻辑思维、系统思维方法，颇具参考价值。虽然审判实务中仍存在"合同当事人都构成犯罪了，怎么还能认定有效"之声，但基本共识是，在合同当事人构成犯罪的情况下，合同并不当然无效，是否无效要区分不同情况，不能一概而论。事实上，近年来，有关司法解释，如《民间借贷规定》第十二条充分体现了这一精神，也出现了大量认定合同有效的判决。如前文中所提到的，以2021年之前构成骗取贷款罪的刑民交叉案件为研究对象，所提取的288篇有具体裁判结果的民事裁判文书中，认定有效的为146篇，占50.69%，认定无效的为104篇，占36.11%，认定合同可撤销、不成立的各占6.25%、6.95%。如果在认定合同无效裁判中再剔除依据其他法定情形认定无效的情形，仅以合同当事人构成骗取贷款罪为由认定合同绝对无效的案件数量占比并不高。但是，深入分析有关裁判文书认定合同无效的理由，笔者仍感有进一步厘清犯罪行为与合同效力关系之必要。

对民事合同效力的判断，无论是否涉及犯罪，一般应当以民法典及其他民事法律关于民事法律行为效力及合同效力问题的规定为直接依据。在刑民交叉案件中，涉及犯罪的合同纠纷，既然另行作为一个民事案件来审理，首先应当适用民事法律规范，对合同效力的认定也不例外。民法典对民事法律行为效力的一般规定、对合同效力的具体规定，是认定合同效力的首要或直接依据，即便是合同涉及犯罪或合同主体犯罪，是否无效，也要看是否具备民法典及其他民事法律规范中所规定的合同无效的事由，这是判断合同效力的逻辑起点。

民法典第一百四十三条规定了包括合同在内的民事法律行为的有效条件，即主体行为能力适格、意思表示真实、不违反法律及公序良俗。具备三要件，合同有效。反之，则影响合同效力。至于影响到什么程度，只能从民法典其他有关合同效力的条款中去寻找答案，而不能对第一百四十三条作反向解释，而得出只要不具备三个有效要件即无效的结论。据此，笔者把合同的效力问题归结为三大类。

1. 意思表示不真实

其一，合同一方当事人构成犯罪，使另一方意思表示不真实，或者说使另一方违背其真实意思签订合同，构成民事上的欺诈、胁迫等，合同属于意思表示不真实一方享有撤销权的可撤销合同，而不是当然无效的合同。法律之所以未把欺诈等情形规定为当然无效情形，是站在被欺诈的当事人立场上，给其一个选择权，由其在法定期限内衡量维护合同效力是否对自己更有利。不利则行使撤销权，合同自始不发生效力；有利则不行使撤销权，诉请合同履行利益。如果因民事欺诈严重到构成诈骗类犯罪或者因胁迫严重到构成非法拘禁、敲诈勒索等犯罪，不给予受害一方选择权，断然认定合同无效，对受害人无法周全保护，甚至会给受害人造成"二次伤害"。以骗取贷款罪为例，一旦认定合同无效，且不论担保将随之无效，连对追究犯罪分子违约责任的可能都没有了，显然有悖常理，更有悖法理。因此，在合同一方主体构成犯罪的情况下，实务中应当从民法中关于可撤销合同的法定事由入手进行分析判断,构成撤销事由的,支持受害一方当事人的撤销权。当然,合同一方主体虽然构成犯罪,但与相对人是否违背真实意愿作出意思表示无关的,不能仅以对方构成犯罪为由大而化之地得出合同可撤销的结论。

其二,在合同主体各方均构成犯罪的情况下,首先应考察其是否都属于故意犯罪,如一方是故意犯罪,另一方是过失犯罪,一般应按上述合同一方构成犯罪的情况处理。双方都构成犯罪的情况下,虽然不排除具备其他合同无效事由的可能,但仅从意思表示的角度判断,只有双方对犯罪行为存在意思联络或通谋,才能构成民法典第一百四十六条第一款规定的虚假意思表示。因为双方当事人通谋作出不真实的意思表示时,合同本身缺失效果意思,合同当然无效。民法上的虚假意思表示,可能隐藏着民事法律行为,也可能未隐藏民事法律行为。而在双方均构成犯罪且构成虚假意思表示的情况下,一般隐藏的是犯罪行为。比如,双方签订赠与合同、买卖合同、股权转让合同等,隐藏的是贿赂犯罪行为,此种情况,以刑事案件处理即可,属于不应按民事纠纷处理的情形。实践中,表面上的民事行为与背后的犯罪行为交织在一起,远比上述贿赂犯罪的例子复杂得多。上例贿赂犯罪背后并无一个具体的合同,因此不存在判断背后合同效力的问题。但是,有些涉嫌犯罪的行为,在阳合同之外还隐藏着一个阴合同。如实践中常遇到的双方当事人为逃税或避税而签订的阴阳合同。两个合同的基本权利义务大体相同,只是为逃税或避税,而在合同价款、报酬等与税收有关的条款上有重大差别。那么,如果双方为支付合同价款问题发生纠纷,阳合同系虚假意思表示应认定无效,自不待言。问题是,阴合同或相应条款是否系当然无效。阴合同本身是双方当事人的真实意思表示,内容可能并无违法性。在民法总则施行前,有一种观点认为,应适用民法通则、合同法关于"以合法形式掩盖非法目的的合同无效"的规定,认定阴合同或相应条款也无效。且不论这样适用法律是否妥当,在民法总则已取消这一规定的情况下,已无依此认定合同无效之余地。但在现行法律框架下,实务中仍存在两种观点：一是阴合同不应被认定无效。该观点认为在阴合同不存在其他无效的事由情况下，虽然双方有逃税或避税之违法目的，但通过行政处罚，乃至刑事处罚，便足以达到挽回国家税收损失、打击犯罪之目的。且如果认定阴合同无效，合同价款无法履行，追究其逃税或避税之责任就成了无本之木。特别是在一方已履行义务的情况下，对方为规避民事违约责任而主张合同无效，支持其诉请在当事人之间也有失公平。这在房屋买卖合同中多有体现。另有观点认为，这种情况符合民法典第一百五十四条关于恶意串通的规定，应认定无效。问题是，就恶意串通而言，当事人将阴阳合同作为一个整体，以达成逃税或避税之目的，当属恶意串通，但仅以当事人存在效力争议的阴合同本身而言，似无法得出损害国家税收利益的结论；反而是阳合同本身客观上产生了逃税或避税的效果，此情况与民法典第一百五十四条之规定的指向或适用范围似有不符。类似问题如何处理，是一个价值判断或者法政策选择的重大问题，从遏制逃税或避税行为泛滥的角度而言，否定其民事合同效力，可能是一个妥当选择，但从平衡合同双方的权利义务关系的角度出发，在认定合同有效不影响惩罚犯罪和挽回税收损失的情况下，认定有效亦有其合理性。价值判断或者法政策的选择不可能不受一个历史时期社会的一般认知和民众情感的影响，此所谓存在决定意识。因此，对此类问题还有进一步系统研究的必要。

2. 恶意串通损害他人合法权益

将恶意串通损害他人合法权益单列一类，源于其是民法典第一百五十四条所规定的合同无效的具体事由，从解释论而言，其既不同于意思表示不真实，亦不同于违法合同。首先，主张其不同于违法合同，并不是说其不构成违法。相反，损害他人合法权益一定是违法的，甚至是构成犯罪的。只是因其有特殊的规定性，与违法合同应加以区别。此类情况无须再判断是否违反法律、行政法规的强制性规定，更无须判断违反的法律、行政法规强制性究竟是效力性规定还是管理性规定，以自身构成要件具备为足。其次，主张其不同于意思表示不真实，是因为合同双方当事人的意思表示是真实的，只是这一真实的一致意思表示损害他人利益。在合同各方都构成犯罪且存在通谋的情况下，可以认定构成恶意串通，因犯罪行为本身的社会危害性，可以认定同时具备损害他人合法权益要件，进而适用民法典第一百五十四条之规定认定合同无效。但是，实践中的情况是复杂的，有两个问题必须给予充分的注意。

其一，合同的一方向对方的法定代表人、负责人或者代理人行贿，是否当然构成恶意串通，损害他人的合法权益，进而应适用民法典第一百五十四条认定合同无效？笔者认为，合同一方向另一方的法定代表人、负责人或者代理人员行贿，如果是为取得本可以取得的缔约机会，或是另一方的法定代表人、负责人或者代理人索贿，是否必然构成恶意串通，或者是否必然构成损害他人合法利益，以致导致合同无效，有较大的考量余地，似不宜一概而论。例如，甲公司向乙银行申请贷款，本已具备获得贷款的条件，但为确保贷款尽快得到批准，甲公司向乙银行的工作人员行贿。在此情形下，虽然存在乙银行工作人员涉嫌犯罪的问题，但并未损害到乙银行的合法利益。当然，如果甲公司不具备获得贷款的条件，却试图通过行贿乙银行工作人员的方式获得贷款，则甲公司与乙银行的工作人员将构成恶意串通损害乙银行的合法权益。

即使是在法人或者非法人组织的法定代表人、负责人或者代理人与相对人恶意串通并损害法人、非法人组织利益的情况下，所订立的合同是否当然无效，也值得研究。例如，A公司与B公司签订合同时，与B公司的工作人员通谋损害B公司的利益，B公司的该工作人员可能构成受贿、职务侵占等犯罪，此时合同效力如何认定？虽然民法典第一百六十四条第二款规定"代理人和相对人恶意串通，损害被代理人合法权益的，代理人和相对人应当承担连带责任"，但未对所订立的合同效力作出规定。对此，一种观点认为，对合同效力的认定可直接援引民法典第一百五十四条。笔者认为，民法典第一百五十四条针对的是"合同双方"恶意串通损害"他人"的合法权益，但在上述情形下，尽管法人或者非法人组织的合法权益受到损害，但是否构成民法典第一百五十四条规定的"他人",不无疑问,因为无论是法定代表人、负责人还是代理人,都是以法人或者非法人组织的名义订立合同的。在笔者看来,上述情况应通过无权代理制度解决合同效力问题,因为根据民法典第一百六十二条的规定,代理行为对被代理人发生效力,须以代理人享有代理权限为条件,而在代理人明知其实施的行为将损害被代理人合法权益时,不应认为代理人享有代理权限,自应构成无权代理。如果相对人对此亦属明知,甚至与代理人恶意串通,就不可能构成表见代理。显然,在无权代理且不构成表见代理的情况下,合同并不当然无效,也并不当然不对被代理人发生效力,而是效力处于待定状态,即合同是否对被代理人发生效力将取决被代理人是否追认。只有在被代理人不予追认时,该合同才对其不发生效力。同理,在法人或者非法人组织的法定代表人、负责人与相对人恶意串通损害法人或者非法人组织合法利益的情况下,也应认定构成越权代表且不构成表见代表,合同是否对法人或者非法人组织发生效力,取决于法人或者非法人组织对该合同是否追认。如此处理的好处是,如果法人或非法人组织认为合同对自己发生效力更加有利,就可以选择追认。例如,甲公司为获得贷款贿赂乙银行的工作人员,双方签订了借款合同,且乙银行已将贷款发放给了甲公司,若该贷款还存在担保人,则乙银行为向担保人主张担保责任而对合同进行追认,也可能是对其更有利的选择。值得注意的是,如果法人或者非法人组织的法定代表人、负责人或者代理人是为了法人或者非法人组织的利益而与相对人恶意串通,应属有权代表或者有权代理,此时如果损害其他民事主体的合法权益,自应依据民法典第一百五十四条认定合同无效。例如,法人或者非法人组织的法定代表人、负责人或者代理人为了法人或者非法人组织的利益而与相对人恶意串通,骗取担保人提供担保,则应当依据民法典第一百五十四条认定主合同无效,担保合同亦随之无效,且担保人不应承担任何民事责任。大量的司法实践表明,对具体案件的处理"细微之处见精神",应区别不同具体案情,坚守住法律底线,使违法犯罪者不能得到不应得到的利益,使无辜守法者不遭受不应遭受的损失,以实现公平公正为根本。

其二，恶意串通不适用于合同一方构成过失犯罪的情况。以骗取贷款犯罪为例，实践中存在在判处借款人骗取贷款罪的同时，判处出借人的工作人员违法发放贷款罪的情形。有观点认为此时构成恶意串通，这是不妥当的。问题是，这种情况之下，担保人是否可以以出借人欺诈为由主张撤销担保合同呢？借款合同是借款人与出借人之间的合同关系，借款人欺诈，作为合同相对人的出借人当然可以行使撤销权。相对于担保人与出借人之间的担保合同关系而言，借款人构成骗取贷款罪，其不仅欺诈了出借人，也可能欺诈了担保人。出借人可能基于自身利益考虑不行使撤销权，但对担保人而言，因构成第三人欺诈，如果出借人基于自身利益考虑不行使撤销权，担保人能否行使撤销权，不无疑问。因为借款人的欺诈行为相对于出借人与担保人的担保合同关系而言，属于第三人欺诈，而第三人欺诈依民法典第一百四十九条之规定，只有在出借人知道或应当知道的情况下，担保人才能行使撤销权，撤销担保人与出借人之间订立的担保合同。因此，有观点认为，如果出借人的工作人员构成违法发放贷款罪，就可以认定出借人"应当知道"借款人欺诈。此观点不失为一个判断担保合同效力的视角，但仅以出借人工作人员构成违法发放贷款罪就得出出借人"应当知道"未免武断，还需结合其他事实作出判断，担保人对出借人知道或应当知道借款人欺诈应承担举证责任。

3. 违反法律或公序良俗

尽管任何犯罪都是违反法律、行政法规的强制性规定的，但是，根据民法典第一百五十三条第一款之规定，并不是所有违反强制性规定的合同均无效，也有不影响合同效力的例外情况。笔者认为，构成犯罪的情况下，也要根据民法典第一百五十三条之规定判断违反法律规定对合同效力的影响，也要考虑有无例外情况。一般来说，如果合同内容就是犯罪行为，认定合同有效，使其具有可履行性，无疑是荒谬的。而如果犯罪行为不是合同内容，只是合同履行中的一方或双方违法犯罪，则与合同效力无关。比如，合同双方签订一个建设工程承包合同，在合同履行过程中，承包方向发包方工地代表行贿，以使阶段性建筑成果得到其签字认可。于此情形，不应认定建设工程承包合同无效。如行贿行为是发包方工地代表应当签字而不签字，其在受贿情况下才签字，并未损害发包方利益，对该职务代理行为的效力不影响。如该合同履行中的行贿行为，使职务代理人签字认可本不应认可的某一工程质量造价等，虽构成恶意串通，损害他人利益，将导致职务代理人签字法律行为不发生职务代理的效力并产生相应的民事责任，但不影响建设工程承包合同的效力。申言之，履行中的违法犯罪问题可以按合同解除来解决，但不应作为合同无效的事由，此所谓"桥归桥，路归路"，虽殊途同归，但要探求符合基本法理的解释路径。

如果犯罪嫌疑人是为准备犯罪而签订合同，合同内容本身就是犯罪行为，或者合同标的物属于禁止流通物或限制流通物，认定无效，自不待言。但合同内容如不存在违法之处，且一方对另一方犯罪目的也可能毫不知情，对合同效力的认定就要区分情况：如犯罪嫌疑人已得到对方履行，但未对待给付，不宜认定无效；但是，如果犯罪嫌疑人未得到履行，认定合同无效可使犯罪行为无法继续实施，则应认定合同无效，由犯罪嫌疑人承担缔约过失责任。另外一种思路是仍认定合同有效，但判决合同不得实际履行，由犯罪嫌疑人承担相应的赔偿责任。这样，对无过错的另一方当事人保护更周全些。总之，违反法律、行政法规的强制性规定在什么情况下不影响合同效力问题是一个世界性重大疑难问题，在此不再赘述。至于违法犯罪订立的合同是否必然导致违背公序良俗，在民法上更是极具挑战性，笔者的一个基本观点是，合同主体构成犯罪不应等同于合同违反公序良俗，要根据犯罪所侵害的法益、所构成罪名的立法目的以及犯罪与合同的关系进行具体分析。

综上，笔者对犯罪与合同效力关系分析，意在提供一些思考路径，澄清一些基本观点。总的来说，对涉及犯罪的合同效力的判断要以民法典关于合同效力的一系列规定为依据，对号入座，使司法工作者有一个裁量上的基本约束，避免泛化，防止裁量权成脱缰野马；以民法典为依据，只是一个判断的逻辑起点，是一个归类方法，而不是否定公法规范在合同效力判断上的作用，相反，公法规范是判断合同效力不可或缺的。民法典第一百五十三条所称的"违反法律、行政法规的强制性规定"，显然包括对公法规范的违反。更需指出的是，笔者所归纳的三类，也存在交叉关系，比如在构成欺诈的情况下，合同内容也可能违反强制性规定，当然可以认定无效；在构成虚伪意思表示的情况下，也不排除同时构成恶意串通或违法、违反公序良俗。只要视具体案情以最易从事实上、法律上令人信服的事由进行裁判说理即可。

（二）预约合同的认定及司法救济问题

民法典第四百九十五条从立法上首次承认了预约合同，尽管之前《最高人民法院关于审理商品房买卖合同纠纷案件适用法律若干问题的解释》（以下简称《商品房买卖合同解释》）第五条、《最高人民法院关于审理买卖合同纠纷案件适用法律问题的解释》（以下简称《买卖合同解释》）第二条均涉及预约合同问题，也出现不少预约合同纠纷的案例，但面对复杂多样的合同形态，对如何区分交易意向与预约合同、本约与预约合同，以及如何认定预约合同的违约事项仍有较大争议。

其一，是否属于预约合同不应拘泥于文本名称。民法典第四百九十五条在列举预约合同的表现形式时，仅明确列举认购书、订购书、预订书，而未将意向书、备忘录明确列举为预约合同的表现形式，从而与《买卖合同解释》第二条在表述上存在细微的差异。之所以没有明确列举意向书、备忘录，是因为意向书、备忘录在多数情形下仅仅是当事人达成的不具有法律约束力的交易意向，而非具有法律约束力的预约合同，因此，为避免引起不必要的误解，就没有将意向书、备忘录明确列举为预约合同的表现形式。需要注意的是，这并不意味着意向书、备忘录都是交易意向而非预约，意向书、备忘录在满足预约合同成立要件的情况下，自然也构成预约合同。同时，即使是民法典明确列举为预约合同表现形式的认购书、订购书、预订书,也并非一定构成预约合同,在不满足预约合同成立要件的情形下,也仅仅是交易意向而非预约合同。可见,一份文件究竟是交易意向还是预约合同,关键是要看其内容是否满足预约合同的成立要件,而不是简单地看其名称是否为认购书、订购书、预订书等。

其二,预约合同与交易意向的重大区别在于预约合同具备合同的成立要件。交易意向与预约合同有相似之处,都表明当事人有订立本约合同之意愿,甚至许多预约合同也是以意向书的形式表现出来的。但是,预约合同具备将要订立的本约所应具备的标的物、数量、价格或者报酬等主要条款,或者说已具备本约的雏形。而交易意向仅体现一种订立合同的意愿,对将来所要订立的合同的主要条款都有待磋商。因此,在当事人就所签文件究竟是预约合同还是交易意向产生争议时,如果人民法院能够确定将来所要订立的合同的当事人、标的及其数量、价格或报酬等,即应当认定当事人有受意思表示约束的意思,从而构成预约合同关系,除非当事人明确表示不受意思表示的约束。

其三,预约与本约的区别以当事人是否有对未尽事宜进一步磋商的真实意愿为要。预约合同与本约的共同之处在于都具备了合同成立的要件,合同当事人、标的物数量等主要条款均已予明确。但是预约合同不同于本约的核心特征是,当事人通过预约合同赋予阶段性谈判成果约束力的同时,保留就一些其他条款、合同细节进一步磋商决断或等待某种时机、条件的权利。因此,尽管达成的协议已经满足合同的成立要件,但如果双方明确约定将来某一时间点、时间段还需另行签订合同,则一般不宜按本约认定。即便是当事人在签订的文件中已就将来所订合同的全部实质性内容达成合意,只要是当事人约定将来仍要订立合同,笔者也不赞成认定为本约。原因很简单,即尽可能尊重当事人的真实意思表示。何谓真实意思?此约定的合同文义表述如此明确,另作他解释如何约束裁量权!当然,虽然当事人约定还要另行订立合同,但双方在预约合同成立后已开始履行预约合同则另当别论,比如《商品房买卖合同解释》第五条规定的情形，就属于此种情况。反之，如果仅文本形式为预订书、认购书等，而没有关于另行订立合同的明确约定，且该预订书、认购书等又已经具备合同的主要条款或成立要件，则应按本约认定。

其四，对预约合同强制履行须慎重。本约的违约责任，包括强制实际履行，不成问题。但预约合同是否可以强制履行则仁者见仁，智者见智。笔者认为，预约合同属于民法典第五百八十条第一款第二项规定的不适于强制履行的情况，一般不应当强制履行。笔者注意到我国台湾地区"民法"允许强制履行，具体操作方法是，法院允许预约合同债权人请求订立本约与请求履行本约合并起诉。这确能解决强制缔约判决无法强制执行的问题。但这样处理，同样与当事人通过约定另行订立本约、保留一定的再行决策机会的真实意思相违背。尤其是双方当事人在预约合同中对一些条款未约定，还需要法官按一定规则对合同进行解释、对合同漏洞予以填补，才能形成本约完整合同内容，与当事人明确约定须进行磋商形成合意的真实意思更是相背离。当然，实践中确实存在这样的情况：预约合同十分完善，已经具备本约合同的全部实质性内容，以至于当事人约定另行订立的本约仅仅是将当事人已经达成的合意以另一种更加明确的形式进行表达而已，并无保留一定的再行决策机会的意思。对这类情况，究竟是将其理解为"虽为预约但应视为本约"的情形，从而允许对违反该合同的当事人进行强制履行，还是仍然将其理解为预约但例外可强制履行，值得研究。笔者的意见是，对违反预约的当事人强制履行在实践中应持审慎态度。事实上，在上述情况下，仍然将当事人的约定理解为预约，但让违约方按本约的履行利益赔偿守约方的损失，可能是一种更为妥当的方案。这就涉及预约合同违约赔偿范围问题。笔者不赞同把预约合同违约赔偿范围限定于订立本约时的信赖利益，也不赞成等同于违反本约的履行利益。赔偿范围的大小，应在本约的缔约过失责任与本约的违约责任之间，根据签订本约的条件是否成熟以及成熟的程度进行确定，以体现预约合同的功能和价值。

(三) 未经批准的合同及其法律地位问题

根据民法典第五百零二条的规定，在合同须经批准才能生效的情况下，如果负有报批义务的当事人未按照法律、行政法规的规定或者当事人的约定履行申请批准的手续，应承担违反该义务的责任。问题是，该责任究竟是何种性质的责任呢？笔者认为，在合同得到批准前，因处于未生效状态，故当事人不能请求对方履行合同约定的主要义务，但可以请求对方履行报批义务。可见，合同尚未生效仅指合同未发生履行效力。除履行效力之外的其他效力（如法律约束力）均已经具备。就此而言，报批义务虽然是独立于合同的法定义务，但当事人违反报批义务，应承担违约责任。未经批准的合同已具有法律约束力，因此，这一责任既包括继续履行，也包括解除合同并赔偿损失。若对方当事人不选择请求其继续履行报批义务而直接请求解除合同并赔偿损失，则此时的损失赔偿范围，可参照违反预约的违约责任予以确定。

如果当事人选择请求继续履行报批义务，经人民法院判决，当事人仍拒绝履行报批义务，则对方当事人可另行提起诉讼，请求解除合同并赔偿损失。此时的损害赔偿范围，应参照合同已经生效所应承担的全部违约责任予以确定。在当事人已经履行报批义务，但批准机关不予批准时，合同应被认定确定不发生效力。此时，如果当事人认为仍有解除合同的必要，亦可请求解除合同，但不能请求承担违约赔偿损失责任。不过，如果当事人在履行报批义务的过程中存在迟延履行等情况，导致合同没有被批准，也应根据民法典第一百五十七条的规定承担相应的缔约过失责任。此外，需要注意的是，民法典第五百零二条针对的是单个合同须经批准的情形，不能适用于法律、行政法规将批准作为订立合同的前置性程序的情形，如开发商在销售商品房前，须取得预售许可证明，该预售许可证明即为开发商订立预售或者销售合同必须满足的前置性条件。

（四）合同僵局与违约方解除合同问题

当事人不享有法定或者约定的解除权但起诉要求解除合同，自应被理解为违约行为。但是，如果人民法院经审查，发现当事人已经陷入合同僵局，继续履行合同可能对双方均有不利，此时是否应支持违约方请求解除合同？对此，《九民会纪要》第48条规定："违约方不享有单方解除合同的权利。但是，在一些长期性合同如房屋租赁合同履行过程中，双方形成合同僵局，一概不允许违约方通过起诉的方式解除合同，有时对双方都不利。在此前提下，符合下列条件，违约方起诉请求解除合同的，人民法院依法予以支持：（1）违约方不存在恶意违约的情形；（2）违约方继续履行合同，对其显失公平；（3）守约方拒绝解除合同，违反诚实信用原则。人民法院判决解除合同的，违约方本应当承担的违约责任不能因解除合同而减少或者免除。"民法典亦注意到实践中长期合同发生僵局的可能性，因此，在继受合同法第四百九十五条的基础上，于第五百六十三条增设如下规定："以持续履行的债务为内容的不定期合同，当事人可以随时解除合同，但是应当在合理期限之前通知对方。"

不过，由于上述规定仅适用于"以持续履行的债务为内容的不定期合同"，无法满足实践的需求，因此，民法典第五百八十条一方面继受合同法第一百一十条关于实际履行的例外规定，同时增设如下规定："有前款规定的除外情形之一，致使不能实现合同目的的，人民法院或者仲裁机构可以根据当事人的请求终止合同权利义务关系，但是不影响违约责任的承担。"据此，在债务的标的不适合强制履行等情况下，由于守约方不能请求违约方继续履行合同，因此，即使当事人不享有法定或者约定的合同解除权从而构成违约，违约方仍可以请求解除合同。当然，违约方请求解除合同不应影响其承担违约责任。可见，较之《九民会纪要》，民法典实际上降低了合同僵局时违约方解除合同的条件。

（五）违约损害赔偿的计算问题

违约损害赔偿的范围是履行利益或者可得利益。但如何认定履行利益或者可得利益是一直困扰司法实践的疑难问题。为此，民法典第五百八十五条第一款规定："当事人可以约定一方违约时应当根据违约情况向对方支付一定数额的违约金，也可以约定因违约产生的损失赔偿额的计算方法。"可见，违约金在性质上与损失赔偿额的计算方法相同，都是对损害赔偿额的预定，用来解决认定履行利益或者可得利益的困难。基于违约金的这一性质和目的，在当事人根据民法典第五百八十五条第二款以约定的违约金过高为由主张对违约金进行调整时，应将证明违约金过高的证明责任分配给主张违约金过高的违约方，而不能将证明实际损失的证明责任分配守约方。当然，在违约方所举证据虽然无法让裁判者产生违约金过高的内心确信（足以认定违约金过高存在高度可能性），但已经使裁判者产生违约金过高的合理怀疑时，裁判者亦应根据案件具体情况将主观证明责任移转至守约方，要求守约方也应对其实际损失承担一定的举证责任，如果依通常情形，守约方能够举证而不举证，裁判者即可从对违约金过高的合理怀疑转变为内心确信，进而对违约金进行调整。需要说明的是，守约方的举证以消除裁判者的合理怀疑为必要，因此，不能要求守约方对实际损失的大小承担过高的证明责任。

此外，在当事人未约定违约金或者损失赔偿额的计算方法时，如果守约方确实无法举证证明自己的损失大小，但能够证明违约方因此所获利益的大小，人民法院也可推定违约方因违约所获得的利益即是守约方的实际损失，再将主观证明责任移转给违约方，让其就守约方的实际损失低于其所受利益进行举证。如果举证不能，则应按违约方所获利益认定守约方的期待利益或者可得利益。

商品房买卖违约赔偿审判实践中值得注意的一种不妥当的倾向，即不将违约方将商品房出卖所获差价利益或守约方另行购买相同商品房多支出的价款作为判断损失的基本依据，而对房屋价值进行评估，以评估价值计算损失。但是，价值评估是以确定违约时为时点，还是以一审、二审时为时点，不同时点房屋价值差别甚巨。笔者认为，一般情况下，对商品房买卖违约赔偿，在违约方另卖房屋获益或守约方另买房屋多支出这种事实存在的情况下，应作为认定损失的基本依据，不宜再评估房屋价值。如果把可得利益考虑为购房人再行转让可能获取的差额利益，则有悖于"房住不炒"的房地产政策。

三、关于融资租赁合同纠纷案件审理中的几个问题

民法典颁布后，最高人民法院在修订《最高人民法院关于审理融资租赁合同纠纷案件适用法律问题的解释》（以下简称《融资租赁合同解释》）时删除了第九条"自物抵押"的规定；新制定的《最高人民法院关于适用〈中华人民共和国民法典〉有关担保制度的解释》（以下简称《担保制度解释》）明确规定了融资租赁物所有权声明登记对抗善意第三人效力的范围以及租赁物担保功能实现的路径和方式。但融资租赁交易是一种金融活动，为实现融资目的，市场主体通过变相扩大租赁物范围、嵌套租赁交易结构等方式进行交易，由此带来了新的法律适用问题。

（一）融资租赁法律关系认定问题

司法实务中，认定融资租赁法律关系争议较大的是"售后回租"融资租赁交易模式。《融资租赁合同解释》第二条明确规定，在"售后回租"情况下，不应仅以承租人与出卖人系同一人为由认定不构成融资租赁法律关系。这表明，"售后回租"只要符合融资租赁的其他本质特征的，就应承认其是融资租赁的一种模式。但是，由于"售后回租"融资租赁法律关系所呈现的特征与借款法律关系高度相似，人民法院在审理"售后回租"案件时，应特别注意其是否具备融资租赁法律关系的本质特征。融资租赁法律关系和借款法律关系具有明显区别。借款法律关系仅具"融资"属性，即便是为借款关系设定担保物权，亦仅是体现担保功能，着力点在标的物的交换价值，并不以债务人占有使用标的物为必要。融资租赁法律关系则具有"融资"与"融物"的双重属性，其中"融资"属性与借贷法律关系相同，而差别就在于"融物"属性上。因此，判断"售后回租"是否构成融资租赁法律关系，重点不在于租赁物出卖

人与承租人是否系同一人，而在于其是否具备"融物"属性。对"融物"属性的审查主要在两个方面：一是所有权是否归属于出租人。"售后回租"对租赁物的占有表征往往未发生变化，其所有权是否确已从承租人转移给出租人，应注意依据民法典关于所有权发生转让效力的规则进行判断。二是承租人是否能够实际占有使用租赁物。这由租赁物的适格性决定，对于一个没有使用价值的租赁物而言，谈不上承租人实际占有使用，当然也谈不上其"融物"属性。只有所有权转移给出租人，承租人实际占有租赁物两个条件均具备，才能将"售后回租"认定为融资租赁法律关系；否则，应按实际构成的法律关系判断其效力，并进行处理。应注意的是，即便是不构成融资租赁法律关系，一般亦不宜简单地以规避法律规定为由认定合同无效。司法实践中，对"售后回租"不符合"融资""融物"双重属性的，多按借贷法律关系认定，并对名义上的融资租赁合同所约定的租金、各种费用进行测算，看是否高于有关司法解释关于利率保护上限的规定，对于高出部分不予保护，但一般不认定借款法律关系无效，并进而认定具有担保功能的约定亦无效。这一裁判思路比较稳妥。

（二）如何判断"售后回租"融资租赁所有权转移给出租人

"售后回租"的租赁物，无论是不动产、动产，还是知识产权，对其权属是否转移给出租人，均应依据法律关于发生权属转让效力的规则进行判断。就不动产融资租赁物而言，仅合同约定所有权由承租人转移给出租人，而未在登记机关办理变更登记，不应认定出租人取得租赁物所有权。例如，甲、乙签订的融资租赁合同约定，甲把房产卖给乙，乙支付价款后，房屋所有权归属于乙，乙再将房屋租赁给甲和丙。但是，甲未把房屋过户给乙，而是办理了乙对房屋的抵押权登记。此种情况显不符合所有权变动的规定，应认定为抵押借款关系。就动产租赁物而言，根据民法典第二百二十四条规定，动产转让，自交付时发生所有权转让效力。司法实务中，争议集中在"售后回租"交易模式下动产租赁物所有权转移的认定上。少数裁判观点认为，租赁物始终在承租人处，没有发生交付，因此认定出租人没有取得租赁物所有权，应否定融资租赁法律关系；多数裁判观点认为，"售后回租"交易模式下，租赁物尽管未现实交付，始终由承租人占有使用，但出租人根据双方约定，以占有改定方式取得租赁物所有权进而应认定为融资租赁关系。显然，多数裁判观点是妥当的。动产"售后回租"，即便租赁物始终由承租人占有，而不进行租赁物的现实交付，只要明确约定了以占有改定方式或以符合占有改定特征的方式将所有权交付给出租人，应依据民法典第二百二十八条规定认定租赁物所有权已转移至出租人。事实上，民法典所规定的占有改定制度，主要适用于动产让与担保、"售后回租"等情形。

（三）如何判断融资租赁物适格性

近年来，融资租赁交易的标的物从生产设备、工程机械、飞机、汽车、船舶等传统的动产领域，延伸到不动产、无形资产、生物资产、地下管网、公路桥梁、在建工程、商业地产等一些特殊的租赁标的物。由于民法典本身没有对融资租赁的标的物种类作出规定，加之融资租赁行业在历史上分属不同的部门监管，监管规则对商业租赁和金融租赁的标的物范围前后有不同的要求，特别是在融资租赁公司由中国银保监会统一监管后，监管机构对于融资租赁的标的物提出了日渐收紧的监管要求，① 由此引起了业界关于租赁物适格性的关注，在审判实践中对融资租

---

① 商务部印发的《融资租赁企业监督管理办法》（商流通发〔2013〕337号）第十条第一款规定："融资租赁企业开展融资租赁业务应当以权属清晰、真实存在且能够产生收益权的租赁物为载体。"2019年5月8日，中国银保监会下发《关于开展"巩固治乱象成果 促进合规建设"工作的通知》（银保监发〔2019〕23号），将以下事项作为工作要点：金融租赁公司业务经营中违规以公益性资产、在建工程、未取得所有权或所有权存在瑕疵的财产作为租赁物；违规开展固定收益类证券投资以外的投资业务，如购买信托计划、资管计划；未做到洁净转让或受让租赁资产，违规以带回购条款的租赁资产转让方式向同业融资，违规通过各类通道（包括券商、信托、资产公司、租赁公司等）实现不良资产非洁净出表或虚假出表，人为调节监管指标；专业子公司、项目公司未在公司授权范围内开展业务；租赁物属于国家法律法规规定的所有权转移必须到登记部门进行登记的，未办理相关转移手续；等等。对商业融资租赁公司的标的物范围，2020年5月26日中国银保监会发布的《融资租赁公司监督管理暂行办法》第七条进一步明确："适用于融资租赁交易的租赁物为固定资产，另有规定的除外。融资租赁公司开展融资租赁业务应当以权属清晰、真实存在且能够产生收益的租赁物为载体。融资租赁公司不得接受已设置抵押、权属存在争议、已被司法机关查封、扣押的财产或所有权存在瑕疵的财产作为租赁物。"

赁物适格性的判断出现不同认识。一种观点认为，以违反监管规则要求的标的物开展融资租赁业务，因其本质上都不具有"融物"的属性而仅有"融资"的性质，构成"名租实贷"。另一种观点认为，监管部门对于融资租赁标的物的监管要求，是为了更好地管理融资租赁公司的商业风险，不能仅以此为由来认定租赁物不适格进而否定融资租赁关系。应该说上述两种观点均有其合理之处，但均欠周延。审判实践中，不能对监管部门的监管走向，特别是明确的禁止性规定视而不见，应该把监管规定作为判断融资租赁物适格性的重要参考依据，与监管部门相向而行，形成合力，多维度维护金融管理秩序，防范金融风险。但是，也要注意司法裁判与行政监管的职能分工，注意司法裁判系事后处理当事人之间发生的民事纠纷的基本定位，在维护国家金融管理秩序的同时，也要弘扬契约精神及诚信原则，平衡保护各方当事人合法权益。租赁物是否适格，关键是看其是否能够达到"融物"的基本功能，或者说是否能够达到所有权转移、承租人占有使用的基本功能，应主要把握以下几个要素。

一是融资租赁物要具有可流转性。无论是何种模式的融资租赁，出租人取得租赁物所有权，需要租赁物具有可流转性；在发挥担保功能对租赁物拍卖、变卖时，也需要租赁物具有可流转性。当然，一些标的物仅在特定主体之间可以流转，但只要能够实现转移所有权或实现担保的功能，亦可视为其具有可流转性。同时，可流转性不等同于产权明晰、标的物上不存在其他权利负担。租赁物权属有争议或者有权利负担等权利瑕疵，从监管和预防风险的角度予以规制无疑是重要且必要的，但从是否构成融资租赁法律关系的角度，不宜简单地以此种情况系租赁物不适格而否定构成融资租赁法律关系。比如，融租物上为他人设立了抵押，如果不影响出租人取得所有权及承租人占有使用，出租人从商业角度判断，认为不影响其取得所有权发挥担保功能，司法裁判没理由代替当事人的商业判断，认定租赁物不适格。又如，产权有争议，无非一个有权处分、无权处分问题，属于无权处分的，按民法典第三百一十一条规定处理即可。对此类问题，《担保制度解释》第三十七条有比较明确的规定，可资参考。①

二是融资租赁物要特定化。租赁物特定化由融资租赁"融物"属性所决定。实践中往往有一些融资租赁合同对租赁物的约定，无法判断所指向的特定物。有的仅作概括性描述，有的虽有财产清单，但与实物风马牛不相及。应当明确，租赁物不仅仅具有担保功能，如仅具有担保功能，与借款担保就没有什么区别了。融资租赁法律关系中，承租人本应对租赁物占有使用，如果租赁物连特定化都做不到，或者合同各方漠不关心，谈何占有使用。租赁物特定化是指对租赁物的约定明确具体，约定的财产与实际的财产相对应，而不是泛化或虚化。一般而言，合同中通过一定数量、品种等概括性描述能够确定财产范围的，应认可其符合特定化要求。即使合同所约定的租赁物范围不够清晰，或个别财产是否包含在约定范围之内有争议，只是一个事实问题，只要不丧失承租人使用的可能性，不宜以租赁物未特定化为由认定不适格。值得注意的是，民法典规定了动产浮动抵押制度，可以将现有的以及将有的生产设备、原材料、半成品、产品集合抵押。但上述财产是否可以作为融资租赁物不无疑问。如果从浮动抵押标的物增减不定，成品、半成品、原材料随时被消耗等特点来看，既不符合监管规定关于"固定资产"的要求，亦不符合特定化的要求，难谓租赁物适格。实践中以动产浮动抵押意义上的标的物作租赁物的情形不多见，出现的一些案例多是以机器设备、厂房等非消耗性动产、不动产集合在一起作为租赁物，符合特定化要求。但往往动产以占有改定方式转移给出租人，不动产却不进行变更登记。此情形是按融资租赁关系还是按借款关系处理？多数裁判观点按借款关系处理，亦有裁判观点基于动产价值所占比例较大而按融资租赁关系处理，均有一定合理性，但确有进一步探讨以统一裁判尺度之必要。

---

① 《担保制度解释》第三十七条规定："当事人以所有权、使用权不明或者有争议的财产抵押，经审查构成无权处分的，人民法院应当依照民法典第三百一十一条的规定处理。当事人以依法被查封或者扣押的财产抵押，抵押权人请求行使抵押权，经审查查封或者扣押措施已经解除的，人民法院应予支持。抵押人以抵押权设立时财产被查封或者扣押为由主张抵押合同无效的，人民法院不予支持。以依法被监管的财产抵押的，适用前款规定。"

三是融资租赁物要具有可使用性。承租人开展融资租赁交易的直接合同目的是占有使用租赁物并实现经营收益，因此租赁物是否具有可使用性，是判断租赁物作为融资租赁法律关系标的物是否适格的重要因素。一些不动产，可以作为抵押物，但不宜作为融资租赁物，如在建的建筑物，虽可做到特定化，但所有权往往无法转移给出租人，承租人亦难以占有使用，监管规定又明令禁止，故认定在建的建筑物作为租赁物适格确应慎重；一些生物，如林木、耕牛、奶牛等具可使用性，与机器设备无实质差别，作为融资租赁物并无不可；一些权利具有财产价值，但对承租人而言不具有可使用性，如公路、桥梁、隧道等不动产设施收费权等，可以用于质押，但标的物本身不具有可使用性，且被监管规定所明令禁止，作为融资租赁物，就不具适格性。知识产权对一些企业而言，已经成为核心资产，在生产经营、提高核心竞争力方面日益发生重大作用，其使用价值不言而喻。专利权、著作权、商标权等知识产权的使用权均可从权属中分离出来而由承租人使用，其作为融资租赁物当具适格性，在审判实务中对知识产权作为融资租赁物应持肯定态度。判断知识产权是否转让给出租人，应区别情况：专利权的转让自在专利行政部门登记之日起生效；商标权的转让自商标行政部门核准公告之日起生效；就著作权而言，因实行自愿登记制度，财产权的变动只能依合同约定，登记仅产生对抗第三人效力。知识产权权属登记的可撤性、价值认定的复杂性，虽会给融资租赁带来一定的风险，但与其作为质权标的物的风险没有什么不同，是否以其为租赁标的物只是一个商业判断问题，而不是作为租赁物是否适格问题。

（四）如何判断"自物抵押"的物权效力

民法典颁布实施前，为了解决融资租赁交易中动产租赁物无法定登记机关、无法对外公示权利的问题，交易实践中出现了大量的出租人通过授权承租人将租赁物抵押给自己并办理抵押登记的方式来保障其租金债权的实现，行业将这种做法形象地称为"自物抵押"，2014 年《融资租赁合同解释》第九条对此作出了相应规定。国务院根据民法典规定建立动产和权利担保统一登记制度后，动产抵押、融资租赁可由当事人通过中国人民银行征信中心动产融资统一登记公示系统（以下简称统一登记系统）自主办理登记。因此，最高人民法院在2020年修改《融资租赁合同解释》时删除了原第九条关于"自物抵押"的规定。从民法典施行后的实践来看，融资租赁合同的当事人选择办理"自物抵押"的情况仍然存在，甚至有当事人在统一登记系统办理融资租赁物声明登记后，又在其他登记机关办理了"自物抵押"登记。由于认可这种"自物抵押"的司法解释已经不复存在，因此，审判实践中对其效力存在分歧认识。有观点认为，在民法典已经为融资租赁中出租人的所有权提供了公示方法的情况下，不宜再行承认"自物抵押"的优先受偿效力。尤其是我国立法规定的抵押权是在主债务人或第三人的物上为债权人设定的权利，是对他人之物的权利，而"自物抵押"是在出租人自己的物上为自己设立的抵押权。如果继续承认"自物抵押"，不仅缺乏法律依据，且在承租人违约之后，出租人主张以抵押物优先受偿必然会出现"卖自己的东西还别人欠自己的债"的悖论。也有观点认为，现行登记制度下，并未对"自物抵押"作出禁止性规定，动产融资统一登记公示制度也未规定融资租赁登记与抵押登记只能选其一，出租人从保护自身权利出发，再行办理抵押登记也是一种保障措施，不宜轻易予以否定。

  虽然这两种观点都有其道理，但从民法理论、现行法律规定以及实践中面临的问题看，后一种观点更为妥当。《融资租赁合同解释》修改之前发生的融资租赁法律行为，原则上适用该司法解释的规定，承认"自物抵押"之物权效力，自不待言。实行动产和权利担保统一登记制度之后，"自物抵押"主要是发生在什么样的场景，是分析并解决问题的基础。实行动产和权利担保统一登记制度后，除车辆、船舶、航空器等特殊动产还在原登记机构登记外，原一般动产担保登记机关已不再受理动产抵押登记。因此，从制度设计而言，一般动产已无"自物抵押"之可能，唯特殊动产作为融资租赁标的物时，才有再出现"自物抵押"之可能。从调研的情况看，特殊动产中的船舶、飞机登记都会载明所有人是出租人，使用人是承租人，故无论是实行动产和权利担保统一登记制度之前还是之后，实践中都鲜有"自物抵押"的情况。唯车辆这一特殊动产在融资租赁行业还延续着"自物抵押"。其原因何在？是因为车辆融资租赁多采"售后回租"模式。一些租赁公司没有更多购买车辆的配额，就由承租人选好车辆，租赁公司向销售商付款，车辆交付给承租人使用。此情形本完全符合"直租"之特征，但由于出租人购买车辆配额所限，车辆不能登记在出租人名下，只能登记在承租人名下，于是承租人就与出租人签订回租合同，形成"直租"转"回租"。当然，还有相当一部分是典型的车辆"售后回租"模式。这样，车辆"售后回租"就形成一种很"拧巴"的权利状态：承租人以占有改定交付方式使车辆所有权转移给融资租赁公司，但不在车辆登记管理部门进行车辆所有权变更登记，车辆所有权已转移给融资租赁公司，但车辆权属还登记在承租人名下。

基于上述场景，融资租赁公司如果在统一登记系统进行所有权声明登记，虽然可以产生对抗善意第三人之法律效果，但声明登记与专门登记机关的登记并不一致，承租人如将车辆擅自卖给第三人，第三人极有可能不知融资租赁关系的存在而仅查询车辆管理部门的登记，完成买卖交易。而目前的法律制度、司法解释对在此情况下如何判断第三人是否构成善意，缺乏可预期的明确规则，难免使融资租赁公司心存疑虑，导致为更周全保护自身权利，防范法律风险而选择"自物抵押"或同时进行"自物抵押"登记及融资租赁所有权声明登记。可见，即便是在实行动产和权利统一担保登记制度后，作为专门从事融资租赁业务的融资租赁公司如此"叠床架屋"有其现实合理性。此外，针对否定"自物抵押"效力的观点，还需澄清以下几点。

其一，"自物抵押"是否会陷入"卖自己的东西还别人欠自己的债"的悖论？事实上，所有权保留买卖、让与担保、融资租赁等具有担保功能的交易模式，无不以保留所有权的方式来保障自己债权的实现，而实现方式也多是"卖自己的东西还别人欠自己的钱"。以典型的融资租赁为例,根据《担保制度解释》第六十五条第一款之规定,承租人未按照约定支付租金,出租人请求承租人支付全部或剩余租金,并以拍卖、变卖租赁物所得价款受偿的,人民法院应予支持,当事人请求参照民事诉讼法"实现担保物权案件"的有关规定,以拍卖、变卖租赁物所得价款支付租金的,人民法院应予准许。可见,在融资租赁中进行所有权声明登记,也是"以自己所有的租赁物还承租人欠自己的债",此情形与"自物抵押"无实质差别。这一类非典型担保,只要认可其担保功能,都面临着所谓的"悖论"问题,但现行法律明确认可其担保物权的有效性。此处顺便一提的是,实务中有人对上述《担保制度解释》第六十五条所说的"受偿"是否系"优先受偿"尚有疑问。其实,动产所有权声明登记,不仅具有对抗善意第三人的效力,还具有顺位效力,是否具有优先性,根据民法典第四百一十四条之规定,同一物上有多个物权登记的,登记在先者优先于登记在后者,当然更优于未登记者。

此外,还应注意的是,最高人民法院在2020年修改《融资租赁合同解释》时,删除第九条"自物抵押"的规定,并非认为其与民法典冲突,只是认为有统一的动产和权利担保登记制度后,实践中不会再出现民法典颁布之前法律框架下的原始性"自物担保"。而《担保制度解释》没有承继《最高人民法院关于适用〈中华人民共和国担保法〉若干问题的解释》第七十七条关于后发性"自物抵押"的规定,是考虑到实践中已形成共识,无须再规定。既然后发性"自物抵押",即使出现"卖自己东西还别人欠自己的债",也应予以认可,对原始性的"自物抵押",又有何区别对待的实质性理由?

其二,"自物抵押"是权利人在无损害他人及法秩序之虞的前提下,利用现行法律规定的物权模式保护自己的利益,实无仅以所谓"悖论"否定其物权效力之必要。特别是在特殊动产融资租赁物"双轨"登记的情况下,更无干预当事人意思自治之必要。在处理这类情况时,实践中有的为解决所谓的"悖论"问题,把"自物抵押"解释为仅产生对抗善意第三人之效力,而无优先受偿之顺位效力,实与当事人真实意思不符,也与"抵押"的本来法律意义不符,难谓妥当。

其三,所谓"自物抵押",从物权表征看,出租人取得的特殊动产租赁物所有权形式上还登记在承租人名下,而登记的抵押权人是出租人,也符合以他人之物为债权人设定抵押的表征形式,与其说是"自物抵押",毋宁说是"他物抵押"。按物权表征形式所体现的抵押权认定似亦无不合理不合法之处。

综上,动产和权利担保统一登记制度施行后,实践中"自物抵押"一般仅限于特殊动产特别是车辆"售后回租"这一特殊情况,在以占有改定方式将车辆所有权转移给出租人的情况下,应认可其融资租赁法律关系,亦应认可"自物抵押"的物权效力。在"自物抵押"与所有权声明登记并存情况下,可由权利人择其一而行使权利,但不影响另一物权登记应有的功能。

四、关于破产重整程序中所涉担保问题

企业破产法及相关司法解释对破产程序中所涉及的担保问题作了比较明确的规定,一定程度上解决了审判实务中裁判尺度不一的问题。但是,近年来在破产审判实践中又出现一些新的与担保有关的问题。例如,破产重整程序中以债转股清偿债务,担保人是否还承担责任,如何确定其责任范围;债务人企业原股东权益的调整,对股权质权人权利如何救济;以融资方式引进投资者,如何处理投资者与原担保物权的关系;等等。这些问题亦迫切需要解决。

(一)破产重整中债转股对担保责任的影响

重整程序中债转股仅产生相对于债务人企业消灭债权的效果。在以往的理论研究中,侧重于以实体法有关债权清偿的制度规范为基础解释债转股消灭债权的基本机理,较为有代表性的是债权出资抵销说和代物清偿说。二者解释路径上虽有差别,但一个共同之处在于,均认为债转股产生债权从实体上消灭的法律效果,由担保债权的从属性所决定,主

债权消灭，担保债权也随之消灭。这一实体法制度解释路径，在债务人企业未进入破产程序情况下以债转股进行个别债务清偿似无不妥。但是，放在破产重整这一程序制度语境下就可能说服力不够，至少不符合破产重整程序债转股的实际情况。在破产重整中，债转股是建立在债务人企业资不抵债、不能清偿全部债务，或者债务人企业有丧失清偿能力可能这一法律事实基础之上，进行团体债务清偿或分配债务人企业财产的一种方式。债权人团体根据算定的债务人企业清算价值，结合重整计划草案的安排，进行利益权衡，两害相权取其轻，不可能像债务人企业正常状态下个别清偿的债转股那样，做到物有所值，等价交换，从而达到从实体上消灭债权的法律效果。换言之，重整程序中债转股作为一种债务清偿方式，实际清偿率一般不可能达到100%，所谓债权的消灭，是完成债转股之后，无论实际清偿率是多少，债权人对债务人企业不再享有偿还请求权，债权相对于债务人消灭（如企业破产法第九十四条的规定），而相对于其他债务人、担保人，债权只在已实际清偿范围内消灭。就此而言，与破产清算程序中的"部分债务清偿+部分债务豁免"无实质区别，都是基于破产法程序制度框架所作的安排（如企业破产法第九十二条第三款、第一百二十四条的规定），而作出这种制度安排的合理性、正当性与破产清算一样，都是由债务人企业清偿能力现实以及设定其他债务人或担保人防范主债务人不能清偿风险的本来意义所决定的。

确定担保人责任范围应以债转股实际清偿率为依据。基于前述内容，担保人的担保责任与重整程序中债权实际清偿率有很大关系。如果在人民法院确认的破产重整计划中，对债转股实际清偿率或股权价格已予以明确，原则上应作为核算担保人责任范围的依据。问题是，实践中破产重整计划中的清偿率并非实际清偿率，而是"股权价值+豁免债务"的所谓清偿率。有时载明的股权价格也非股权的实际价值，而是根据确定的可用于债转股的股权数抵偿需要债转股的债权额，倒推出债转股的价格。这种做法实际上根本没有测算出股权实际价值或债权实际清偿额。担保人如果以此作为不承担担保责任的抗辩依据，债权人实难认可。因此，在以债转股方式清偿债务的情况下，对担保责任的认定不应简单拘泥于破产重整计划中所表达的股权价格或清偿率，而应区别不同情况。

其一，如果破产重整计划已经基于专业评估机构评估而明确债转股的股权实际价值或实际清偿率，可作为确定担保责任的范围的依据。除非担保人提供证据证明专业评估机构对股权价值的评估存在明显错误，一般不宜在诉讼程序中另行委托评估。

其二，如果破产重整计划对股权价格或清偿率是以前文所述的倒推方法确定的，不能体现债转股的股权实际价值或实际清偿率，法院可根据当事人请求委托专业评估机构评估。特别是实践中一些重整方案中已专门注明了"未实现清偿部分不能再向重整债务人主张，可以向担保人主张"，更应当对债转股股权价值进行评估测算。值得注意的是，在担保纠纷中，有的担保债权额较小，委托专业评估机构对股权价值评估成本较高，在当事人不主张评估的情况下，人民法院可通过听取专业机构专家意见，结合债务人企业清算价值、以现金清偿方式的清偿率、重整预期等情况综合判断担保责任范围。

在破产程序中，对债转股价值的评估，均有一个评估方法和评估基准日问题，评估方法有收入法、市场法、成本法等，评估基准日则有重整计划决议通过日或法院确认日、重整计划执行完毕日等。方法不同、基准日不同，股权价格的评估结果会有差别。此外，对上市公司重整中的债转股，实践中通常根据某一交易日的股票价格确定，虽然简单易行，但由于未适当考虑企业发展前景、未来营利能力等因素，不能充分反映股权的公允价值，难以在各方主体之间达成一致。这些问题在重整程序中没有合理解决，将不可避免影响重整程序，特别是债权清偿的公正性，并引发相应的纠纷。因此，重整程序要在坚持法治化市场化的原则下，做到评估方法、评估依据、基准日等影响股权评估要素的公开透明，以充分保障各债权人及相关利益方的知情权，使各方在"心中有数"的前提下进行充分协商，并表达真实意思。这既是少数服从多数表决机制正当性的基础，也是债权公平受偿，推进破产重整依法顺利进行，并避免衍生不必要争议或诉讼的必然要求。在此还需要一提的是，重整程序中债转股作为一种债务清偿方式，实践中多采"表决机制+法院确认"。因现金流缺乏、现金分配不利于提高企业的经营能力等因素，重整计划一般不给予所有的债权人在现金清偿和债转股清偿之间的选择权，多采取一定数额以下的债权按一定比例现金清偿，一定数额以上按债转股进行清偿。这种做法虽具一定的现实合理性，亦颇受诟病。笔者注意到，一些企业重整计划中提出按一定比例现金清偿和债转股清偿两套方案，供债权人选择，更为合理妥当。一些学者提出，如果不给予债权人现金清偿的选择权，不应对债转股采表决机制，颇有道理，殊值在实践中尽力推行。对以债转股方式清偿债务，如果债权人会议没有表决通过，人民法院更不宜以强裁确认重整计划。

此外，需要说明的是，根据《担保制度解释》第二十三条的规定，债权人既可在破产程序中申报债权，也可请求担保人承担担保责任，且担保人清偿债权人的全部债权后，可以代替债权人在破产程序中受偿。据此，如果担保人与债权人就债权人在破产重整中的债权实现比例存在争议，亦可由债权人与担保人协商决定是否由担保人在清偿全部债权后代替债权人参与破产程序。也就是说，如果担保人认为债权人在破产重整中的债权实现比例损害其合法利益，即可在清偿债权人的全部债务后代替债权人参加到破产重整程序中来。

（二）破产重整中股权的调整对相应质权的影响

破产重整中对股权调整具正当性和合理性。出资人权益的调整是破产程序中企业重整的重要工具，无论是以债转股方式清偿债务，还是战略投资者取得债务人企业的股权乃至控制权，在大多数企业重整计划中均涉及对出资人权益调整问题。但是，股权作为股东财产权益往往因各种债务关系而被设立质押等权利负担，对股权的调整势必给质权人的利益造成影响。如果股权质押担保的是股东或其他第三人的债务，常因股权变更未经质权人同意而成为重整计划执行的障碍。此外，在股权质押担保的债权已到期，质权人主张行使质权的情况下，也会给重整计划草案制定过程中的股权调整带来影响。因此，需要从股权调整的法律性质上厘清股权调整与质权的关系。

债务人企业进入破产重整程序无非两种情况：一是资不抵债，债务人企业财产不足以清偿全部债务；二是债务人企业虽然未资不抵债，但有丧失清偿能力的可能性。因此，算定债务人企业清算价值是破产重整的逻辑起点。基于绝对优先原则，只有债权人清偿率达到100%，债务人企业出资人才可能有剩余财产分配请求权。在算定的债务人企业清算价值不足以清偿全部债务，且最直观体现为实际清偿率达不到100%情况下，出资人权益是零。如果考虑债务人企业有丧失清偿能力可能性而破产重整的情况，将债务人企业出资人权益从100%以下直至调整到零亦具有正当性和合理性，即便是上市公司亦不例外。上市公司股票市值是建立在债务人企业能够存续而不是破产清算的基础上，从清算价值看，与其他类型公司的出资者权益没有什么差别。正因为是重整而不是清算，债务人企业股权才有在资本市场流通而体现出市值之余地。实践中，之所以即便债务人企业资不抵债，净资产为零，往往也给原出资人保留一定份额的出资权益（如上市公司重整中以公积金转增或大股东让渡一定比例的股权等，未对原股东股权清零），是基于原出资人对债务人企业重整的积极性、企业经营的连续性、企业重整预期等多方面因素通盘考量，利益相关者充分协商博弈的结果，或者说是充分利用重整这一制度工具形成团体意思的结果，不能因此得出出资者权益依法不应调整到零的结论。

在股权价值应当在100%以下调整直至零的情况下，以相应股权为质押标的的质权失去部分或全部担保的价值，此所谓"皮之不存，毛将焉附"。出资人权益的调整是有益于债务人企业债权又不损害质权人合法权益的调整，质权人的担保利益损失是在债务人企业经营失败，出资人权益部分或全部丧失情况下，不得不承担的与出资人同质化的法律或商业风险。事实上，破产重整情况下的股权调整，对股权质权人而言也是利益最大化的选择。故破产重整程序中对质押的调整具有正当性基础。

虽然重整程序对出资人权益调整，进而引起质权调整具有正当性基础，但是设立质押的股权，是如何从原股东名下转移到新的投资人或债权人名下的？根据物权的追及效力，新股东是否需要承受股权上的权利负担？从破产重整程序调整出资人权益的逻辑过程来看，股权大致经历了如下环节：原股权因为资不抵债被调整→质押权部分或全部消灭→新资产（包括债权）注入债务人公司→重新确定出资者权益→新股东取得新股权。从上述股权变动的过程看，新股东的股权并非从原股东手上继受取得，而是因向债务人企业出资原始取得。

从公司法上公司注册资本变化的角度而言，破产重整程序中，新老股东股权的更替可以分解为减资和增资两个步骤，对老股东按减资程序全部或部分注销其股权，新股东以债权出资，达到注册资本的等量化，同时取得相应股权。此种情况下，新股东股权并不是从老股东继承或转让取得，或者说新股东取得的股权已非老股东的股权，即此 A 已非彼 A。质权对老股东股权的追及效力当然不及于新股东股权。在破产重整语境中，经常会提到债务人企业按一定比例"让渡"股权，给人一种股权转让的错觉，而有人把此种情况表述为"缩股"，起码体现出了新股东与老股东股权非承继关系。从这种意义上而言，把破产重整中债转股解释为"代物清偿"或"第三人代为清偿"显有缺陷，与破产重整中股权调整实为债权人、战略投资人出资而取得出资者权益的运作模式不相称。基于上述分析，重整计划被裁定批准后，在依重整计划对股权进行变更过户时，股权的质权人依据民法典第四百四十三条以出质股权转让未经其同意为由提出异议，或者主张对重整计划已经调整给他人的股权行使质权，一般不应支持。但应注意的是：第一，重整计划为股东保留的股权，质权人仍享有质权。第二，实践中一些重整计划明确载明质权调整是老股东向新股东转让股权，并对质权人的利益提出了相应的解决方案，应尊重重整计划的安排，不宜按上述分析的一般原理处理。第三，企业破产法第八十五条、第八十七条对出资人权益（股权）调整进行了规定，即重整计划草案涉及出资人权益调整事项的,在程序上应当设出资人组对该事项进行表决;法院在强制批准重整计划时应当审查出资人权益调整是否公平和公正。这些制度安排能起到给予出资人乃至质权人程序救济的作用,由于出资人权益与质权的同质化,原则上不需另行给质权人相应的程序救济。如果确因出资人的行为导致质权人利益受到损害,质权人可对出资人提起普通民事诉讼予以救济。第四,实践中的问题在于,破产重整企业虽然资产负债表显示资不抵债,但是上市公司的壳资源价值未被计入,故对于重整企业是否真的资不抵债这一事实判断存在争议,进而引发破产重整程序调整出资人权益会损害股权质权人、已申请冻结该股权的债权人的担心。特别是,在债务人企业财产大于债务额、有丧失清偿能力可能而进入破产重整程序时,股权权益调整,特别是被强制清零的合理性和公平性,难免被股权质权人质疑,产生争议。该问题的根本解决在于两个方面:一方面,要通过改进计价方法来准确认定破产债务人的资产与股权价值,比如,在债务人资产负债表的基础上,通过结合运营价值来合理估值。另一方面,破产重整程序中,让债务人企业股权质权人等相关利益者参加协商谈判,在重整计划中通盘考察质权人等相关利益者的利益,并作出相应的安排;法院在确认重整计划时听取所有利益相关者意见,确保对出资人权益的调整是建立在充分考量各方利益基础上的合理方案,以避免产生不必要的争议,影响重整程序的进行,衍生不必要的民事诉讼。

(三)房地产企业重整程序中抵押权与其他权利冲突问题

房地产企业属于资金密集型企业,负债金额高、负债率高,涉及利益主体众多,法律关系复杂,债权结构复杂、多重权利冲突,破产重整往往难度大。尤其是商品房这一标的物上承载着物权、债权等多重法律关系,涉及购房者权利、建设工程施工主体权利、被拆迁人权利等主体的权利实现顺位,以及管理人对待履行合同的选择等问题。由于规范房地产企业法律关系和相关主体权利义务的规定分散于不同的部门法和司法解释中，缺乏系统明确的规定，破产法中缺乏统一的制度安排，从而给审判实践带来困扰，亟待解决。

首先，对于陷入困境的房地产企业，要充分运用重整、和解法律制度，加强庭外重组谈判与庭内重整的衔接，对具有挽救可能和价值的房地产困境企业进行拯救，及时化解风险。基于房地产企业的特殊性，在研判其重整价值时，应当结合债务人企业的市场竞争力、无形资产价值、项目开发建设进展、自身经营能力、投资人意愿等因素综合判断。对于缺乏重整价值和可能，投资人不愿意在原有企业主体框架内参与重整的，在对债务人企业适用清算程序时，应当尽量通过整体出售的方式对资产进行处置，保留企业资产的整体营运价值，最大限度维护购房人、债权人合法权益，维护社会稳定。

其次，在审理房地产企业破产案件中要始终把保障民生放在首位，注重回迁户、消费购房人、建筑承建商、供货商、小额债权人等弱势群体合法权益的保护。从保护生存权、维护人民群众合理住房需求、促进房地产市场平稳健康发展的角度出发，正确处理同一标的物上的权利冲突，兼顾各方利益，实现权利清偿顺序的公平、合理和可行。目前，争议较大的是对商品房买受人是否给予特殊保护问题。《最高人民法院关于建设工程价款优先受偿问题的批复》（法释〔2002〕16号，以下简称《优先受偿批复》）规定，支付了全部价款的商品房买受人的权利优先于承包人的优先受偿权，而承包人的优先受偿权又优先于一般抵押权。根据此批复，在以往的审判实践中，在能够交付房屋的情况下，一般优先向买受人交付房屋；在不能交付房屋的情况下，购房价款本金优先清偿。民法典第四百零六条对物权法第一百九十一条进行了修改，在明确抵押物可以转让的同时，明确了抵押权的追及效力。这一立法变化是否将导致上述批复与民法典的规定不一致？对此，在制定有关司法解释时有必要进行充分论证，审慎定夺。实践证明，《优先受偿批复》的规定有效保障了商品房消费者的生存权，实现了政治效果、社会效果和法律效果的统一，具正当性与合理性。因此，有观点认为，民法典第四百零四条关于动产抵押权对抗效力的限制性规定，即"以动产抵押的，不得对抗正常经营活动中已经支付合理价款并取得抵押财产的买受人"，并未区分动产抵押是否已经办理抵押登记，即使办理了抵押登记，抵押权也不能对抗买受人，显然有利于消费者权益的保护，在保护商品房消费者问题上可类推适用或参照适用这一条款，笔者认为有一定道理。从我国国情及房地产企业所面临的实际情况看，目前仍有按《优先受偿批复》的思路给予商品房消费者特殊保护之必要，只是在实践中要严格把握商品房消费者的界限、适用范围及特定情形。

最后，房地产企业破产往往都涉及"半拉子工程"。对此，要灵活运用多元融资模式，积极推动债务人企业在建工程的复工续建，有序化解房屋逾期交付风险。对于为复工续建所借资金的清偿顺位问题，原则上可以根据《最高人民法院关于适用〈中华人民共和国企业破产法〉若干问题的规定（三）》第二条规定，参照企业破产法第四十二条第四项作为共益债务清偿。虽然依据司法解释该条规定，共益债务不得优先于此前已就债务人特定财产享有担保权的债权清偿，但如果房地产企业名下的建设用地使用权以及在建工程已经设立了抵押，根据民法典第四百一十六条、《担保制度解释》第五十一条的规定，土地上的新增建筑物以及建筑物的续建部分不属于原抵押财产范围，续建费用作为共益债务可以在续建部分价值范围内优先受偿。

五、关于证券虚假陈述案件审理中的有关问题

2022年1月21日，最高人民法院在总结审判经验的基础上，对《最高人民法院关于审理证券市场因虚假陈述引发的民事赔偿案件的若干规定》（法释〔2003〕2号，以下简称2003年《虚假陈述案件规定》）作了系统性的修订，发布了《最高人民法院关于审理证券市场虚假陈述侵权民事赔偿案件的若干规定》（法释〔2022〕2号，以下简称2022年《虚假陈述案件规定》），对证券虚假陈述行为、重大性、交易因果关系、过错、损失因果关系等侵权责任构成要件作了更为细致的规定，明确了

控股股东及实际控制人、重大资产重组交易对方和配合财务造假者等责任主体的"首恶"和"帮凶"的责任。2022年《虚假陈述案件规定》已经回应了审判实践中所提出的绝大部分问题，但从审判实践中的情况看，还有一些问题值得进一步深入讨论。

（一）前置程序取消后的审查起诉问题

2022年《虚假陈述案件规定》明确废除了前置程序，这是为及时充分保障受损投资者诉权的一项重大制度变革。在取消前置程序之后，为正确把握审查起诉的标准，应当注意三个方面：首先，取消前置程序不等于有诉必立，案件受理必须符合法定的起诉条件。起诉条件承载着保障当事人诉权和防止滥诉两大功能，前置程序的废除并未降低民事诉讼法规定的起诉条件。在前置程序取消后，为避免没有理据的维权诉讼给上市公司的正常经营带来负面影响，给资本市场秩序带来不适当的冲击，在立案受理阶段必须严格按照民事诉讼法第一百二十二条规定的起诉条件进行审查，在该条规定的四项起诉条件中，具体的诉讼请求和事实理由是立案受理环节必须加以审查的一个重要内容。2022年《虚假陈述案件规定》第二条第一款规定，原告提起证券虚假陈述侵权民事赔偿诉讼，只要符合民事诉讼法第一百二十二条规定并提交原告身份证明文件、存在虚假陈述的相关证据以及因虚假陈述进行交易的凭证和投资损失等相关证据，人民法院就应当予以受理。这是从诉讼请求、事实理由及举证责任三个方面对起诉条件进行了明确：诉讼请求指的是当事人想要实现的实体权益内容；具体的事实和理由不仅包括纠纷的所有事实经过，还包括能够推导出诉讼请求的法律上的依据；就前述主张，当事人还必须提供相关的证据。其次，对起诉状中事实理由具体化的要求，应当根据原因事实的不同而有所区别。要求原告在起诉书中必须对支持其诉讼请求的所有相关事实进行全面的陈述，不仅有利于案件受理后被告能够进行针对性的抗辩，也有利于人民法院及时整理争点。在起诉阶段，原告必须根据法律和司法解释规定的民事责任构成要件，对被告实施了虚假陈述行为、虚假陈述行为的重大性、交易因果关系、被告的主观过错、原告因此所受的损失、损失因果关系等六个方面的原因事实进行具体化的陈述。考虑到证券民事诉讼固有的信息不对称、绝大部分由上市公司持有、投资者取证困难等实际情况，为实现实质公平，证券法和司法解释采用了过错推定、交易因果关系推定和损失因果关系推定的制度安排，投资者只对被告是否实施了虚假陈述行为承担结果意义上的证明责任。由此，在审查起诉时对不同责任要件的原因事实和理由，具体化的要求应当有所区别。具体而言，原告对被告实施了重大虚假陈述行为的起诉原因事实负有具体的主张责任，并应当提供相关证据加以证明，而对于虚假陈述行为被告的过错、交易因果关系、损失及损失因果关系等起诉原因事实，则可适当放宽具体化的要求，在起诉书中进行合乎逻辑的描述，被告据此开展针对性的抗辩即可。最后，加强审查起诉阶段对当事人的诉讼指导工作。证券诉讼的专业性强，且我国也没有实施律师强制代理制度，不能苛求当事人在起诉阶段所陈述的原因事实契合法律规定的要件事实，更不能苛求当事人提出的法律理由是基于对法律的正确理解而提出，在审查立案阶段应当适度行使释明权，指导当事人补充提供相关材料，这一点尤其值得强调。在此前的审判工作中有这样的案例，上市公司实施了诱空型的虚假陈述，投资者以其买入股票遭受损失为由提起诉讼，法院受理后以不存在交易因果关系为由驳回了投资者的诉讼请求。案件处理的结果虽然是对的，但如果法院能在立案受理阶段就适当释明，以此过滤掉不符合法定起诉条件的争议，社会效果会好很多。

（二）连带责任的范围问题

证券法第八十五条和第一百六十三条规定了相关责任主体与发行人的连带责任，就连带责任的范围是否应当与相关责任主体的过错程度相适应以体现"过罚相当"原则问题，在2022年《虚假陈述案件规定》制定过程中进行了认真的研究。由于各方认识不一，2022年《虚假陈述案件规定》对此没有规定，而是留待审判实践中进一步总结经验。在2022

年《虚假陈述案件规定》讨论过程中，有观点认为，共同侵权的本质是共同故意，连带的基础在于具有共同的意思联络。而对于无意思联络的多数人侵权，如果能够确定各自的责任大小，则应当适用部分连带责任。因此，在上市公司持续信息披露构成虚假陈述的场合，发行人的会计舞弊行为是故意而为，而承销保荐、证券服务等中介机构作为从事审核、验证的专业机构，其职责是利用自身的专业知识为投资者"把关"，充当"看门人"。首先，在中介机构故意配合造假的情况下，认定发行人与中介机构相互通谋并应共同承担连带责任，理由充分，但在中介机构只是因为过失没有发现发行人财务造假的情况下，很难说是构成共同侵权，适用全额连带责任未必符合公平、公正原则。其次，"过罚相当"的民事赔偿责任有利于避免"寒蝉效应"，稳定资本市场各方参与主体的预期。许多人民法院在审理证券虚假陈述纠纷案件时，已充分关注到了上述观点，并依据具体案件事实，特别是有关主体的过错大小，判处"过罚相当"的连带责任。从社会各界的反应看，取得了比较好的法律效果和社会效果。

（三）诉讼时效的衔接适用问题

2003年《虚假陈述案件规定》在规定前置程序的同时，将行政处罚决定或生效刑事判决作出之日作为诉讼时效的起算点，这是符合制度设计逻辑的。民法典第一百八十八条规定，诉讼时效期间自权利人知道或者应当知道权利受到损害以及义务人之日起计算。具体到证券市场上，投资者知道或者应当知道虚假陈述之日，是其知道或者应当知道权利受到损害以及义务人之日。在废除前置程序的情况下，以行政处罚决定或生效刑事判决作出之日起算诉讼时效的做法，已经不符合民法典等民事法律的规定，故2022年《虚假陈述案件规定》第三十二条规定，当事人主张以揭露日或更正日起算诉讼时效的，人民法院应当予以支持。在2022年《虚假陈述案件规定》颁布后，部分代理律师提出，其所代理的案件因为多元化解工作机制、法院示范判决、专项风险化解等工作安排没有在法院立案，进而担心法院对其民事权利不予保护，这种担心是没有必要的。首先，根据民法典等法律和司法解释的规定，在诉讼时效期间内，只要投资者以书面或者口头方式向人民法院起诉，或者向有关调解组织、国家机关、事业单位、社会团体等社会组织提出过保护相应民事权利的请求，或者向公安机关、人民检察院、人民法院报案或者控告，请求保护其民事权利的，都构成诉讼时效的中断。其次，为更进一步保护投资者的权利，2022年《虚假陈述案件规定》第三十三条还规定，只要有部分投资者向人民法院提起了普通代表人诉讼，这一起诉行为对所有具有同类诉讼请求的投资者都产生诉讼时效中断的法律效果。这一制度设计，体现了代表人诉讼中"一人维权、惠及他人"的法律效果，是对投资者保护作出的更为有利的安排。最后，由于2003年《虚假陈述案件规定》与2022年《虚假陈述案件规定》在诉讼时效方面的规定发生了明显变化，为避免出现投资者因未及时主张权利而无法得到救济的情况发生，充分保护投资者的诉讼权利和合法民事权利，就2022年《虚假陈述案件规定》实施后诉讼时效的衔接适用问题，最高人民法院专门下发了《关于证券市场虚假陈述侵权民事赔偿案件诉讼时效衔接适用相关问题的通知》（法〔2022〕36号），明确："一、在《规定》实施前国务院证券监督管理机构、国务院授权的部门及有关主管部门已经做出行政处罚决定的证券市场虚假陈述侵权民事赔偿案件，诉讼时效仍按照原司法解释第五条的规定计算。二、在《规定》实施前国务院证券监督管理机构、国务院授权的部门及有关主管部门已经对虚假陈述进行立案调查，但尚未作出处罚决定的证券市场虚假陈述侵权民事赔偿案件，自立案调查日至《规定》实施之日已经超过三年，或者按照揭露日或更正日起算至《规定》实施之日诉讼时效期间不足六个月的，从《规定》实施之日起诉讼时效继续计算六个月。"

【权威解读】

《最高人民法院关于人民法院强制执行股权若干问题的规定》的理解与适用

何东宁[*] 邵长茂[**] 刘海伟[***] 王 赫[****]

为了正确处理人民法院强制执行股权中的有关问题，维护当事人、利害关系人的合法权益，2021年11月15日，最高人民法院审判委员会第1850次会议审议通过了《最高人民法院关于人民法院强制执行股权若干问题的规定》（以下简称《规定》），自2022年1月1日起施行。本文就《规定》的起草背景、基本原则及主要内容进行说明，便于实践中准确理解和适用。

一、《规定》的起草背景

随着我国经济社会发展和公司法律制度日臻完善，利用股权进行投资越来越受到青睐，股权已经成为人们一项重要的财产权利。实践中，人民法院强制执行被执行人股权的情况也越发多见。但由于有关强制执行股权的法律和司法解释规定非常少，存在许多规则空白，加上强制执行股权与公司法等实体法律规定交织在一起，与强制执行房产、车辆等

---

[*] 最高人民法院执行局副局长。
[**] 最高人民法院执行局综合办公室主任。
[***] 最高人民法院执行局综合办公室副主任。
[****] 北京市高级人民法院执行局法官助理。

其他财产相比,其专业性更强,法律关系也更复杂,执行人员往往对其望而却步。

执行实践中,人民法院强制执行股权的难点和争议点主要包括四个方面。

一是冻结规则不明确。根据民事强制执行理论,人民法院在执行程序中查封被执行人财产时,通常会遵循"权利外观"判断权属,即根据某种易于观察,又与真实权利状态高概率一致的事实去判断执行标的权属,以便满足执行程序的效率要求。一般来讲,动产以占有为权利外观,不动产以登记为权利外观,其权属较为容易判断。只要动产为被执行人占有,或者不动产登记在被执行人名下,人民法院即可以查封。但是,从公司法等法律规定看,股权的权利外观比较多元,包括股东名册、公司章程、公司登记机关登记信息以及国家企业信用信息公示系统公示信息等,以何种权利外观冻结股权,实践中争议较大。同时,由于股权的登记一般包括内部登记(公司股东名册或者公司章程记载)和外部登记(公司登记机关登记),相应地,人民法院在冻结股权时应当向公司还是公司登记机关送达冻结手续,或者两者都要送达?不同法院向不同协助单位送达冻结手续时,如何确定冻结先后顺序?对这些问题,由于缺乏明确的法律规定,实践中做法不一,争议较大。

二是评估难。强制执行股权难,最难在评估。股权与房产等不同,其没有为大家熟悉的市场行情价或者政府指导价,股权的价值取决于公司的经营状况和发展前景,通过当事人议价、定向询价、网络询价基本不可能确定其处置参考价,一般需要专业评估机构进行评估。但与房产评估相比,股权评估所需的材料更多,往往需要股权所在公司和被执行人的密切配合。实践中,或者由于公司和被执行股东拒不配合,或者公司本身缺乏评估所需的有关材料,导致实践中大量被冻结股权因缺乏相关材料而无法出具评估报告。

三是拍卖难。根据有关网络司法拍卖的规定,网络司法拍卖应当确定保留价,拍卖保留价即为起拍价,起拍价由人民法院参照评估价确定。

如前所述，实践中大量股权因缺乏相关材料无法出具评估报告，导致无法确定起拍价并进行拍卖。但是，股权作为被执行人的责任财产，不能仅因为无法出具评估报告就不执行该股权，否则会形成反向激励。另外，在公司注册资本认缴制下，对于未届出资期限的股权能否强制变价？变价后，后续出资义务应该由谁来承担？对于法律、行政法规、部门规章等限制自行转让的股权，人民法院能否强制变价？对于变更登记需要行政审批的股权，应该如何协调强制执行程序与行政审批之间的关系？这些问题也亟待明确。

四是反规避执行难。股权被冻结后，有些被执行人为规避执行，会与其他股东恶意串通或者利用其对公司的控制地位，恶意贬损被冻结股权价值。比如，将公司名下仅有的土地使用权、机器设备低价转让，使公司成为空壳，或者通过增资扩股的方式，使被冻结股权比例大幅降低，损害被冻结股权的控制利益，等等。实践中，类似的案例已比较多见，但在现行的法律规则下，人民法院并无有效的反制措施。

二、《规定》的起草过程

鉴于强制执行股权存在的上述诸多问题，最高人民法院将其列为司法解释制订计划，由执行局负责起草。执行局相关同志在各地调研的基础上形成《规定》初稿，然后召集北京、上海、浙江、江苏、重庆等地法院的业务骨干反复讨论修改；邀请扈纪华、王亚新、肖建国、谭秋桂等程序法专家以及甘培忠、叶林、邓峰、李建伟、张双根等实体法专家进行研究论证；与北京大学法学院联合举办了"股权执行司法解释逐条讨论会"，来自市场监管总局、银保监会、部分高校的实务工作者和专家学者提出了许多宝贵意见。中国行为法学会执行专业委员会还就股权执行问题专门召开研讨会，[①] 对其中的重点条文进行研讨。同时，还向市场

---

① 讨论情况可参见中国法学会商法学研究会、中国行为法学会执行行为研究会、北京市高级人民法院执行局共同主办的"股权强制执行理论与实务问题研讨会"，载微信公众号"赫法通言"，2017年7月5日上传。

监管总局、银保监会、国资委、资产评估协会以及最高人民法院相关业务部门、各地法院执行局书面征求意见，并多次征求全国人大常委会法工委的意见。自2019年开始，最高人民法院执行局牵头起草民事强制执行法草案，强制执行股权是其中的一项重要内容。为确保《规定》与民事强制执行法草案相协调，在此期间，暂时中止了《规定》起草工作。此后，随着民事强制执行法草案起草工作接近尾声，就执行股权问题也已基本达成共识，所以根据前期的征求意见情况和民事强制执行法草案讨论的情况，又反复打磨修改，形成《规定》送审稿，并提交最高人民法院审判委员会讨论通过。

三、《规定》的基本原则

《规定》的起草，始终坚持以习近平新时代中国特色社会主义思想为指导，深入学习贯彻习近平法治思想，依照强制执行法律规定和理论，遵循公司法律制度和精神，紧扣执行工作实际，就实践中的难点、争议点问题提出应对解决方案，努力确保《规定》实用、好用、管用。在具体起草过程中，遵循了以下原则。

一是严格依照法律规定，切实符合司法规律。强制执行被执行人的股权，涉及有关强制执行程序的法律规定，要符合强制执行的司法规律，确保依法高效实现申请执行人债权。同时，也要遵循公司法等相关法律规定和精神，对于一些金融、证券、保险等领域的公司，对其股权的强制执行还需要与银行法、证券法、保险法等法律规定保持协调。

二是坚持问题导向，注重解决实践中的突出问题。为做好与其他司法解释的衔接配合，《规定》并未追求"大而全"，将有关执行股权的规则全部囊括在内，而是坚持以问题为导向，对执行股权实践中的热点、难点和争议点问题进行梳理，并有针对性地提出司法解决方案。人民法院在强制执行股权过程中，对于《规定》未规定的，仍应适用其他有关司法解释的规定。

三是注重价值平衡，依法公正保护双方当事人合法权益。执行工作是依靠国家强制力实现胜诉裁判的重要手段，对双方当事人权益影响重大。人民法院在强制执行股权过程中，要注意两个方面：一方面，要加大执行力度，依法对被执行人的股权采取冻结、变价措施，保障申请执行人债权；另一方面，也要最大限度降低对被执行人的不利影响，更不得违法损害被执行人合法权益。为此，《规定》明确，人民法院可以对作为被执行人责任财产的股权进行冻结和变价。同时，在执行过程中，也要秉持公正善意文明执行理念，不得明显超标的额冻结和处置被执行人股权，在符合一定条件的情况下也可以允许被执行人自行变价股权。

四是依法保护企业产权，最大限度降低执行措施对公司正常经营的影响。强制执行股权不仅与申请执行人和被执行人的利益攸关，而且不可避免地会对股权所在公司造成影响。如何保障申请执行人债权和最大限度降低对股权所在公司的影响，一直是《规定》起草过程中重点考量的问题之一。一方面，持续加大执行力度，依法高效实现胜诉当事人债权，是当前和今后一个时期人民法院执行工作的主线。[①] 股权作为被执行人的责任财产，人民法院有权对其采取执行措施，股权所在公司也应当积极协助和配合人民法院，包括对股权的冻结、评估、变价以及交付等各项工作。对于拒不配合，尤其是恶意串通帮助被执行人规避执行的，将依法严肃处理。另一方面，人民法院在强制执行股权过程中，也要尽最大可能降低对公司经营的影响。例如，《规定》在第二条即开宗明义指出，强制执行被执行人在公司股权的，不得直接执行公司的财产。第八条设计的"事先报告"和"事后救济"规则，在努力防范被冻结股权价值被恶意贬损的同时，也对公司的正常经营行为保持了最大的司法克制。《规定》第十五条规定，变更股权登记需要相关部门审批的，买受人竞得股权后，只有在取得审批手续的情况下，人民法院才会为其出具成交裁定，以防止不符合条件的股东进入公司而给公司后续经营造成不利影响等。

---

① 参见《最高人民法院关于在执行工作中进一步强化善意文明执行理念的意见》。

四、《规定》的主要内容

《规定》共19条，主要包括五大方面的内容。

（一）《规定》的适用范围

1. 《规定》所称股权的范围

根据公司法的规定，我国的公司可以分为有限责任公司和股份有限公司。股份有限公司又可分为上市公司和非上市股份公司。从强制执行的角度看，有限责任公司股权和非上市且未在新三板交易的股份有限公司股份虽有差别，但对其冻结、变价的规则基本相同。与之相对，上市公司股份因具有专门的登记和交易场所，市场价格亦比较透明，冻结、变价等规则与前两者截然不同。在新三板交易的股份有限公司股份则介于有限责任公司股权和上市公司股份之间，对其的冻结、变价规则与上市公司股份类似。考虑不同公司类型的股权在执行规则上的差异，《规定》第一条明确："本规定所称股权，包括有限责任公司股权、股份有限公司股份，但是在依法设立的证券交易所上市交易以及在国务院批准的其他全国性证券交易场所交易的股份有限公司股份除外。"就目前来看，"国务院批准的其他全国性证券交易场所"仅包括"全国中小企业股份转让系统"（俗称"新三板"）。

2. 其他投资权益的参照适用

《规定》第十八条规定："人民法院对被执行人在其他营利法人享有的投资权益强制执行的，参照适用本规定。"依照民法典的规定，营利法人是以取得利润并分配给股东等出资人为目的成立的法人，包括有限责任公司、股份有限公司和其他企业法人等。公司是营利法人的一种，所以对被执行人在其他营利法人享有的投资权益的执行，可以参照适用《规定》。

3. 保全执行是否适用《规定》

就人民法院查封、扣押、冻结行为来讲，保全执行与终局执行没有本质区别，所以在财产保全过程中对被保全人的股权进行冻结的，当然也要适用《规定》。

(二) 股权冻结的方法及效力

关于股权的冻结方法及效力等问题，司法实践一直存在争议。为解决上述争议，《规定》第四条至第九条作了较为系统的规定。

1. 冻结时的权属判断规则

《最高人民法院关于人民法院民事执行中查封、扣押、冻结财产的规定》第二条第一款规定，人民法院可以查封、扣押、冻结被执行人占有的动产、登记在被执行人名下的不动产、特定动产及其他财产权。股权作为财产权的一种，原则上应当适用上述规则。但根据公司法的有关规定，无论有限责任公司还是股份公司的股权，均不采用登记生效主义，股东可以依据股东名册、公司章程或者股票等行使股东权利。[①] 换言之，在公司登记机关的登记之外，还存在其他可以用来判断股权权属的书面材料。为此，《规定》第四条规定，对股权所在公司的章程和股东名册等资料、公司登记机关的登记及备案信息、国家企业信用信息公示系统的公示信息等资料或者信息之一载明属于被执行人的股权，人民法院均可以进行冻结。同时，案外人对冻结的股权主张排除执行的实体权利的，人民法院应当依照民事诉讼法第二百二十七条[②]的规定进行审查。

2. 股权冻结的方法

如前所述，在强制执行股权过程中，冻结程序规则不清晰一直是个"老大难"问题。2014年，最高人民法院与原国家工商总局联合出台的《关于加强信息合作规范执行与协助执行的通知》第11条规定，人民法院冻结股权时，应当向股权所在公司送达冻结裁定，并要求工商机关协助公示。虽然该规定的初衷是好的，但在实践中却产生了诸多争议。比如，人民法院仅向公司登记机关送达冻结手续的，或者仅向公司送达冻

---

① 参见公司法第三十二条第二款、第一百零二条第四款规定。
② 现为第二百三十四条。——编者注

结手续的，该冻结是否生效？① 再如，在两家法院均冻结同一股权的情况下，有的法院只向公司登记机关送达了冻结手续，有的法院却只向公司送达了冻结手续，哪家法院的冻结为在先冻结？或者，虽然两家法院均向公司登记机关和公司送达了冻结手续，但由于有的法院在先向公司登记机关送达，有的法院在先向公司送达，在这种情况下，哪家法院的冻结为在先冻结，也存在很大争议。② 为此，《规定》第六条明确冻结股权的，应当向公司登记机关送达裁定书和协助执行通知书，由公司登记机关在国家企业信用信息公示系统进行公示，股权冻结自在公示系统公示时发生法律效力。多个人民法院冻结同一股权的，以在公示系统先办理公示的为在先冻结。这就有效解决了实践中的各类争议。根据该条规定，公司在为其股东办理股权变更手续时，应当提前到公示系统查询该股东的股权是否已被人民法院冻结，如已经冻结不得为其办理；市场主体在购买股权时，不仅要到公示系统查询该股权是否已被质押，也要查询该股权是否已被人民法院冻结，否则将会有"钱财两空"的不利风险。同时，根据《规定》第六条第二款的规定，人民法院也要将冻结股权的情况及时书面通知股权所在公司。

《规定》起草过程中，有观点认为，按照公司法的相关规定，股权所在公司掌握着股权权属变动的节点，尤其对于股份有限公司而言，公司登记机关并不登记非发起人股东的信息，③ 向公司送达冻结手续，才能最先实现对股权的控制，所以应该将向公司送达冻结手续作为股权冻结的方法。经研究，我们认为，由于国家企业信用信息公示系统良好的公示性能和广泛的社会认可度，股权冻结情况在该系统公示后，股权所在公司不仅能够及时知晓，而且对于可能购买股权的不特定第三人来讲，也可以通过该系统适时查询拟购股权是否被法院冻结。在多个法院冻结同一股权的情况下，各个法院的冻结顺位在系统中也一目了然，能够有效

---

① 参见最高人民法院（2020）最高法执复60号执行裁定书。
② 参见最高人民法院（2020）最高法执监2号执行裁定书。
③ 参见公司登记管理条例第九条，现市场主体登记管理条例第八条。

杜绝目前实践中的各类争议，并且在公示系统公示后，冻结即产生法律效力，被执行人就被冻结股权所作的转让、出质等有碍执行行为，并不能对抗人民法院的冻结措施。因此，在公示系统公示，也能够起到所谓"控制"股权的目的。

3. 股权冻结的效力

《最高人民法院关于人民法院民事执行中查封、扣押、冻结财产的规定》第二十四条第一款规定，被执行人就已经查封、扣押、冻结的财产所作的移转、设定权利负担或者其他有碍执行的行为，不得对抗申请执行人。该款明确了我国查封、扣押、冻结措施采用相对性规则，即人民法院查封、扣押、冻结的财产，被执行人并未丧失处分权，依然可以转让该财产或者用该财产设定权利负担进行融资。① 如转让款或者融资款清偿了执行债权，则人民法院应当解除查封、扣押、冻结措施。如未能清偿执行债权，由于查封、扣押、冻结措施之前已经进行了公示，受让人知道或者应当知道该财产上存在执行措施，故即便该财产已经转让到受让人名下，对于申请执行人而言依然属于被执行人的财产，人民法院可以进行处置变价。变价后，清偿执行债权仍有剩余的，则退还受让人。《规定》第七条的规定，是上述规则在强制执行股权程序中的体现。

4. 冻结股权后，是否影响公司增资、减资、合并、分立等

对此，此前实践中存在不同观点。一方面，股权所在公司增资、减资、合并、分立，常常会影响冻结股权的价值。在生效法律文书确定的执行标的就是股权的情况下，增资、减资等引起的股权比例变化更是对申请执行人具有直接影响；② 另一方面，如果冻结股权后，一律对股权所在公司的上述行为予以限制，又会对公司的经营活动造成较大干扰。③ 为

---

① 参见张静：《论处分查封之物的法律效力》，载《交大法学》2022年第2期；张尧：《以民事司法查封财产设定抵押的效力分析》，载《法学家》2022年第1期。

② 参见张元：《论股权冻结对有限责任公司增资扩股权利的限制》，载江必新、刘贵祥主编：《执行工作指导》2014年第1辑，人民法院出版社2014年版。

③ 参见刘君博：《从"查封"到"诉讼"：无形财产执行的制度逻辑与立法选择》，载《华东政法大学学报》2021年第2期。

此，《规定》第八条确立了以下规则：第一，冻结股权并不当然限制股权所在公司实施增资、减资、合并、分立等行为；第二，人民法院可以根据案件具体情况，决定是否向股权所在公司送达协助执行通知书，要求其在实施增资、减资、合并、分立等行为前向人民法院报告有关情况；第三，人民法院收到报告后，并不进行审查，但除涉及国家秘密或者商业秘密外应当及时通知申请执行人，以便申请执行人根据具体情况，决定是否要提起损害赔偿之诉或者代位提起确认决议无效、撤销决议等诉讼；第四，股权所在公司接到协助执行通知书后，不履行报告义务的，人民法院可以依法追究其法律责任。这种"事先报告"结合"事后救济"的规则设计，既可以满足公司的正常经营需求，也为人民法院制裁不法行为和申请执行人寻求救济提供了制度支持。

5. 冻结股权的效力是否自动及于股息、红利等收益

《最高人民法院关于冻结、拍卖上市公司国有股和社会法人股若干问题的规定》第七条第二款规定，股权冻结的效力及于股权产生的股息以及红利、红股等孳息，此为有关冻结上市公司股权的规定。《规定》起草过程中，多数意见认为，股息、红利等收益属于股东对股权所在公司享有的债权，冻结股权并不当然及于收益。① 对收益的执行，应当按照债权执行的规则处理。② 因此，《规定》第九条明确规定，人民法院冻结被执行人基于股权享有的股息、红利等收益的，应当向股权所在公司送达冻结裁定；股息、红利等收益到期的，可以书面通知股权所在公司向申请执行人或者人民法院履行。

---

① 《最高人民法院关于人民法院民事执行中查封、扣押、冻结财产的规定》第二十条。
② 《最高人民法院关于人民法院执行工作若干问题的规定（试行）》（2020年修正）第36条虽然使用了"提取"的表述，但近年来，最高人民法院已在多个案例中对收入的范围从正反两方面进行了阐释。一方面，收入被界定为"公民基于劳务等非经营性原因所得和应得的财物，主要包括个人的工资、奖金、劳务报酬等"［（2016）最高法执监354号、（2017）最高法执监215号］；另一方面，工程款［（2016）最高法执监25号、（2016）最高法执监286号、（2017）最高法执监215号、（2020）最高法执监28号］、租金债权［（2018）最高法执监664号、（2018）最高法执监487号］、资产转让款［（2016）最高法执监354号］、合作办学收益［（2015）执申字第46号］则明确被认定属于到期债权，而非收入。因此，对于股息、红利亦应作为债权而非收入执行。

(三) 股权的评估、变价程序

1. 股权自行变价程序

相比强制变价，被执行人自行变价财产，具有避免争议、减少争议等优点。《最高人民法院关于人民法院执行工作若干问题的规定（试行）》第33条、《最高人民法院关于在执行工作中进一步强化善意文明执行理念的意见》第9条此前已对被执行人自行变价财产问题进行了规范。《规定》第十条在上述规范的基础上，坚持贯彻善意文明执行理念，明确了被执行人自行变价股权的两种情形：一是申请执行人以及其他已知的执行债权人同意；二是变价款足以清偿执行债务。所谓"已知的执行债权人"，包括已经向执行法院申请参与分配股权变价款和轮候冻结该股权的债权人。符合前述情形的，被执行人可以向人民法院提出申请，由人民法院根据案件情况决定是否准许。为防止被执行人通过自行变价程序拖延执行或者转移变价款，人民法院准许被执行人自行变价的，应当严格控制变价款并要求其在指定期限内完成。这个"指定期限"由人民法院根据具体情况酌定，但最长不得超过三个月。在该期限内未能自行变价的，人民法院要及时强制变价。

2. 股权处置参考价和起拍价的确定

处置参考价难以确定一直是司法实践中影响股权变价的主要障碍。[①] 为解决该问题，《规定》第十一条、第十二条从以下几个方面进行了规定。第一，人民法院应当依照《最高人民法院关于人民法院确定财产处置参考价若干问题的规定》的有关规定确定股权处置参考价，并参照参考价确定起拍价。第二，确定处置参考价时，需要相关材料的，人民法院可以向公司登记机关、税务机关等部门调取，也可以责令被执行人、股权所在公司以及控制相关材料的主体提供。相关主体拒不提供的，不仅可以强制提取，而且还可以依照民事诉讼法追究其法律责任。第三，

---

① 参见伍俊鹏：《强制执行阶段拍卖、变卖的股权定价问题》，载《法制博览》2021年第16期。

为确保评估机构准确评估公司价值进而准确评估股权价值，经当事人书面申请，人民法院可以委托审计机构对股权所在公司进行审计。第四，通过委托评估方式确定股权处置参考价的，如果评估机构因为缺少相关材料无法进行评估或者认为影响评估结果，被执行人未能提供且人民法院也无法调取补充材料的，人民法院应当通知评估机构根据现有材料进行评估，同时告知当事人因缺少材料可能产生的处置参考价偏离股权真实价值乃至适用"无底价拍卖"的不利后果。第五，评估机构根据现有材料出具了评估报告的，则参照该评估价确定起拍价；评估机构根据现有材料无法出具评估报告的，经申请执行人书面申请，人民法院可以结合案件具体情况和股权实际情况进行"无底价拍卖"，但确定的起拍价要适当高于执行费用，以避免发生"无益拍卖"的情形。

适用"无底价拍卖"需要注意的是：第一，人民法院要严格依照《规定》第十一条、第十二条规定的程序调取或者责令有关主体提供评估所需有关材料，尽可能促成评估机构出具评估报告，不得任意适用"无底价拍卖"；第二，"评估机构根据现有材料无法出具评估报告"是指委托的三家评估机构均无法出具评估报告；第三，虽然三家评估机构均无法出具评估报告，但能够通过其他方式确定参考价的（如双方当事人达成议价一致意见），则参照该参考价确定起拍价；第四，对评估机构无法出具评估报告的，并非一律适用"无底价拍卖"，而要由人民法院根据具体情况来确定是否适用；第五，为避免浪费司法资源，防止扰乱市场秩序，依照《规定》第十二条第二款的规定，对于公司经营严重异常，股权明显没有价值的，比如一些"空壳公司"的股权，则不能适用"无底价拍卖"。

（四）股权拍卖的几类特殊情形

1. 整体拍卖与分割拍卖股权

不得超标的处置被执行人的财产是执行程序中的一项重要规则。《最高人民法院关于人民法院民事执行中拍卖、变卖财产的规定》（以下简称《拍卖、变卖规定》）第十四条规定，拍卖多项财产时，其中部分财产卖得的价款足以清偿债务和支付被执行人应当负担的费用的，对剩余的财产应当停止拍卖，但被执行人同意全部拍卖的除外。《规定》第十三条第二款在此基础上进行了细化，明确在拍卖股权前，依据处置参考价并结合具体情况计算，拍卖被冻结股权所得价款可能明显高于债权额及执行费用的，应当对相应部分的股权进行拍卖，以避免超标的拍卖股权损害被执行人合法权益。此处的"结合具体情况"主要是指人民法院在拍卖前要根据公司经营状况、股价市场行情、拍卖溢价降价情况，以及分割拍卖与整体拍卖对股权价额的影响等因素综合考虑。同时，由于股权转让可能存在"控制权溢价"，如果对相应部分的股权拍卖严重减损被冻结股权价值，被执行人书面申请人民法院对全部被冻结股权进行拍卖的，人民法院也可以一并拍卖。

2. 瑕疵出资、未届出资期限股权的拍卖

对于被执行人瑕疵出资或者未届出资期限的股权，因其仍然具有价值，所以人民法院可以对其采取强制拍卖措施。对此，《规定》第十四条第一款予以明确。问题在于，对于前述股权强制拍卖后，后续出资义务应该如何承担？为最大限度降低强制执行股权对公司、公司其他股东和公司债权人权益的影响，严格遵循有关公司法律制度，《规定》第十四条第二款规定，前述股权处置后，相关主体依照有关规定履行出资义务。此处的"有关规定"，对于瑕疵出资的股权，主要是指《最高人民法院关于适用〈中华人民共和国公司法〉若干问题的规定（三）》第十八条的规定。对于未届出资期限的股权，股权转让后，后续出资义务应该如何承担，现行法律、司法解释并未明确规定，实践中存在很大争议。[①]《规定》起草过程中，有观点认为，人民法院强制执行此类股权时，原股东的出资义务尚未届期，股权被强制转让后，原股东不应再承担后续出资义务。也有观点认为，出资义务是股东对公司、其他股东的恒定义务，无论该出资义务是否已届期，都不因股权转让而消除，原股东仍应承担

[①] 参见刘敏：《论未实缴出资股权转让后的出资责任》，载《法商研究》2019年第6期；王建文：《再论股东未届期出资义务的履行》，载《法学》2017年第9期。

出资义务。还有观点认为，这一问题比较复杂，不宜在有关强制执行股权的司法解释中规定，而应该留待公司法及其司法解释予以明确，在《规定》中只要明确依照"有关规定"处理即可。《规定》最终采纳了最后一种意见。事实上，对于上述问题，2021年公布的公司法修订草案第八十九条作出以下规定："股东转让已认缴出资但未届缴资期限的股权的，由受让人承担缴纳该出资的义务。股东未按期足额缴纳出资或者作为出资的非货币财产的实际价额显著低于所认缴的出资额，即转让股权的，受让人知道或者应当知道存在上述情形的，在出资不足的范围内与该股东承担连带责任。"

3. 自行转让受限的股权的拍卖

依照公司法第一百四十一条的规定，股份有限公司发起人及董事、监事、高级管理人员持有的股权，在特定期限或特定比例内应当限制转让。该规定的立法目的在于防止前述人员投机牟利，损害其他股东利益。但是，在前述人员对外负有债务，人民法院为保护债权人利益，将前述人员持有的股权强制变价清偿债务的，不存在投机牟利问题，并不违反公司法的立法目的。① 相应地，公司章程、股东协议对股权转让所作的限制，是公司股东之间的内部约定，同样也不能对抗人民法院的强制执行。基于上述考虑，《规定》第十四条第一款第三项、第四项明确对前述股权，人民法院可以强制拍卖。当然，为尽可能降低强制处置股权对公司和其他股东的影响，买受人竞得股权后仍应当继续遵守有关限制股权转让的法律规定或者约定。

4. 前置审批类股权的拍卖

根据证券法、保险法、商业银行法、企业国有资产法等法律规定，证券公司、保险公司、商业银行、国有企业等转让一定比例的股权前需经相关部门审批。人民法院对这类股权进行拍卖的，竞买人也应当符合相应的资格或条件。问题在于，应该要求竞买人在参与竞拍前即获得审

---

① 参见《最高人民法院执行工作办公室关于执行股份有限公司发起人股份问题的复函》。

批，还是可以在竞买成功后再获得审批？如果是后者，竞买人在竞买成功后未获审批的，应该如何处理？在起草过程中主要有两种观点：一种观点认为，在拍卖前人民法院只要明示竞买人应有相应资格和条件即可，竞买人在竞买成功后自行办理审批手续。获得审批的，人民法院出具成交裁定书；未获审批的，人民法院对股权重新进行拍卖。此种方式的优势在于，可以提高拍卖效率，确保充分竞价，最大限度实现股权价值。劣势在于，此种方案会出现竞买人在竞买成功后因无法获得审批而导致重新拍卖的问题。另一种观点认为，只有获得相关部门审批的竞买人才可以参加竞买，此种方式的优势在于，能够确保竞买成功的竞买人已获得审批资格，尽可能避免重新拍卖情形的出现。劣势在于：一是在竞买前即限定竞买人的资格，合理性存疑，且会导致股权拍卖竞价不充分，可能会存在暗箱操作；二是由审批部门对所有竞买人的资格进行审核，实际操作上并不可行，征求意见时，相关部门也提出这样的意见；三是即使在竞买前已获得审批，在竞买成功后办理变更登记时，也可能会因种种原因出现不能办理变更登记的情形。基于上述考虑，《规定》第十五条最终采纳了第一种观点。

另外，根据《规定》第十五条第三款，对于买受人明知不符合竞买资格或者条件依然参加竞买，且在成交后未能在合理期限内取得相关部门股权变更批准手续的，要参照悔拍处理，交纳的保证金不予退还。如果保证金不足以支付拍卖费用损失和两次拍卖差价的，是否需要原买受人补交？依照《拍卖、变卖规定》第二十二条的规定，人民法院是可以责令买受人补交的。由于《拍卖、变卖规定》对此问题已有规定，所以之后出台的《最高人民法院关于人民法院网络司法拍卖若干问题的规定》第二十四条对此问题未再规定，由此在实践中产生了误解和争议。有人据此认为保证金不足以支付费用损失和两次拍卖差价的，无须原买受人补交。[①] 对此，《规定》第十五条第三款再次明确，保证金不足以支付的，

[①] 参见夏从杰：《网络司法拍卖中保证金之适用——以不足弥补重拍差价为例》，载微信公众号"赫法通言"2016年9月20日。

可以裁定原买受人补交；拒不补交的，强制执行，以重申最高人民法院对于悔拍保证金问题一贯的态度。

（五）股权作为诉争标的物时的执行规则

1. 因公司增资或者减资导致被执行人实际持股比例降低或者升高时应该如何交付股权

《规定》第十六条区分两种情形作出规定：一是对于生效法律文书明确要交付一定数量出资额的，此种情形比较容易处理，人民法院按照生效法律文书确定的出资额交付即可。二是对于生效法律文书仅明确要交付一定比例的股权，公司在生效法律文书作出后增资或减资的，会对被执行人的持股比例产生影响，相应的也会对应当交付的股权比例产生影响。为此，《规定》第十六条明确，应当按照生效法律文书作出时该比例所对应出资额占当前公司注册资本总额的比例交付股权。也即，在此情况下，应当通过对生效法律文书的解释，来探究其本意，以保障各方当事人的合法权益。需要注意的是，如果人民法院在保全或者执行过程中已经冻结诉争股权并要求公司在增资、减资前向人民法院报告，公司未报告即增资、减资的，人民法院可依照《规定》第八条对公司进行处罚，申请执行人认为利益受损的，也可依照该条依法提起诉讼追究公司及相关责任人的法律责任。

2. 股东资格确认判决的执行

为解决司法实践中，股东资格确认判决因无给付内容而无法申请人民法院强制变更登记的问题，《规定》第十七条第一款明确规定，在审理股东资格确认纠纷案件中，当事人提出要求公司签发出资证明书、记载于股东名册并办理公司登记机关登记的诉讼请求且其主张成立的，人民法院应当予以支持；当事人未提出前述诉讼请求的，可以根据案件具体情况向其释明，以确保其主张成立时，判决能够体现此项给付内容。同时，《规定》第十七条第二款重申，生效法律文书仅确认股权属于当事人所有的，因该文书缺乏给付内容，向人民法院申请强制执行的，不予受理，但当事人可以持该生效法律文书自行向公司、公司登记机关申请办理股权变更手续。

中国银保监会、中国人民银行有关部门负责人就《关于推动动产和权利融资业务健康发展的指导意见》答记者问

为深入贯彻落实党中央、国务院关于优化营商环境、依法发展动产融资工作的决策部署，进一步提高企业融资可得性，推动银行机构优化动产和权利融资业务，提升服务实体经济质效，中国银保监会和中国人民银行于2022年9月20日联合印发了《关于推动动产和权利融资业务健康发展的指导意见》（以下简称《指导意见》），有关部门负责人就《指导意见》回答了记者提问。

问：《指导意见》印发背景是什么？

答：党的十八大以来，以习近平同志为核心的党中央高度重视优化营商环境问题，多次作出重要部署。2022年4月，党中央、国务院下发《关于加快建设全国统一大市场的意见》，明确提出"依法发展动产融资"，对相关工作开展指明了方向。我们坚决贯彻党中央、国务院决策部署，持续督导银行业、保险业切实做好金融服务实体经济工作，取得积极成效。目前，动产和权利融资逐渐成为企业尤其是新型服务业和技术密集型企业的重要融资方式之一，亟须总结推广良好经验，进一步完善政策环境。

问：《指导意见》在起草时有哪些考虑？

答：《指导意见》坚持以习近平新时代中国特色社会主义思想为指导，以深化金融供给侧结构性改革为主线，积极推动银行机构加大创新力度，加强风险管理，在服务高质量发展过程中实现动产和权利融资持续健康发展。一是坚持问题导向，突出政策针对性。聚焦以动产和权利为主的企业资产结构实际和以不动产为主的银行担保融资现状之间的错配矛盾，积极盘活各类动产和权利，进一步营造公平便捷营商环境，提高企业融资可得性和获得感，更大程度激发市场主体活力和发展内生动力。二是系统总结有益经验，突出政策可操作性。《指导意见》总结了目前银行机构开展动产和权利融资业务的实践经验和创新模式，在扩大押品准入范围、丰富融资服务模式、深化供应链金融服务、提升动产和权利融资风险管理能力等方面对银行机构提出要求，努力在服务实体经济高质量发展中实现动产和权利融资业务持续健康发展。三是坚持分类施策，预留业务创新空间，突出政策前瞻性。目前动产和权利融资种类较多，业务成熟度有差异，风险特征显著不同。《指导意见》提出根据不同类别动产和权利融资特点优化贷前贷中贷后管理流程，鼓励银行机构实施差异化管理。

问：《指导意见》的主要内容有哪些？

答：《指导意见》共分五部分十七条。第一部分"总体要求和基本原则"提出了动产和权利融资业务的总体要求和基本原则，基本原则是：坚持问题导向、目标导向；坚持创新驱动、科技赋能；坚持分类施策、规范发展；坚持防控风险、守住底线。第二部分"加大动产和权利融资服务力度"提出了科学合理拓宽押品范畴、充分发挥动产和权利融资对薄弱领域的支持作用、加强动产和权利融资差异化管理三个方面要求。第三部分"深化动产和权利融资业务创新"主要鼓励银行机构提升应收账款融资服务质效、优化商品和货权融资业务、推广供应链融资、开展特色动产和权利融资业务。第四部分"提升动产和权利融资风险管控能力"要求银行机构强化动产和权利价值评估、实施分类信贷管理、推进供应链融资"线上化"管理、落实担保登记公示要求、规范在押动产管理和第三方监管合作、推进新技术在押品管控中的应用、拓宽动产处置变现渠道。第五部分"强化组织实施"从落实各方责任、协同优化外部环境、总结推广经验做法三个方面推动动产融资业务开展。

问：银行机构应如何加大动产和权利融资服务力度？

答： 首先，科学合理拓宽押品范畴。银行机构应根据自身业务开展情况和风险控制能力，将符合押品条件的动产和权利纳入押品目录，包括交通运输工具、生产设备、活体、原材料、半成品、产品等动产，以及现有的和将有的应收账款、知识产权中的财产权、货权、林权等权利。

其次，充分发挥动产和权利融资对薄弱领域的支持作用。银行机构应针对不同信贷主体需求，不断改进动产和权利融资服务。开发各类融资产品，合理降低对不动产担保的依赖，提升小微企业、民营企业金融服务质效；推广农机具、农用车、农副产品以及牲畜、水产品等活体担保融资，积极稳妥开展林权抵押贷款，服务乡村振兴；创新知识产权质押融资产品，支持科技企业发展。

最后，加强动产和权利融资差异化管理。鼓励银行机构建立健全动产和权利融资分类管理制度，配置专项额度，提高风险容忍度，并在风险可控前提下适度提高抵质押率上限。努力培育专业人才队伍，制定差异化的考核激励安排，细化落实尽职免责制度，提高信贷人员积极性。

问：《指导意见》主要希望银行从哪些方面推动动产和权利融资业务创新？

答： 应收账款融资方面，《指导意见》鼓励银行机构通过应收账款质押和保理融资，包括收费权、应收租赁款等方式，满足不同客户多样化金融需求。

商品和货权融资方面，《指导意见》支持银行机构开展标准仓单质押融资，在风险可控前提下探索普通电子仓单融资。有条件的银行机构可使用具有较强价值保障、较好流通性和变现能力的大宗商品作为押品开展动产融资，探索开展浮动担保、最高额担保、未来货权担保等多种形式的动产融资业务。

供应链融资方面，《指导意见》提出银行机构应依托核心企业在订单形成、库存调度、流转分销、信息传导等环节的主导地位，发展基于供应链的应收账款融资、存货担保融资等业务，并积极开发体系化、全场景的数字供应链金融产品。支持全国性银行通过核心企业属地行"一点对全国"等方式依法合规办理业务，提高供应链融资效率。

同时，《指导意见》支持银行机构基于真实交易背景，使用企业票据、应收账款等建立质押资产池，为企业提供流动资金贷款发放、银行承兑汇票开立、信用证开立等多种形式融资服务。

问：在提升动产和权利融资风险管控能力方面，《指导意见》提出了哪些新的要求？

答：《指导意见》除进一步明确强化动产和权利价值评估、落实担保登记公示要求、规范在押动产管理和第三方监管合作、拓宽动产处置变现渠道等要求外，还强调了以下内容。

一是实施分类信贷管理。对于发展成熟、管理规范、信用风险已明确转移的业务，如买断型保理、核心企业已经明确付款义务或承担连带责任保证的动产和权利融资业务，银行机构在真实掌握核心企业风险承受能力前提下，可适当简化对借款人的审查调查以及贷中贷后要求。对于管理难度大、探索性强的业务，银行机构应加强信贷风险管理，审贷时综合考虑客户的财务报表反映的经营业绩和整体实力，以及动产和权利交易现金流对还本付息要求的自偿性。

二是推进供应链融资"线上化"管理。对于供应链融资业务，可探索以线上为主开展贷款"三查"工作。支持银行机构将供应链信用评价向"数据信用"和"物的信用"拓展，通过与企业生产交易、仓储物流等核心数据进行交互，与行内信息、企业信息、政府公共数据交叉验证，实现对动产和权利融资各环节信息的动态掌握。有条件的银行可基于真实交易背景和大数据信息建模，对供应链上中小微企业贷款实行线上审批。

三是推进新技术在押品管控中的应用。银行机构应积极推动运用物联网、电子围栏、生物识别等手段，实现动产押品的智能感知、识别、定位、跟踪和监控，提升押品管理智能化水平。有条件的银行机构可搭建物联网数据平台，对物联网设备采集数据进行关联和建模，提升风控精准性、针对性。

中国银保监会、中国人民银行有关部门负责人就《关于进一步促进信用卡业务规范健康发展的通知》答记者问

为规范信用卡业务经营行为，落实银行业金融机构及其合作机构管理责任，提升信用卡服务质效，保护金融消费者合法权益，坚持以人民为中心的发展思想，促进信用卡行业以高质量发展更好支持科学理性消费，中国银保监会会同中国人民银行制定了《关于进一步促进信用卡业务规范健康发展的通知》（以下简称《通知》）。有关部门负责人就相关问题回答了记者提问。

问：《通知》公开征求意见的情况如何？

答： 2021年12月16日至2022年1月16日，《通知》向社会公开征求意见，并对反馈意见逐条进行认真研究，进一步完善了《通知》。

《通知》充分吸收采纳合理建议，主要包括：一是进一步加强消费者权益保护要求。补充要求银行业金融机构必须为客户提供已签订合同信息查询渠道、以有效方式通知客户还款和逾期等信息、提供委外催收机构信息等。要求银行业金融机构在依法合规和有效覆盖风险前提下，按照市场化原则科学合理确定信用卡息费水平，切实提升服务质效，持续采取有效措施，降低客户息费负担。二是增加对信用卡收单机构、清算机构的监管要求。规定收单机构应当准确标识和完整传输交易信息，清算机构应当完善支付业务报文规则，对违规成员机构采取必要措施。补

充了对相关机构防范信用卡套现、盗刷等异常用卡行为和非法资金交易的职责要求。三是完善过渡期安排。明确过渡期为《通知》实施之日起二年，存量业务不符合《通知》规定的应当在过渡期内完成整改。涉及业务流程及系统改造的，须在六个月内完成，改造后新增业务须严格符合《通知》规定。

问：《通知》制定的背景是什么？

答：近年来，我国银行业金融机构信用卡业务快速发展，在便利群众支付和日常消费等方面发挥了重要作用。但近一时期部分银行业金融机构经营理念粗放，服务意识不强，风险管控不到位，存在侵害客户合法权益等行为。亟须推动银行业金融机构立足新发展阶段、贯彻新发展理念、构建新发展格局，牢固树立以人民为中心的发展思想，加快转变信用卡业务发展方式，强化审慎合规经营，提高金融服务质效，做好消费者权益保护，提升惠民便民服务质量。为此中国银保监会会同中国人民银行制定《通知》。

问：《通知》对信用卡业务主要提出了哪些监管要求？

答：1. 关于经营管理

《通知》从战略管理、绩效考核、资产质量管理、行为管理和员工培训五个方面提出要求。规定银行业金融机构应当制定审慎稳健的信用卡发展战略。建立科学合理的绩效考核指标体系和薪酬支付机制。全面准确及时反映资产风险状况。实施对重要岗位、重点人员业务行为的全流程监督，建立并完善违法违规行为问责和记录机制，有效监测、识别、预警和防范信用卡业务从业人员违法违规行为，加强员工的合规培训和消费者权益保护培训。

2. 关于发卡管理

《通知》要求银行业金融机构不得直接或间接以发卡量、客户数量、市场占有率或市场排名等作为单一或主要考核指标。强化睡眠信用卡动态监测管理，连续十八个月以上无客户主动交易且当前透支余额、溢缴款为零的长期睡眠信用卡数量占本机构总发卡量的比例在任何时点均不得超过20%，附加政策功能的信用卡除外。超过该比例的银行业金融机构不得新增发卡。未来，中国银保监会还将动态调降长期睡眠信用卡比例限制标准，不断督促行业将睡眠卡比例降至更低水平。此外，《通知》还列示了默认勾选同意、强制捆绑销售等营销禁止行为，并明确规定未经银行业金融机构内部统一资格认定，任何人员不得从事该机构信用卡发卡营销活动。

3. 关于授信管理

《通知》要求银行应当合理设置单一客户的信用卡总授信额度上限，并纳入该客户在本机构的所有授信额度内实施统一管理。在授信审批和调整授信额度时，应当扣减客户累计已获其他机构信用卡授信额度。实施严格审慎的信用卡授信额度动态管理。强化信用卡风险模型管理，不得将风险模型管理职责外包。

4. 关于信用卡分期业务

《通知》要求分期业务应当设置事前独立申请、审批等环节，不得与其他信用卡业务合同（协议）混同或捆绑签订。不得对已办理分期的资金余额再次办理分期，监管规定的个性化分期还款协议除外。银行业金融机构应当明确分期业务最低起始金额和最高金额上限。分期业务期限不得超过五年。客户确需对预借现金业务申请分期还款的，额度不得超过人民币5万元或等值可自由兑换货币，期限不得超过二年。

5. 关于息费收取及信息披露

《通知》要求银行业金融机构在与客户订立信用卡合同时，对收取利息、复利、费用、违约金等条款、风险揭示内容应当严格履行提示或者说明义务，并以明显的方式向客户展示最高年化利率水平。《通知》要求银行业金融机构应当在依法合规和有效覆盖风险前提下，按市场化原则科学合理确定信用卡息费水平，切实提升服务质效，持续采取有效措施，降低客户息费负担。

针对分期业务息费，《通知》专门要求银行业金融机构必须在分期业务合同（协议）首页以明显方式展示分期业务可能产生的所有息费项目、年化利率水平和息费计算方式。向客户展示分期业务收取的资金使用成本时，应当统一采用利息形式，不得采用手续费等形式，法律法规另有规定的除外。客户提前结清信用卡分期业务的，银行业金融机构应当按照实际占用资金金额及期限计收利息。

6. 关于信用卡交易安全

《通知》要求发卡银行、收单机构、清算机构等各主体建立健全对套现、盗刷等异常用卡行为和非法资金交易的监测分析和拦截机制并依法采取措施。要求收单机构依法准确标识并完整上送规定的交易信息，便利发卡银行识别判断风险。要求清算机构制定完善跨机构支付业务报文规则，对存在漏报、错报、伪造交易信息等行为的机构采取必要措施。促进进一步提升交易信息透明度，确保交易信息在支付全链条的一致性及不可篡改性，维护信用卡交易安全。

7. 关于外部合作行为管理

《通知》要求银行业金融机构对合作机构制定明确的准入、退出标准和管理审批程序，实行名单制管理。应当通过自营网络平台办理信用卡核心业务环节，确保债权债务关系清晰准确。对银行业金融机构通过单一合作机构的发卡量和授信余额设置集中度指标。合作发放联名信用卡的联名单位应当是为客户提供其主营业务服务的非金融机构，合作内容限于联名单位宣传推介及与其主营业务相关的权益服务。

8. 关于消费者权益保护

《通知》要求银行业金融机构应当建立消费者权益保护审查制度和工作机制。充分披露和严格明示信用卡涉及的法律风险、法律责任，不得进行欺诈虚假宣传，并确保销售行为可回溯。必须严格向客户公布投诉渠道，并根据投诉数量配备充足岗位人员等资源。强化客户数据安全管理，通过本行自营渠道采集客户信息，不得与违法违规进行数据处理的机构开展合作。要求银行业金融机构落实催收管理主体责任，严格规范催收行为，不得对与债务无关的第三人进行催收，在本机构官方渠道统一公开委托催收机构名称、联系方式等有关信息。

问：银行业金融机构参与线上信用卡业务试点需要具备什么条件？

答：中国银保监会、中国人民银行鼓励银行业金融机构主动适应经济发展和消费者金融需求的升级变化，合理应用新技术、新渠道、新模式不断优化信用卡服务功能，丰富产品供给，持续有效降低信用卡各种使用成本，为扩大科学理性消费提供有力支持，切实增强人民群众办卡用卡的获得感、便利感、安全感。《通知》明确提出将按照风险可控、稳妥有序原则，通过试点等方式探索线上信用卡业务等创新模式。将按照高质量发展导向，优先选择人民群众服务认可度、信任度高，消费者权益保护和信访投诉要求落实到位，经营理念和风控合规审慎严格，各项整改工作达到监管指标的银行业金融机构参与试点。

【地方司法文件】

上海市高级人民法院
中国证券监督管理委员会上海监管局
贯彻落实《关于适用〈最高人民法院关于审理证券市场虚假陈述侵权民事赔偿案件的若干规定〉有关问题的通知》加强协作的若干意见

2022年5月16日　　　　　　　　沪高法〔2022〕216号

为妥善审理证券市场虚假陈述侵权民事赔偿案件，依法保护投资者合法权益，维护公开、公平、公正的资本市场秩序，更好地发挥人民法院和证券监管机构的协同作用，经上海市高级人民法院（以下简称上海高院）与中国证券监督管理委员会上海监管局（以下简称上海证监局）协商，就贯彻落实最高人民法院、中国证券监督管理委员会（以下简称中国证监会）《关于适用〈最高人民法院关于审理证券市场虚假陈述侵权民事赔偿案件的若干规定〉有关问题的通知》（法〔2022〕23号）签订本意见，以进一步完善上海法院与上海证监局相关协作机制。

一、专项联络工作机制

1. 上海高院与上海证监局共同建立证券市场虚假陈述侵权民事赔偿案件专项协调机制。上海高院金融审判庭、上海金融法院证券业案件法官专业委员会、上海证监局法律事务处为各自专门联络部门，各方应确定固定联络员名单和联系方式，联络员发生变更的应及时通报相对方。

2. 上海高院、上海金融法院与上海证监局因案件审理或行政监管需要，向相对方调取收集材料、征求意见、获取相关信息或请求协助联系涉案当事人配合审理或调查的，可通过各自专门联络部门向相对方提出书面申请，相对方收到申请后原则上应在十个工作日内进行反馈。

3. 上海高院与上海证监局探索建立信息交流电子平台，双方借助信息化手段，通过电子平台开展申请提交、信息反馈或证据传递等相关工作，促进及时有效沟通处置。

二、案件信息通报机制

4. 上海金融法院受理涉及上海辖区发行人、上市或者挂牌公司的证券市场虚假陈述侵权民事赔偿案件后，应当在十个工作日内将案件基本情况向上海证监局通报，上海证监局接到通报后及时向中国证监会报告。

前款所述案件基本情况包括但不限于案号、案件名称、立案时间、审判程序、当事人及诉讼代理人基本信息、涉诉虚假陈述行为简介、标的金额以及原告是否申请代表人诉讼等。

上海金融法院受理涉及非上海辖区发行人、上市或者挂牌公司的证券市场虚假陈述侵权民事赔偿案件后，上海证监局及时协助法院联络与协调相关派出机构，以便法院通报案件情况。

5. 对上海法院审理的相关民事案件的涉诉虚假陈述行为，中国证监会有关部门或者派出机构已进行立案调查但所涉发行人、上市或者挂牌公司尚未信息披露的，上海证监局获悉后及时将有关信息通报审理法院，审理法院就相关立案调查是否影响民事案件审理进行审查，并适时反馈审查结果。

6. 上海法院在审理证券市场虚假陈述侵权民事赔偿案件过程中，发现案件当事人涉及上海辖区证券公司、基金管理公司、承销保荐机构、会计师事务所、律师事务所及其他证券服务机构等市场参与主体时，应及时将有关情况通报上海证监局。

7. 上海证监局对上海法院受理的证券市场虚假陈述侵权民事赔偿案件所涉主体作出处理的，应将行政处罚决定书等处理文书抄送人民法院。

上海法院对涉及上海辖区主体的证券市场虚假陈述侵权民事赔偿案件作出一审、二审或再审裁判后，应将裁判文书同步抄送上海证监局。

三、证据调查配合机制

8. 上海法院根据案件审理需要，可以函告上海证监局，调取涉案虚假陈述行为实施内容、责任定性、责任主体等与民事案件事实相关的证据。

上海证监局应依法依规予以协助配合，并在收到函告后十个工作日内书面反馈调取结果。对于能够提供的证据及材料，应及时交由人民法院查阅；对于无法提供相关证据的，应说明理由。

上海法院如需向上海证监局以外的其他证券监管机构调取相关证据的，上海证监局予以必要的联络与协调。

9. 上海证监局认为提供的材料可以作为法院调取的诉讼证据的，或者仅供法院参考不作为法院调取的诉讼证据的，应在书面反馈中明确说明。上海证监局认为提供的证据需要保密的，法院原则上不进行公开质证。法院认为相关证据确有必要在案件审理中采用或出示的，双方应进行会商解决。

相关人员要严格遵守保密纪律和工作纪律，不得泄露协调沟通过程中获悉的相关信息，并不得利用知悉的内幕信息违法进行交易。

四、案件审理支持机制

10. 上海法院在案件审理过程中，可以就诉争虚假陈述行为违反信息披露义务规定情况、对证券交易价格的影响、损失计算等专业问题征求上海证监局的意见。

相关法院应书面向上海证监局征求意见，上海证监局应及时书面反馈意见；对向上海证监局以外的其他证券监管机构、证券交易场所、证券业自律管理组织、投资者保护机构等单位征求意见的，可由上海证监局协助联络与协调。

11. 上海法院应积极开展专家咨询和专业人士担任人民陪审员的探索，上海证监局应积极配合相关证券行业专家、人民陪审员的推荐工作。

上海证监局探索通过人员交流、专业指导等方式，提升证券行政执法办案水平，促进行政执法、司法理念相协调。

五、长效协作交流机制

12. 上海高院与上海证监局应在充分沟通的基础上，以有利于人民法院依法履行审判职责与监管机构履行监管职责为原则，加强沟通协作，积极应对证券虚假陈述侵权民事赔偿案件引发或者与之相关的涉众性群体性问题，妥善处置证券市场风险事件。

13. 上海高院与上海证监局应定期对证券市场虚假陈述侵权民事赔偿案件中典型疑难问题进行共商研讨，探索通过会议纪要、指导性意见等方式对相关经验成果进行固化适用。

14. 上海高院与上海证监局应进一步完善干部培养交流机制，通过人员交流、跟踪办案等多种形式，及时全面准确传递关于证券市场虚假陈述相关案件的审判理念和执法思路，共同加强对《最高人民法院关于审理证券市场虚假陈述侵权民事赔偿案件的若干规定》的准确理解与适用。

15. 上海高院、上海金融法院与上海证监局应共同加强对证券虚假陈述相关典型案件的宣传，多渠道、多形式加强投资者教育，强化市场主体合规经营意识，营造良好的市场氛围。

16. 因内幕交易、操纵市场等证券侵权行为引发的民事赔偿案件可参照适用本意见。

【征求意见】

最高人民法院
关于适用《中华人民共和国民法典》
合同编通则部分的解释
（征求意见稿）

为正确审理合同纠纷案件以及非因合同产生的债权债务关系纠纷案件，依法保护当事人的合法权益，根据《中华人民共和国民法典》《中华人民共和国民事诉讼法》等相关法律规定，结合审判实践，制定本解释。

一、一般规定

第一条【合同解释的细化规则】 人民法院依据民法典第一百四十二条第一款、第四百六十六条第一款规定对合同条款进行解释时，应当以常人在相同情况下理解的词句含义为基础，结合合同的相关条款、合同性质和目的、习惯以及诚信原则，参考缔约背景、磋商过程、履行行为等因素确定争议条款的含义。

对合同条款有两种以上解释，可能影响该条款的效力的，人民法院应当选择有利于该条款有效的解释，但是依照法律、行政法规规定应当认定该条款无效的除外；属于无偿合同的，应当选择对债务人负担较轻的解释。

有证据证明当事人之间对合同条款有不同于词句含义的其他共同理解的，一方主张根据词句含义理解合同条款的，人民法院不予支持。

第二条 【交易习惯的认定】 下列情形，不违反法律、行政法规的强制性规定，不违背公序良俗的，人民法院可以认定为"交易习惯"：

（一）当事人之间在交易活动中经常使用的惯常做法；

（二）在交易行为当地或者某一领域、某一行业通常采用并为交易对方订立合同时所知道或者应当知道的做法。

对于交易习惯，由提出主张的当事人一方承担举证责任。

二、合同的订立

第三条 【合同成立与合同内容】 当事人就合同主体、标的及其数量达成合意的，人民法院应当认定合同成立。但是，有下列情形之一的除外：

（一）当事人未就价款或者报酬进行协商，人民法院依照民法典第五百一十条、第五百一十一条等有关规定亦无法确定；

（二）在订立合同的过程中，当事人一方就质量、价款或者报酬、履行期限、履行地点和方式、违约责任和解决争议方法等对当事人权利义务有实质性影响的内容作出了意思表示，但未与对方达成一致，或者双方明确约定须就该内容协商一致合同才能成立，但事后无法达成合意；

（三）法律另有规定或者当事人对合同成立条件另有其他约定。

依据前款规定能够认定合同已经成立的，对于合同欠缺的内容，如当事人无法达成协议，人民法院应当依照民法典第五百一十条、第五百一十一条等有关规定予以确定。

当事人主张合同无效，人民法院认为合同不成立的，应当依据《最高人民法院关于民事诉讼证据的若干规定》第五十三条规定处理。

第四条 【以竞价方式订立合同】 采取招标方式订立合同，当事人请求确认合同自中标通知书到达中标人时成立的，人民法院应予支持。合同成立后，当事人拒绝订立书面合同的，人民法院应当依据招标文件、投标文件和中标通知书等确定合同内容。

采取现场拍卖、网络拍卖等公开竞价方式订立合同，当事人请求确认合同自拍卖师落槌、电子交易系统确认成交时成立的，人民法院应予支持。合同成立后，当事人拒绝签署成交确认书的，人民法院应当依据拍卖公告、竞买人的报价等确定合同内容。

产权交易所等机构主持拍卖、挂牌交易，其公布的拍卖公告、交易规则等文件公开确定了合同成立需要具备的条件，当事人请求确认合同自该条件具备时成立的，人民法院应予支持。

第五条【缔约过失的赔偿范围】 当事人一方在订立合同的过程中实施违背诚信原则的行为或者对合同不成立、无效、被撤销或者确定不发生效力有过错，对方请求赔偿其为订立合同或者准备履行合同所支出的合理费用等损失的，人民法院应予支持。对方当事人也有过错的，由双方当事人按照过错程度分担损失。

当事人一方假借订立合同，恶意进行磋商，或者实施其他严重违背诚信原则的行为，对方请求赔偿其因丧失其他缔约机会而造成的损失的，人民法院依法予以支持，但是应当扣除其为取得该机会所应支出的合理费用。

当事人主张前款所称"因丧失其他缔约机会而造成的损失"的，应当对其他缔约机会的现实可能性以及损失的大小承担举证责任。

第六条【合同订立中的第三人责任】 第三人实施欺诈、胁迫行为，使当事人在违背真实意思的情况下订立合同，受有损失的当事人请求第三人承担赔偿责任的，人民法院依法予以支持。

合同的订立基于对第三人的特别信赖或者依赖于第三人提供的知识、经验、信息等，第三人实施违背诚信原则的行为或者对合同不成立、无效、被撤销或者确定不发生效力有过错，受有损失的当事人请求第三人承担赔偿责任的，人民法院应予支持。

第三人依据前两款承担赔偿责任的范围，参照本解释第五条规定予以确定。当事人亦有违背诚信原则的行为或者对合同不成立、无效、被撤销或者确定不发生效力也有过错的，人民法院应当根据各自的过错确定相应的责任，但是法律另有规定的除外。

第七条【预约合同的认定】当事人以认购书、订购书、预订书、意向书、备忘录等形式约定将来一定期限内订立合同,或者为担保将来一定期限内订立合同交付了定金,能够确定将来所要订立合同的主体、标的等内容的,人民法院应当认定预约合同成立,但是当事人约定该文件不具有法律约束力的除外。

当事人订立的认购书、订购书、预订书、意向书、备忘录等已就合同的主体、标的、数量、价格或者报酬等主要内容达成合意,符合本解释第三条第一款规定的合同成立条件,如当事人未明确约定将来一定期限内另行订立合同,或者虽有约定但当事人一方已实施履行行为且对方接受的,人民法院应当认定本约合同成立。

第八条【违反预约合同的认定】预约合同生效后,当事人一方无正当理由拒绝订立本约合同或者在磋商订立本约合同时违背诚信原则导致未能订立本约合同的,人民法院应当认定该当事人不履行预约合同约定的义务。

人民法院在认定当事人一方在磋商时是否违背诚信原则时,应当综合考虑该当事人在磋商订立本约合同时提出的条件是否严重背离预约合同约定的内容以及是否已尽合理努力进行协商等因素。

第九条【违反预约合同的违约责任】预约合同生效后,当事人一方不履行订立本约合同的义务,对方请求其赔偿因此造成的损失的,人民法院依法予以支持。

前款规定的损失赔偿,当事人有约定的,按照约定;没有约定的,人民法院应当综合考虑订立本约合同的条件的成就程度以及本约合同履行的可能性等因素,在依本解释第五条确定的损失赔偿额与依本解释第六十三条至第六十六条确定的损失赔偿额之间进行酌定。

预约合同已就本约合同的主体、标的、数量、质量、价款或者报酬、履行期限、履行地点和方式、违约责任和解决争议方法等影响当事人权利义务的实质性内容达成合意,当事人请求按照如本约合同成立并履行后可以获得的利益计算违反预约合同的损失赔偿额的,人民法院依法予以支持，但是当事人另有约定的除外。

第十条【格式条款订入合同】提供格式条款的一方在合同订立时采用通常足以引起对方注意的文字、符号、字体等明显标识，或者通过勾选、弹窗等特别方式，提示对方注意免除或者减轻其责任等与对方有重大利害关系的条款，人民法院应当认定符合民法典第四百九十六条第二款所称"采取合理的方式"。

提供格式条款的一方按照对方的要求，就与对方有重大利害关系的条款的概念、内容及其法律后果以书面或者口头形式向对方作出常人能够理解的解释说明的，人民法院应当认定提供格式条款的一方已履行民法典第四百九十六条第二款规定的说明义务。

提供格式条款一方对已尽提示义务或者说明义务承担举证责任。

第十一条【格式条款的认定】合同条款符合民法典第四百九十六条第一款规定的情形，当事人仅以合同系依据合同示范文本制作或者双方已明确约定合同条款不属于格式条款为由主张该条款不是格式条款的，人民法院不予支持。

从事经营活动的当事人一方仅以未实际重复使用为由主张其预先拟定且未与对方协商的合同条款不是格式条款的，人民法院不予支持，但是其提供同一时期就同类交易订立的不同合同文本，足以证明该合同条款不是为了重复使用的除外。

三、合同的效力

第十二条【批准生效合同的法律适用】法律、行政法规规定合同应当办理批准等手续，负有报批义务的当事人未根据合同约定或者法律、行政法规的规定办理申请批准等手续，对方请求其履行报批义务的，人民法院依法予以支持；对方请求解除合同，并请求其承担合同约定的违反报批义务的违约责任的，人民法院应予支持。合同获得批准前，当事人一方起诉请求对方履行合同约定的主要义务，经释明拒绝变更诉讼请求的，人民法院应当驳回诉讼请求，但是不影响其另行提起诉讼。

人民法院判决当事人一方履行报批义务后，其拒绝履行，经强制执行仍未履行，对方请求解除合同并请求其承担违反合同的违约责任的，人民法院依法予以支持。

法律、行政法规规定合同应当办理批准等手续，负有报批义务的当事人已办理申请批准等手续或者已履行生效判决确定的报批义务，批准机关决定不予批准，对方请求其承担赔偿责任的，人民法院不予支持。但是，因当事人迟延履行报批义务等导致合同未获批准，对方请求赔偿因此受到的损失的，人民法院应当依据民法典第一百五十七条处理。

第十三条【备案合同或者已批准合同的效力】合同存在法定无效或者可撤销的情形，当事人以合同已在有关行政管理部门办理备案、已经批准机关批准或者已办理财产权利变更登记为由主张有效的，人民法院不予支持。

第十四条【阴阳合同与合同变更的效力认定】当事人为规避法律、行政法规的强制性规定，以虚假意思表示隐藏真实意思表示的，人民法院应当依据民法典第一百五十三条第一款认定被隐藏合同的效力；当事人为规避法律、行政法规关于合同应当办理批准等手续的规定，以虚假意思表示隐藏真实意思表示的，人民法院应当依据民法典第五百零二条第二款的规定认定被隐藏合同的效力。当事人仅以被隐藏合同系为规避法律、行政法规而订立为由主张无效的，人民法院不予支持。

依据前款规定认定被隐藏合同无效或者确定不发生效力的，人民法院应当将被隐藏合同作为事实基础，依据民法典第一百五十七条确定当事人的民事责任，但是法律另有规定的除外。

当事人之间就同一交易订立的多份合同均系当事人真实意思表示，且不存在其他影响合同效力情形的，人民法院应当在认定各合同成立先后顺序的基础上认定合同内容是否发生变更。法律、行政法规禁止或者限制合同内容变更的，人民法院应当认定当事人对合同的相应变更无效。

第十五条【名实不符与合同效力】人民法院认定当事人之间的权利义务关系不应拘泥于合同使用的名称，而应当根据合同约定的内容。当事人主张的权利义务关系与根据合同内容确立的权利义务关系不一致的，人民法院应当结合缔约背景、交易目的、交易结构、履行行为以及当事人是否存在虚构交易标的等事实认定当事人之间真实的法律关系，并据此认定合同效力。

人民法院在审理案件过程中，发现当事人之间的合同仅是交易链条中的一个环节，且离开整个交易链条无法查明案件事实并难以对当事人之间真实的法律关系及其效力作出认定的，应当告知原告将参与交易的其他当事人追加为共同被告。原告拒绝追加的，人民法院应当驳回诉讼请求，但是不影响其另行提起诉讼。

第十六条【违反强制性规定但应适用具体规定的情形】法律、行政法规的规定虽有"应当""必须"或者"不得"等表述，但该规定旨在赋予或者限制民事权利，行为人违反该规定将构成无权处分、无权代理、越权代表等，或者导致合同相对人、第三人因此获得撤销权、解除权等民事权利，人民法院应当依据法律、行政法规关于违反该规定的民事法律后果认定合同效力。当事人仅以合同违反法律、行政法规的强制性规定为由主张无效的，人民法院不予支持。

第十七条【违反强制性规定导致合同无效的情形】合同违反法律、行政法规的效力性强制性规定的，人民法院应当依据民法典第一百五十三条第一款认定无效。在判断法律、行政法规的强制性规定是否为效力性强制性规定时，人民法院应当综合考量强制性规定的目的、当事人是否属于强制性规定保护的范围、强制性规定规制的是一方当事人还是双方当事人、违反强制性规定的社会后果等因素。

有下列情形之一的，人民法院应当认定合同因违反效力性强制性规定无效：

（一）合同主体违反法律、行政法规关于国家限制经营、特许经营以及禁止经营等强制性规定；

（二）合同约定的标的物属于法律、行政法规禁止转让的财产；

（三）合同约定的内容本身违反禁止实施犯罪行为、不得实施侵权行为、不得限制个人基本权利等强制性规定；

（四）交易方式违反法律、行政法规关于应当采用公开竞价方式缔约等强制性规定；

（五）交易场所违反法律、行政法规关于应当集中交易等强制性规定；

（六）合同违反涉及公序良俗的强制性规定的其他情形。

当事人在订立合同时不具备法律、行政法规所要求的交易资质或者未取得法律、行政法规所要求的批准证书，人民法院应当认定合同无效，但是交易资质或者批准证书不涉及公序良俗以及合同订立后当事人已取得交易资质或者批准证书的除外。当事人在合同订立后具备取得交易资质或者批准证书的条件，但违反诚信原则不向有关部门提出申请，又以违反强制性规定为由主张合同无效的，人民法院不予支持。

第十八条【公法责任对合同效力的影响】 合同违反法律、行政法规的强制性规定，由行为人承担行政责任足以实现该强制性规定的目的，人民法院可以认定合同不因违反强制性规定无效。

行为人在订立合同时涉嫌犯罪，或者已经生效的裁判认定构成犯罪，当事人或者第三人提起民事诉讼的，合同并不当然无效。人民法院应当结合犯罪主体是一方当事人还是双方当事人、合同内容与犯罪行为的关系、当事人意思表示是否真实等因素，依据民法典的有关规定认定合同效力。

第十九条【违反地方性法规、行政规章的合同效力】 合同违反地方性法规、行政规章的强制性规定，经审查，地方性法规、行政规章的强制性规定系为了实施法律、行政法规的强制性规定而制定的具体规定，人民法院应当依据民法典第一百五十三条第一款规定认定合同效力。

除前款规定的情形外，当事人以合同违反地方性法规、行政规章的强制性规定为由主张合同无效的，人民法院不予支持。但是，合同违反地方性法规、行政规章的强制性规定导致违背公序良俗的，人民法院应当依据民法典第一百五十三条第二款规定认定合同无效。

第二十条【无权处分的合同效力】转让他人的不动产或者动产订立的合同，当事人或者真正权利人仅以让与人在订立合同时对标的物没有所有权或者处分权为由主张合同无效的，人民法院不予支持。

无权处分订立的合同被认定有效，除真正权利人事后同意或者让与人事后取得处分权外，受让人请求让与人履行合同的，人民法院不予支持；受让人主张解除合同并请求让与人赔偿损失的，人民法院依法予以支持。

无权处分订立的合同被认定有效后，让与人根据合同约定将动产交付给受让人或者将不动产变更登记至受让人，真正权利人请求认定财产权利未发生变动或者请求返还财产的，人民法院应予支持，但是受让人依据民法典第三百一十一条等取得财产权利的除外。

转让他人的其他财产权利或者在他人财产上设定用益物权、担保物权订立的合同，适用前三款规定。

第二十一条【职务代理与合同效力】执行法人、非法人组织工作任务的人员就超越其职权范围的事项以法人、非法人组织的名义订立合同，法人、非法人组织主张该合同对其不发生效力的，人民法院应予支持，但是依据民法典第一百七十二条构成表见代理的除外。

有下列情形之一的，人民法院应当认定执行法人、非法人组织工作任务的人员在订立合同时超越其职权范围：

（一）法律、行政法规规定应当由法人、非法人组织的权力机构或者决策机构决议的事项；

（二）法律、行政法规规定应当由法人、非法人组织的执行机构决定的事项；

（三）法律、行政法规规定应当由法人的法定代表人或者非法人组织的负责人代表法人或者非法人组织实施的事项；

（四）不属于通常情形下依其职权应当处理的事项。

合同所涉事项未超越依据前款确定的职权范围，但是超越法人、非法人组织对执行其工作任务的人员职权范围的限制，法人、非法人组织不能证明相对人知道或者应当知道该限制的,人民法院应当认定合同对法人、非法人组织发生效力。

法人、非法人组织依据民法典第一百七十二条或者前款规定承担民事责任后,向故意或者有重大过失的工作人员追偿的,人民法院依法予以支持。

第二十二条【越权代表的合同效力】法律、行政法规为限制法人的法定代表人或者非法人组织的负责人的代表权,明确规定合同所涉事项应当由法人、非法人组织的权力机构或者决策机构决议,或者应当由法人、非法人组织的执行机构决定,相对人不能证明其已尽到合理审查义务的,人民法院应当认定合同对法人、非法人组织不发生效力。

合同所涉事项未超越法定代表人或者负责人的代表权限,但是超越法人、非法人组织的章程或者权力机构对法定代表人、负责人的代表权进行的限制,法人、非法人组织不能证明相对人知道或者应当知道该限制的,人民法院应当认定合同对法人、非法人组织发生效力。

法人、非法人组织依据前两款规定承担民事责任后,向有过错的法定代表人、负责人追偿因越权代表行为造成的损失的,人民法院依法予以支持。生效法律文书确定法人、非法人组织向相对人承担民事责任,但是法人、非法人组织的财产不足以承担民事责任,又不起诉有过错的法定代表人、负责人,相对人起诉请求其向自己承担民事责任的,人民法院应予支持。

第二十三条【印章与合同效力】法人的法定代表人、非法人组织的负责人在订立合同时未超越权限,或者执行法人、非法人组织工作任务的人员在订立合同时未超越其职权范围,法人、非法人组织仅以合同加盖的公章不是备案公章或者系伪造的公章为由主张合同对其不发生效力的,人民法院不予支持。

第二十四条【代表人或者代理人与相对人恶意串通】法人的法定代表人、非法人组织的负责人或者法人、非法人组织的代理人与相对人恶意串通,以法人、非法人组织的名义订立合同,损害法人、非法人组织的合法权益，法人、非法人组织主张合同对其不发生效力的，人民法院应予支持。法人、非法人组织请求法定代表人、负责人或者代理人与相对人对因此受到的损失承担连带赔偿责任的，人民法院应予支持。

根据当事人之间的交易习惯、合同在订立时是否显失公平、相关人员是否获取了不正当利益、合同的履行情况等事实，人民法院认为法人、非法人组织的法定代表人或者负责人、代理人与相对人存在恶意串通的高度可能性，但是不能够排除合理怀疑的，可以依职权或者根据法人、非法人组织的申请，责令相对人就订立、履行合同的过程等相关事实作出陈述或者提供其持有的相关证据。相对人无正当理由拒绝作出陈述或者拒绝提交相关证据的，人民法院可以认定恶意串通的事实成立。

第二十五条【合同不成立、无效、被撤销或者确定不发生效力的法律后果】 合同不成立、无效、被撤销或者确定不发生效力，当事人请求返还财产的，人民法院应当根据案件具体情况，单独或者合并适用返还占有的标的物、返还权利证书或者更正登记簿册记载等方式；财产不能返还或者没有必要返还的，人民法院应当以合同被认定不成立、无效或者确定不发生效力之日该财产的市场价值为基准判决折价补偿。

除前款规定的情形外，当事人还请求赔偿损失的，人民法院应当结合财产返还或者折价补偿的情况，综合考虑财产增值收益和贬值损失、交易成本的支出等事实，按照双方当事人的过错程度及原因力大小，根据诚信原则和公平原则，合理确定损失赔偿额。

合同不成立、无效、被撤销或者确定不发生效力，当事人的行为涉嫌违法且未经处理，可能导致一方或者双方通过违法行为获得不当利益的，人民法院应当向有关行政管理部门发出司法建议；涉嫌犯罪的，应当将案件线索移送刑事侦查机关。

第二十六条【价款返还及其利息计算】 合同不成立、无效、被撤销或者确定不发生效力，有权请求返还价款或者报酬的一方请求对方支付资金占用费的，人民法院应当按照中国人民银行授权全国银行间同业拆借中心公布的同期同类贷款市场报价利率（LPR）计算。但是，占用资金的当事人对于合同不成立、无效、被撤销或者确定不发生效力没有过错的，应当以中国人民银行公布的同期同类存款基准利率计算。

双方互有返还义务，当事人主张同时履行的，人民法院应予支持；占有标的物的一方对标的物存在使用情形，对方请求将其应支付的资金占用费与应收取的标的物使用费进行抵销的，人民法院依法予以支持，但是法律另有规定的除外。

四、合同的履行

第二十七条【从给付义务的履行与救济】当事人一方未根据合同约定或者法律规定履行开具发票、提供证明文件等非主要义务，对方请求继续履行该义务或者赔偿因怠于履行该义务给自己造成的损失的，人民法院依法予以支持；对方请求解除合同的，人民法院不予支持，但是不履行该义务致使不能实现合同目的或者当事人另有约定的除外。

第二十八条【清偿型以物抵债的法律适用】债务人或者第三人与债权人在债务履行期限届满后达成以物抵债协议，如无法定无效或者未生效的情形，人民法院应当认定该协议自当事人意思表示一致时生效。债务人履行以物抵债协议后，人民法院应当认定相应的原债务同时消灭。债务人未按照约定履行以物抵债协议，债权人选择请求债务人履行原债务或者以物抵债协议的，人民法院应予支持，但是法律另有规定或者当事人另有约定的除外。

前款规定的以物抵债协议经人民法院确认或者人民法院根据当事人达成的以物抵债协议制作成调解书，债权人主张财产权利自确认书或者调解书生效时移转至债权人的，人民法院不予支持。

债务人或者第三人以自己不享有所有权或者处分权的财产权利订立以物抵债协议的，适用本解释第二十条的规定。

第二十九条【担保型以物抵债的法律适用】债务人或者第三人与债权人在债务履行期届满前达成以物抵债协议，抵债物尚未交付债权人，债权人请求交付的，人民法院应当按照原债权债务关系审理。当事人根据法庭审理情况变更诉讼请求的，人民法院应当准许。

按照原债权债务关系审理作出的法律文书生效后，债务人不履行该文书确定的金钱债务，债权人可以申请拍卖以物抵债协议的标的物，以偿还债务。就拍卖所得的价款与应偿还债务之间的差额，债务人或者债权人有权主张返还或者补偿。

【另一种方案】债务人或者第三人与债权人在债务履行期届满前达成以物抵债协议的，人民法院应当认定该协议系民法典第三百八十八条规定的"其他具有担保功能的合同"。当事人约定债务人到期没有清偿债务，债权人可以对财产拍卖、变卖、折价偿还债权的，人民法院应当认定合同有效；当事人约定债务人到期没有清偿债务，财产归债权人所有的，人民法院应当认定该部分约定无效，但是不影响合同其他部分的效力。

当事人订立前款规定的以物抵债协议后，债务人或者第三人未将财产权利移转至债权人，债权人主张优先受偿的，人民法院不予支持；债务人或者第三人已将财产权利转移至债权人的，适用《最高人民法院关于适用〈中华人民共和国民法典〉有关担保制度的解释》第六十八条的规定。

第三十条【向第三人履行的合同】民法典第五百二十二条第二款规定的第三人请求债务人向自己履行债务的，人民法院应予支持；但是，除法律另有规定外，第三人主张行使撤销权、解除权等民事权利的，人民法院不予支持。

债务人按照约定向第三人履行债务，第三人拒绝受领，债权人请求债务人向自己履行债务的，人民法院应予支持，但是债务人已采取提存等方式消灭债务的除外。第三人拒绝受领或者受领迟延，债务人请求债权人承担因此造成的损失的，人民法院依法予以支持。

第三十一条【第三人代为清偿规则的适用】下列民事主体，人民法院可以认定为民法典第五百二十四条第一款规定的对履行债务具有合法利益的第三人：

（一）保证人或者提供物的担保的第三人；

（二）担保财产的受让人、用益物权人、合法占有人；

（三）担保财产上的后顺位担保权人；

（四）对债务人的财产享有合法权益且该权益将因财产被强制执行而丧失的第三人；

（五）债务人为公司或者合伙企业的，其股东或者合伙人；

（六）债务人为自然人的，其近亲属；

（七）其他对履行该债务具有合法利益的第三人。

第三人在其已代为履行的范围内取得对债务人的债权，但是不得损害债权人的利益。

担保人代为履行债务取得债权后，向其他担保人主张担保权利的，适用《最高人民法院关于适用〈中华人民共和国民法典〉有关担保制度的解释》第十三条、第十四条、第十八条第二款等规定。

第三十二条【同时履行抗辩权与先履行抗辩权】 当事人互负债务，一方以对方没有履行非主要债务为由拒绝履行自己的主要债务的，人民法院不予支持，但是对方不履行非主要债务致使不能实现合同目的或者当事人另有约定的除外。

当事人一方起诉请求对方履行债务，被告依据民法典第五百二十五条主张双方同时履行的抗辩且抗辩成立，被告未提起反诉的，人民法院应当判决被告在原告履行债务的同时履行自己的债务，并在判项中明确原告申请强制执行的，人民法院应当在原告履行自己的债务后对被告采取强制执行措施；被告提起反诉的，人民法院应当判决双方同时履行自己的债务，并在判项中明确任何一方申请强制执行的，人民法院应当在该当事人履行自己的债务后对对方采取强制执行措施。

当事人一方起诉请求对方履行债务，被告依据民法典第五百二十六条主张原告应先履行的抗辩且抗辩成立，被告的债务尚未到期的，人民法院应当驳回原告的诉讼请求，但是不影响原告履行债务后另行提起诉讼；被告的债务已经到期的，适用前款规定。

第三十三条【情势变更制度的适用】合同成立后,因政策调整或者市场供求关系异常变动导致价格发生常人无法合理预见的涨跌,继续履行合同对于当事人一方明显不公平的,人民法院应当认定合同的基础条件发生了民法典第五百三十三条第一款规定的重大变化,但是合同涉及市场属性活泼、长期以来价格波动较大的大宗商品以及股票、期货等风险投资型金融产品的除外。

合同的基础条件发生了民法典第五百三十三条第一款规定的重大变化,当事人请求变更合同的,人民法院不得解除合同;当事人请求解除合同的,人民法院可以根据案件具体情形判决变更或者解除合同。

人民法院依据民法典第五百三十三条判决变更或者解除合同的,应当综合考虑合同基础条件发生重大变化的时间、当事人重新协商的情况以及因合同变更或者解除给当事人造成的损失等因素,在判项中明确合同变更或者解除的时间。

当事人事前约定排除民法典第五百三十三条适用的,人民法院应当认定该约定无效。

五、合同的保全

第三十四条【怠于行使权利影响到期债权实现的认定】债务人不履行其对债权人的到期债务,又不以诉讼或者仲裁方式向相对人主张其享有的债权或者与该债权有关的从权利,致使债权人的到期债权未能实现的,人民法院可以认定为民法典第五百三十五条规定的"债务人怠于行使其债权或者与该债权有关的从权利,影响债权人的到期债权实现"。

第三十五条【专属于债务人自身的权利】下列权利,人民法院可以认定为民法典第五百三十五条第一款规定的专属于债务人自身的权利:

(一)基于赡养关系、扶养关系、抚养关系产生的给付请求权;

(二)请求支付基本养老保险金、失业保险金、最低生活保障金等保障当事人基本生活的权利;

(三)人身损害赔偿请求权;

（四）抚恤金请求权；

（五）其他专属于债务人自身的权利。

第三十六条【代位权诉讼的管辖】债权人依据民法典第五百三十五条规定对债务人的相对人提起代位权诉讼的，由被告住所地人民法院管辖，但是依法应当适用专属管辖规定的除外。

债权人以境外当事人为被告提起的代位权诉讼，人民法院应当依据民事诉讼法第二百七十二条的规定确定管辖。

第三十七条【起诉债务人后又提起代位权诉讼】债权人向人民法院起诉债务人以后，又向同一人民法院对债务人的相对人提起代位权诉讼，符合民事诉讼法第一百二十二条规定的，应当立案受理。不符合本解释第三十六条规定的，应当告知债权人向有管辖权的人民法院另行起诉。

受理代位权诉讼的人民法院在债权人起诉债务人的诉讼终结前，应当依法中止代位权诉讼。

第三十八条【代位权诉讼与仲裁协议、管辖协议】债权人提起代位权诉讼后，债务人的相对人以其与债务人之间的债权债务关系约定了仲裁协议或者管辖协议为由提出异议的，人民法院对该异议不予支持。但是，相对人在一审法庭辩论终结前对债务人申请仲裁，或者向管辖协议约定的人民法院提起诉讼，并主张代位权诉讼中止审理的，人民法院对该主张应予支持。

【另一种方案】债权人提起代位权诉讼后，债务人或者其相对人以债务人与相对人之间的债权债务关系约定了仲裁协议或者管辖协议为由提出异议的，人民法院应当裁定驳回起诉或者告知其向有管辖权的人民法院提起诉讼。

第三十九条【代位权诉讼中债务人、相对人的诉讼地位及合并审理】债权人以债务人的相对人为被告向人民法院提起代位权诉讼，未将债务人列为第三人的，人民法院应当追加债务人为第三人。

两个或者两个以上债权人以债务人的同一相对人为被告提起代位权诉讼的，人民法院可以合并审理。债务人对相对人享有的债权不足以清偿其对两个或者两个以上债权人负担的债务的,人民法院应当按照债权人享有的债权比例确定相对人的履行份额。

第四十条【代位权不成立的处理】 代位权诉讼中,人民法院经审理认为债权人的主张不符合民法典第五百三十五条规定的代位权行使条件的,应当驳回诉讼请求,但是不影响债权人根据新的事实再次起诉。

第四十一条【代位权诉讼中债务人起诉相对人】 在代位权诉讼中,债务人对超过债权人代位请求数额的债权部分起诉相对人的,人民法院应当告知其向有管辖权的人民法院另行起诉。

债务人的起诉符合法定条件的,人民法院应当受理;受理债务人起诉的人民法院在代位权诉讼终结前,应当依法中止审理。

第四十二条【债权人撤销权诉讼中明显不合理低价或者高价的认定】 对于民法典第五百三十九条规定的明显不合理的低价或者高价,人民法院应当以交易当地一般经营者的判断,并参考交易时交易地的市场交易价或者物价部门指导价予以认定。

转让价格未达到交易时交易地的市场交易价或者指导价百分之七十的,一般可以认定为明显不合理的低价;受让价格高于交易时交易地的市场交易价或者指导价百分之三十的,一般可以认定为明显不合理的高价。

债务人与相对人存在关联关系等情形的,不受前款规定的百分之七十、百分之三十的限制。

第四十三条【其他不合理交易行为的认定】 债务人以明显不合理的低价或者高价实施互易财产、以物抵债、设定用益物权、出租或者承租财产等行为,影响债权人的债权实现,债务人的相对人知道或者应当知道该情形,债权人请求撤销债务人的行为的,人民法院应予支持。

第四十四条【撤销权诉讼中的举证责任】 撤销权诉讼中,债权人应当对债务人实施了民法典第五百三十八条、第五百三十九条规定的行为,以及该行为影响债权人的债权实现承担举证责任。债权人依据民法典第五百三十九条规定提起撤销权诉讼的,还应当对债务人的相对人知道或者应当知道债务人实施的相应行为影响债权人的债权实现承担举证责任。

第四十五条 【债权人撤销权诉讼的当事人、管辖和合并审理】 债权人依据民法典第五百三十八条、第五百三十九条的规定提起撤销权诉讼的，应当以债务人和债务人的相对人为共同被告，由债务人住所地人民法院管辖。

两个或者两个以上债权人就债务人的同一行为提起撤销权诉讼的，人民法院可以合并审理。

第四十六条 【连环转让中的撤销权行使】 债务人无偿转让财产或者以明显不合理的低价转让财产后，相对人又将该财产无偿转让、以明显不合理低价转让或者为他人的债务提供担保，影响债权人的债权实现，且前后交易行为中以明显不合理的低价受让财产的人、担保权人知道或者应当知道上述情形，债权人请求一并撤销债务人的相对人的行为的，人民法院应予支持。

第四十七条 【债权人撤销权的效力范围】 在债权人撤销权诉讼中，被撤销行为的标的可分，当事人主张在受影响的债权范围内撤销债务人的行为的，人民法院应予支持；被撤销行为的标的不可分，债权人主张将债务人的行为全部撤销的，人民法院应予支持。

第四十八条 【撤销权行使的法律效果】 债权人依据民法典第五百三十八条、第五百三十九条规定请求人民法院撤销债务人与相对人实施的民事法律行为，同时依据民法典第一百五十七条规定请求相对人向债务人承担该行为被撤销后的民事责任的，人民法院依法予以支持。债权人同时请求债务人向其履行到期债务的，人民法院依法予以支持。

依据前款规定获得胜诉生效法律文书后，债权人在不超过其债权数额的范围内，对相对人申请强制执行并用于实现其债权的，人民法院应予支持。债务人还有其他申请执行人，且相对人应当给付或者返还债务人的财产不足以实现全部申请执行人的权利的，依照法律、司法解释的相关规定处理。

六、合同的变更和转让

第四十九条【债权债务转让纠纷的诉讼第三人】 债权转让后，债务人向受让人主张其对让与人的抗辩的，人民法院可以将让与人列为第三人。

债务转移后，新债务人主张原债务人对债权人的抗辩的，人民法院可以将原债务人列为第三人。

当事人一方将合同权利义务一并转让后，对方就合同权利义务向受让人主张抗辩的，人民法院可以将让与人列为第三人。

第五十条【债权转让通知】 债务人因未接到债权转让通知而已经向让与人履行，受让人请求债务人履行的，人民法院不予支持；债务人接到债权转让通知后仍向让与人履行，受让人请求债务人履行的，人民法院依法予以支持。

让与人未通知债务人，受让人通知债务人并提供确认债权转让事实的生效法律文书、经公证的债权转让合同等能够确认债权转让事实的证据的，人民法院应当认定受让人的通知发生法律效力。

受让人起诉债务人请求履行债务，但是没有证据证明债权人或者受让人已经通知债务人，其主张起诉状副本送达时发生债权转让通知的效力的，人民法院依法予以支持。因此产生的诉讼费用，由受让人负担。

【另一种方案】 本条第三款不作规定。

第五十一条【债权的多重转让】 债权人将同一债权转让给两个以上受让人，且债务人均未履行，最先到达债务人的转让通知中载明的受让人请求债务人履行的，人民法院依法予以支持。其他受让人依据相应的债权转让协议请求债权人承担违约责任的，人民法院依法予以支持。

第五十二条【债务加入人的追偿权及其他权利】 加入债务的第三人依据民法典第五百五十二条规定向债权人履行债务后，请求按照其与债务人的约定向债务人追偿的，人民法院依法予以支持；没有约定，第三人在履行债务的范围内请求债务人返还所获利益的，人民法院依法予以支持,但是第三人知道或者应当知道加入债务会损害债务人利益的除外。

债务人就其对债权人享有的抗辩向加入债务的第三人主张的,人民法院依法予以支持。

七、合同的权利义务终止

第五十三条【协商解除的法律适用】 当事人就解除合同协商一致时未对合同解除后的违约责任、结算和清理等问题作出处理,一方主张合同已经解除的,人民法院应予支持;有关违约责任、结算和清理等问题,人民法院应当依据民法典第五百六十六条、第五百六十七条和有关违约责任的规定处理。

当事人一方主张行使法律规定或者合同约定的解除权,经审理认为不符合解除权行使条件,但是其仍然主张解除合同,对方也同意的,人民法院应当依据民法典第五百六十二条第一款的规定认定合同解除。有关违约责任、结算和清理等问题,依据前款规定处理。

第五十四条【通知解除合同的审查】 当事人因一方以通知方式主张解除合同发生争议的,人民法院应当对其是否享有法律规定或者合同约定的解除权进行审查。经审查,享有解除权的,合同自通知到达对方时解除;不享有解除权的,不发生合同解除的效力。通知解除合同的一方仅以对方未在合理期限内提出异议为由主张合同已经解除的,人民法院不予支持。

第五十五条【违约显著轻微时约定解除权行使的限制】 当事人一方以对方的违约行为符合约定的解除事由为由主张解除合同的,人民法院依法予以支持。但是,违约方的违约程度显著轻微,不影响非违约方合同目的的实现,解除合同对违约方显失公平的除外。

有前款规定的除外情形,非违约方主张对方承担相应的违约责任或者采取其他补救措施的,人民法院依法予以支持。

第五十六条【撤诉后再次起诉解除时合同解除时间的认定】 当事人一方未通知对方,直接以提起诉讼的方式主张解除合同,撤诉后再次起诉主张解除合同，人民法院经审理支持该主张的，合同自再次起诉的起诉状副本送达对方当事人时解除。但是，当事人一方撤诉后又通知对方解除合同且该通知已经到达对方的除外。

第五十七条【违约金、损害赔偿金的抵充顺序】债务人在履行主债务、支付利息和实现债权的有关费用之外，还应当支付违约金或者损害赔偿金，其给付不足以清偿全部债务的，除当事人另有约定外，人民法院应当按照下列顺序确定债务人的履行顺序：

（一）实现债权的有关费用；

（二）违约金或者损害赔偿金；

（三）利息；

（四）主债务。

第五十八条【抵销权行使的效力】当事人一方依据民法典第五百六十八条规定主张抵销，人民法院经审理认为抵销权成立的，应当认定通知到达时双方互负的包括主债务、利息、违约金或者损害赔偿金等在内的债务在同等数额内消灭。

当事人通过起诉、反诉或者抗辩的方式主张抵销的，人民法院应当认定起诉状、反诉状副本送达或者抗辩意见到达时发生通知到达的效力。

【另一种方案】当事人一方依据民法典第五百六十八条规定主张抵销，人民法院经审理认为抵销权成立的，应当认定抵销条件成就时双方互负的包括主债务、利息、违约金或者损害赔偿金等在内的债务在同等数额内消灭。

第五十九条【抵销参照适用抵充规则】行使抵销权的一方负担数项种类相同的债务，但享有的债权不足以抵销全部债务，当事人因抵销的顺序发生争议的，人民法院可以参照适用民法典第五百六十条的规定。

行使抵销权的一方享有的债权不足以抵销其负担的包括主债务、利息、实现债权的有关费用以及违约金或者损害赔偿金等在内的全部债务，当事人因抵销的顺序发生争议的，人民法院可以参照适用民法典第五百六十一条和本解释第五十七条的规定。

第六十条【根据性质不得抵销的债务】 下列债务，人民法院可以认定为民法典第五百六十八条规定的根据债务性质不得抵销的债务：

（一）提供劳务的债务；

（二）依法应当支付的抚恤金债务；

（三）支付基本养老保险金、失业保险金、最低生活保障金等保障债权人基本生活的债务；

（四）其他根据债务性质不得抵销的债务。

因实施侵权行为造成对方人身损害，或者故意造成对方财产损失产生的损害赔偿债务，侵权人主张抵销的，人民法院不予支持。

第六十一条【已过诉讼时效债务的抵销】 当事人互负债务，一方的债权诉讼时效期间已经届满，对方主张抵销的，人民法院应予支持。当事人一方以其诉讼时效期间已经届满的债权主张抵销，对方提出诉讼时效抗辩的，人民法院对该抗辩应予支持。

【另一种方案】当事人互负债务，一方的债权诉讼时效期间已经届满，对方主张抵销的，人民法院依法予以支持。当事人一方以其诉讼时效期间已经届满的债权主张抵销，且诉讼时效期间届满前抵销条件已经成就的，人民法院应当认定抵销成立。但是，当事人一方从第三人处受让诉讼时效期间已经届满的债权并向对方主张抵销的除外。

八、违约责任

第六十二条【合同终止的时间】 人民法院依据民法典第五百八十条第二款的规定支持当事人一方终止合同权利义务关系的主张的，应当以起诉状副本送达对方的时间为合同权利义务关系终止的时间。

【另一种方案】人民法院依据民法典第五百八十条第二款的规定支持当事人一方终止合同权利义务关系的主张的，应当根据案件的具体情形在判项中明确合同权利义务关系终止的时间。

第六十三条【可得利益的赔偿】 人民法院依据民法典第五百八十四条的规定确定合同履行后可以获得的利益时，应当扣除非违约方为订立、履行合同支出的费用等履约成本。

非违约方依法行使合同解除权并实施了替代交易,主张按照替代交易价格与合同约定价格的差额确定合同履行后可以获得的利益的,人民法院依法予以支持;违约方有证据证明替代交易价格偏离市场价格,主张按照违约行为发生时合同履行地的市场价格与合同约定价格的差额确定合同履行后可以获得的利益的,人民法院依法予以支持,但是非违约方能够证明不进行替代交易将导致损失扩大的除外。

非违约方未实施替代交易,主张按照违约行为发生时合同履行地的市场价格与合同约定价格的差额确定合同履行后可以获得的利益的,人民法院依法予以支持。

第六十四条【长期性合同中可得利益的赔偿】在租赁、合作等持续履行的合同中,人民法院可以根据当事人的主张,参考合同主体、交易类型、合同履行情况、履约背景等因素确定非违约方寻找替代交易的合理期限,并按照该期限对应的租金、价款或者报酬等扣除非违约方应当支付的相应履约成本后确定合同履行后可以获得的利益。非违约方请求违约方赔偿合同解除后与剩余履行期限相应的租金、价款或者报酬等的,人民法院不予支持。

第六十五条【无法确定可得利益时的赔偿】违约方为获取更大利益实施一物二卖等违约行为,且无法根据本解释第六十三条、第六十四条确定非违约方在合同履行后可以获得的利益的,人民法院可以将违约方因违约获得的利益确定为非违约方在合同履行后可以获得的利益。

第六十六条【金钱债务中违约损失的计算】因不履行租金、价款或者报酬等金钱债务,或者履行金钱债务不符合约定,非违约方依据当事人之间的约定请求违约方赔偿自约定支付日至实际支付日之间的逾期付款损失的,人民法院依法予以支持;没有约定的,人民法院可以违约行为发生时中国人民银行授权全国银行间同业拆借中心公布的同期同类贷款市场报价利率(LPR)为基础,加计30—50%计算。

除逾期付款损失外,非违约方还有其他因违约所造成的损失,并请求违约方赔偿的，人民法院依法予以支持。

第六十七条【可预见性规则的适用】 人民法院在认定民法典第五百八十四条规定的"违约一方订立合同时预见到或者应当预见到的因违约可能造成的损失"时，应当根据当事人订立合同的目的，综合考虑合同主体、合同内容、交易类型、交易习惯、磋商过程等因素，按照与违约方处于相同情况的民事主体在订立合同时所能预见到的损失类型予以确定。

第六十八条【请求调整违约金的方式和举证责任】 当事人一方通过反诉或者抗辩的方式，请求人民法院依据民法典第五百八十五条第二款的规定调整违约金的，人民法院依法予以支持；对方以合同约定不得对违约金进行调整为由主张不应予以调整，经审查不调整违约金将导致显失公平的，人民法院对该主张不予支持。

非违约方主张约定的违约金低于违约造成的损失请求予以增加，或者违约方主张约定的违约金过分高于违约造成的损失请求予以适当减少的，应当承担举证责任。

第六十九条【违约金的司法酌减】 当事人依据民法典第五百八十五条第二款规定请求对违约金予以适当减少的，人民法院应当以民法典第五百八十四条规定的损失为基础，兼顾合同主体、交易类型、合同的履行情况、当事人的过错程度、履约背景等因素，遵循公平原则和诚信原则进行衡量，并作出裁判。

当事人约定的违约金超过依据民法典第五百八十四条规定确定的损失的百分之三十的，一般可以认定为民法典第五百八十五条第二款规定的"过分高于造成的损失"。

违约方的行为严重违背诚信原则，其请求减少违约金的，人民法院不予支持。

第七十条【违约金调整的释明与改判】 合同约定的违约金过分高于因违约所造成的损失，但是违约方以合同不成立、未生效、无效、确定不发生效力、不构成违约或者非违约方不存在损失等为由抗辩，未主张调整过高的违约金的，人民法院应当向当事人释明。

第一审人民法院经审理认为抗辩不成立，但是未予释明并判决按照合同约定赔偿违约金，或者第一审人民法院认为抗辩成立故未予释明，但是第二审人民法院经审理认为应当判决支付违约金的，第二审人民法院可以直接释明并根据当事人的请求依法判决适当减少违约金数额。

被告在第一审程序中未到庭参加诉讼，但是在第二审程序中到庭参加诉讼并请求减少违约金的，第二审人民法院可以依法判决适当减少违约金数额。

第七十一条【定金规则】 当事人交付留置金、担保金、保证金、订约金、押金或者订金等，但是没有约定定金性质，一方主张适用定金规则的，人民法院不予支持。当事人约定了定金性质，未约定定金类型或者约定不明的，人民法院应当推定为违约定金，但是当事人有相反证据足以推翻的除外。

当事人约定以交付定金作为订立合同的担保，一方不履行订立合同的义务的，人民法院应当依据民法典第五百八十七条的规定适用定金罚则。

当事人约定以交付定金作为合同成立或者生效条件，应当给付定金的一方未支付定金，但是合同主要义务已经履行完毕，并为对方所接受的，人民法院应当认定合同已经成立或者生效。

当事人约定定金性质为解约定金，交付定金的一方主张以丧失定金为代价解除合同，或者收受定金的一方主张以双倍返还定金为代价解除合同的，人民法院依法予以支持。

第七十二条【定金罚则的法律适用】 双方当事人均具有民法典第五百八十七条规定的根本违约情形，其中一方请求适用定金罚则的，人民法院不予支持。当事人一方构成根本违约，对方仅有轻微违约，轻微违约方主张适用定金罚则，根本违约方以对方也有违约行为为由进行抗辩的，人民法院对该抗辩不予支持。

当事人一方已经部分履行合同，对方同意接受并主张按照未履行部分所占比例适用定金罚则的,人民法院依法予以支持。对方主张按照合同整体适用定金罚则的,人民法院不予支持,但是部分未履行致使不能实现全部合同目的的除外。

因不可抗力致使合同不能履行,非违约方主张适用定金罚则的,人民法院不予支持。

九、附则

第七十三条【司法解释生效时间】本解释自 2023 年×月×日起施行。

出资不实股东对公司债权人的责任范围

潘勇锋[*]

一、引言

公司独立人格与股东有限责任是现代公司制度的两大基石，公司享有独立人格，得以独立承担责任，股东以出资额为限对公司承担责任，不需要直接对公司的债权人承担责任。注册资本是公司设立时投入的资本金，也是其对外承担责任的财产基础。承认公司独立人格，股东承担有限责任的前提条件是公司资本充足，一旦股东未履行或未完全履行出资义务，则可能削弱公司的偿债能力，损害公司债权人的利益，影响交易安全。因此，瑕疵出资的股东不应当享有严格的有限责任制度保护，在特定条件下应当对公司债务直接承担责任，但瑕疵出资股东应如何对公司债权人承担责任，是司法实践中一个热点和难点问题。下面一则案例即为其中典型。

实业公司与制药公司买卖合同纠纷一案，法院作出判决，判令制药公司向实业公司支付货款及违约金约 400 万元。判决生效后，制药公司没有自觉履行，案件进入强制执行程序。财产调查后发现制药公司没有可供执行财产。制药集团是制药公司控股股东，有证据证明制药集团设

---

[*] 最高人民法院民事审判第二庭法官。

立制药公司时出资不实,执行法院认为作为开办单位的制药集团应在注册资金不实的范围内对申请执行人实业公司承担责任,遂裁定追加制药集团为被执行人。执行法院对制药集团相应财产采取了查封措施,而制药公司的另一债权人中信银行向制药公司所在地法院申请制药公司破产还债。法院经审查后裁定受理了该破产还债案件,后又裁定宣告制药公司破产,并于数年后裁定宣告终结制药公司破产程序。在法院裁定受理制药公司破产还债案件后,执行法院裁定中止了对制药公司及制药集团的执行。

实业公司对执行法院中止执行的裁定不满,向上一级法院申诉,认为制药集团注册成立制药公司时出资不实,导致制药公司注册资金达不到法定最低限额,因此制药公司不具备法人资格亦不具备破产资格,不应进入破产程序。执行法院因制药公司进入破产程序而裁定中止对制药公司与制药集团的执行是错误的,且制药公司破产程序被裁定终结后,应对制药集团恢复强制执行。

本文抛砖引玉,拟以上述案例中制药集团对实业公司所应承担的责任为例,探讨出资不实股东对公司债权人所应承担的责任范围。

二、审判程序中对出资不实股东责任的认定

虽然案例中制药集团出资不实的情形是在执行程序中才发现的,然而司法实践中,瑕疵出资股东对公司债权人承担的责任,大多是经过审判程序确认的。审判实践中在这一问题上曾长期存在两类不同的审判案例:第一类是判令瑕疵出资股东不论瑕疵程度一律在工商登记载明的注册资金范围内承担清偿责任;第二类则是在公司实际投入资金达不到法定最低限时,判令股东对该公司全部债务承担责任,不受注册资本额的限制,彻底剥夺了该部分股东有限责任的保护。

瑕疵出资股东对公司债务直接承担责任是审判实践中长期以来的习惯做法,明确的成文规定可追溯至1993年的《最高人民法院全国经济审判工作座谈会纪要》(法发〔1993〕8号,以下简称93纪要)。93纪要规

定了对确实不具备法人条件的企业,由其开办单位承担相应的责任后,又明确规定人民法院审案时发现企业注册资金不实的,判令其开办单位在注册资金不实的范围内承担责任。① 虽然也有观点认为93纪要中规定的"不具备法人条件的企业"包括了股东实际出资达不到法定最低限额的企业,应由股东直接承担责任,但一般还是认为93纪要的规定将瑕疵出资股东的责任限定于出资的范围内,股东仅承担有限责任。93纪要虽然并非司法解释,但历来为法院审理案件时的重要依据,奠定了瑕疵出资股东在出资不实的范围内对公司债权人承担有限责任的基础。1994年,最高人民法院出台了《最高人民法院关于企业开办的其他企业被撤销或者歇业后民事责任承担问题的批复》(法复〔1994〕4号,以下简称94批复)。94批复按照严重程度将出资不实区分为两个层次,分别规定了开办单位不同的责任:第一,虽然出资不实但达到了法定最低注册资本限额的,则企业财产不足以清偿债务时,开办单位在该企业实际投入的自有资金与注册资金差额范围内承担民事责任。第二,企业没有投入自有资金或者投入的自有资金达不到法定最低限额的,则应当认定其不具备法人资格,其民事责任由开办单位承担。② 即严重出资不实,导致企业实际资金达不到法定最低限的,开办单位应对企业全部债务承担责任,股

---

① 93纪要规定:"确定企业的法人资格,原则上以工商登记为准。对确实不具备法人条件的企业,由其开办单位承担相应的责任。企业法人注册登记时,投资方出资不足的,人民法院在审理案件时,如果发现该企业财产不足清偿债务,应判令投资方补足其投资用以清偿债务;注册资金不实的,由开办单位在注册资金不实的范围内承担责任;核准登记后,开办单位、投资人或其他人抽逃资金、隐匿财产,逃避债务的,应依法追回;私营独资企业或合伙企业的债务,由业主或合伙人承担清偿责任。"

② 94批复对企业开办者注册资金不到位的情况分层次予以规定。其第一条第二项规定:"企业开办的其他企业已经领取了企业法人营业执照,其实际投入的自有资金虽与注册资金不符,但达到了《中华人民共和国企业法人登记管理条例实施细则》第十五条第(七)项或者其他有关法规规定的数额,并且具备了企业法人其他条件的,应当认定其具备法人资格,以其财产独立承担民事责任。但如果该企业被撤销或者歇业后,其财产不足以清偿债务的,开办企业应当在该企业实际投入的自有资金与注册资金差额范围内承担民事责任。"其第一条第三项规定:"企业开办的其他企业虽然领取了企业法人营业执照,但实际没有投入自有资金,或者投入的自有资金达不到《中华人民共和国企业法人登记管理条例实施细则》第十五条第(七)项或其他有关法规规定的数额,或者不具备企业法人其他条件的,应当认定其不具备法人资格,其民事责任由开办该企业的企业法人承担。"

东不再享受有限责任的保护。94批复奠定了追究严重瑕疵出资股东无限责任的法律基础。

93纪要与94批复在严重出资不实股东对公司债权人承担责任的范围问题上规定不同，导致了实践中对这一问题的不同认识，出现了分别适用两者原则而作出的裁判及司法解释。例如，1997年最高人民法院颁布了涉及股东出资不实所应承担责任问题的司法解释和司法文件，都适用了93纪要中的原则。第一个是《最高人民法院关于城市街道办事处是否应当独立承担民事责任的批复》（法释〔1997〕1号），规定了街道办事处开办的企业承担民事责任不足部分，由街道办事处在企业注册资金范围内承担。① 另一个是《最高人民法院关于产业工会、基层工会是否具备社团法人资格和工会经费集中户可否冻结划拨问题的批复》（法复〔1997〕6号），规定了产业工会或基层工会投资兴办的具备法人资格的企业，投资不足或者抽逃资金的，应当补足投资或者在注册资金不实的范围内承担责任。② 上述司法解释和司法文件只适用于特殊的主体，即街道办事处和工会开办企业的责任问题，但其中体现出了瑕疵出资股东在注册资金范围内承担有限责任的原则，与93纪要的原则是一致的。而2001年《最高人民法院关于审理军队、武警部队、政法机关移交、撤销企业和与党政机关脱钩企业相关纠纷案件若干问题的规定》中明确，被开办企业虽领取法人执照，但投入资金未达到企业法人登记管理条例实施细则第十五条第七项规定数额的，或不具备企业法人其他条件的，应当认定其不具备法人资格，其民事责任由开办单位承担。该司法

---

① 该司法解释规定："街道办事处开办的企业具有法人资格的，街道办事处只在收取管理费范围内承担民事责任；其开办的企业不具有法人资格的，应先由企业承担相应的民事责任，不足部分由街道办事处在企业注册资金范围内独立承担。街道办事处财产不足以承担时，不能由设立该街道办事处的市或区人民政府承担民事责任。……"

② 该批复第二条规定："确定产业工会或者基层工会兴办企业的法人资格，原则上以工商登记为准；其上级工会依据有关规定进行审批是必经程序，人民法院不应以此为由冻结、划拨上级工会的经费并替欠债企业清偿债务。产业工会或基层工会投资兴办的具备法人资格的企业，如果投资不足或者抽逃资金的，应当补足投资或者在注册资金不实的范围内承担责任；如果投资全部到位，又无抽逃资金的行为，当企业负债时，应当以企业所有的或者经营管理的财产承担有限责任。"

解释对于股东出资不实的责任承担问题体现出的原则与 94 批复是一致的。

在瑕疵出资股东对公司债务承担责任范围问题上长期存在分歧，直至 2011 年《最高人民法院关于适用〈中华人民共和国公司法〉若干问题的规定（三）》［法释〔2011〕3 号，以下简称《公司法解释（三）》］的颁布实施，这一问题才最终得以统一。《公司法解释（三）》第十三条第二款规定，股东未履行或者未全面履行出资义务的，"公司债权人请求未履行或者未全面履行出资义务的股东在未出资本息范围内对公司债务不能清偿的部分承担补充赔偿责任的，人民法院应予支持；未履行或者未全面履行出资义务的股东已经承担上述责任，其他债权人提出相同请求的，人民法院不予支持"。自此，审判程序中最终将出资不实股东对公司债权人承担的责任限定于未出资本息范围内。

目前，公司法正在经历 2005 年之后第一次大规模修改。2021 年公布的公司法修订草案第四十七条第一款规定："有限责任公司成立后，设立时的股东未按期足额缴纳出资，或者作为出资的非货币财产的实际价额显著低于所认缴的出资额的，应当由该股东补足其差额并加算银行同期存款利息，给公司造成损失的，还应当承担赔偿责任；设立时的其他股东承担连带责任。"上述条文吸收了《公司法解释（三）》的规定，与之一脉相承：在未出资本息范围内承担责任；原始股东相互之间承担连带责任。差异则在两点：一是明确了利息计算标准。《公司法解释（三）》中责任范围规定为本息范围，没有具体规定利息计算标准。主要考虑赋予法官一定自由裁量权，由其根据案件审理的具体情况确定合理的利息计算标准，可以参考存款利率或贷款利率，也可以酌情增减。而从司法实践来看，法院基本都是按照经营性资金占用费标准的一般标准，计算银行同贷利率。公司法修订草案中直接明确了利息计算标准为银行同期存款利息，与目前实践做法相比，利息数额会有所降低。二是规定了董事、监事和高级管理人员的赔偿责任。这一点是与公司法修订草案其他制度相配套的。①

三、执行程序中直接追加瑕疵出资股东为被执行人

如果案件审理过程中没有将该股东列为被告,或者直至进入强制执行程序中才发现有股东出资不实的情形存在,追究该股东的责任可以另行提起诉讼,也可以依原执行依据直接申请追加该股东为被执行人。

被执行人的追加是在原来的执行当事人不退出执行程序的情况下,其他民事主体进入民事执行程序,成为执行当事人,是执行依据执行力主观范围扩张的结果。执行依据执行力的主观范围,"在一般情况下,以执行依据所指明者为限,即仅对债权人债务人有效;特殊情况下,也能及于当事人以外的其他人"②。在民事执行程序中,原则上只有据以执行的生效法律文书中载明的权利人和义务人才能成为执行主体,执行依据未载明的其他人,不能成为执行主体。但当法律文书生效并开始执行后,因某种原因发现执行依据所指明的当事人以外的其他民事主体应该履行义务,为避免就同一法律关系重复诉讼,减少当事人诉累,有必要将被执行主体的范围扩大到执行依据所指明的当事人以外的其他民事主体。在民事强制执行法理论上,这种以执行依据以外的民事主体作为执行当事人的情况,被称为执行依据执行力主观范围的扩张。③ 执行程序中直接追加瑕疵出资股东为被执行人的理论依据即在于此。

虽然有观点认为执行程序中直接追加瑕疵出资股东承担责任在理论

---

① 如草案第四十六条规定:"有限责任公司成立后,应当对股东的出资情况进行核查,发现股东未按期足额缴纳出资,或者作为出资的非货币财产的实际价额显著低于所认缴的出资额的,应当向该股东发出书面催缴书,催缴出资。……宽限期届满,股东仍未缴纳出资的,公司可以向该股东发出失权通知……"尽管条文中没有说明具体由谁对股东出资情况进行核查、书面催缴、发失权通知等,但上述事务均属于公司经营事务,应当具体由董事、监事和高级管理人员进行。如其没有履行相应义务,则需要承担责任。

② 杨与龄编著:《强制执行法论》,中国政法大学出版社2002年版,第106页。

③ 根据执行依据执行力主观范围的扩张的主要立法例,执行依据执行力主观范围扩张的类型主要有以下三种:一是当事人的继受人;二是为当事人或其继受人利益占有执行标的物的人;三是诉讼担当时之他人。除此以外的人,或者与诉讼当事人、诉讼标的无关,或者虽有关联但存在自己独立的利益者不得径直对其强制执行。

上存在难以逾越的障碍,① 但是从实体法上说,该规定不乏其合理之处。股东按时足额向公司缴纳出资是其最主要的义务,股东不履行或不完全履行出资义务时,公司可以要求其补足出资,此时股东是公司的一个特殊的债务人。公司债权人可以要求代位公司向股东主张该项债权。而在执行程序中,直接追加瑕疵出资股东为被执行人,该股东履行义务后同时消灭其向公司补足出资的债务,无疑减轻了当事人的诉累。

1998年《最高人民法院关于人民法院执行工作若干问题的规定(试行)》(以下简称《执行规定》)第80条明确规定:执行时发现被执行人注册资金不实的,由其开办单位在不实范围内承担责任。第82条则规定:"被执行人的开办单位已经在注册资金范围内或接受财产范围内向其他债权人承担了全部责任的,人民法院不能裁定开办单位重复承担责任。"执行实践中直接追加瑕疵出资股东为被执行人,其承担责任的范围除受申请执行的债权数额本身的限制外,还应限制在出资不实的范围内,且股东不重复承担责任。此时瑕疵出资股东通过承担公司债务的方式补足了出资,就这一点来说,还是坚持了股东的有限责任制度。

执行程序中追加瑕疵出资股东为被执行人,还需满足一个特殊条件。如果股东出资不实是发生在公司设立后增资之时,一般要求执行债权据以产生的交易必须是在公司增资注册之后发生的。即股东因其增资瑕疵行为仅对公司增资注册之后发生的交易之债权人承担相应的责任,对于公司增资注册之前与之交易所产生的债权,不因其增资瑕疵行为而承担责任。《最高人民法院执行工作办公室关于股东因公司设立后的增资瑕疵

---

① 持此种观点的理由主要有:第一,债务人的出资不实或抽逃出资的投资者不是为既判力及执行力所及之人的范围;第二,投资者出资不实或抽逃出资往往发生在债务发生之前,这与扩张事由须为执行依据确定后所发生的原则又不符;第三,倘若投资者抽逃出资的行为发生在执行名义确定之后,则其应对被执行人承担补足出资义务,而非直接向执行债权人承担责任,由此,投资者与被执行人之间并不存在继受关系的事实,当然也就不能为既判力及执行力所及。参见江苏省扬州市中级人民法院课题组:《变更和追加被执行主体问题研究》,载《法律适用》2008年第10期。

应否对公司债权人承担责任问题的请示的复函》（〔2003〕执他字第33号）①明确了这一观点，其理由为"公司设立后增资与公司设立时出资，股东履行交付资产的时间不同，导致交易人对于公司责任能力的预期是不同的。股东出资或增资的责任应与公司债权人基于公司的注册资金对其责任能力产生的判断相对应"。可见其是基于外观主义原则，从保护第三人的合理信赖角度出发作此规定的，然而若从公司债权人代位公司行使权利的角度，作此限制似无必要。该复函虽然只是个案答复而非司法解释，不具有普遍适用的效力，但是在法律、司法解释没有相反规定的情况下，对执行实践中确认当事人责任有很强的参考指导作用。

其后，2016年8月通过的《最高人民法院关于民事执行中变更、追加当事人若干问题的规定》（以下简称《变更追加规定》），吸收了《执行规定》以及公司法相关规定，其第十七条规定："作为被执行人的营利法人，财产不足以清偿生效法律文书确定的债务，申请执行人申请变更、追加未缴纳或未足额缴纳出资的股东、出资人或依公司法规定对该出资承担连带责任的发起人为被执行人，在尚未缴纳出资的范围内依法承担责任的，人民法院应予支持。"上述规定中确立的责任范围与《执行规定》相一致，即执行程序中直接追加出资不实的股东为被执行人，对公司债权人承担责任，其责任范围限于尚未缴纳出资的范围内。但增资时出资不实的不再区分其交易行为发生在增资之前还是增资之后。

---

① 该复函认为："公司设立后增资与公司设立时出资的不同之处在于，股东履行交付资产的时间不同。正因为这种时间上的差异，导致交易人（公司债权人）对于公司责任能力的预期是不同的。股东按照其承诺履行出资或增资的义务是相对于社会的一种法定的资本充实义务，股东出资或增资的责任应与公司债权人基于公司的注册资金对其责任能力产生的判断相对应。"因此其结论为，"惠华集团的增资瑕疵行为仅对龙岗电影城增资注册之后的交易人（公司债权人）承担相应的责任，富马公司在龙岗电影城增资前之交易所产生的债权，不能要求此后增资行为瑕疵的惠华集团承担责任"。即该复函认为如果出资不实发生在增资之时，则出资瑕疵的股东只对在公司增资注册之后的债权人承担相应的责任，而不对增资注册之前与公司进行交易而产生的债权债务负责。

四、被执行人公司进入破产程序后瑕疵出资股东承担的责任

强制执行程序与破产程序均为强制实现债权人权利的程序，两者具有相似性，但其区别也十分明显：执行程序解决的是特定债权的个别清偿问题；而破产程序又被称为概括执行程序，是对全部债权的概括清偿，且破产程序终结后未受清偿的债权不再清偿。① 当债务人出现破产原因时，对债权债务关系的合理调整已经超出了个别执行赖以运作的范围和条件，此时客观上必然要求个别强制执行程序让位于破产程序。② 因此，法院受理破产案件后，应当中止对债务人财产的其他民事执行程序，以保证债务人财产在债权人之间的公平分配。

我国法律与司法解释也规定了破产案件受理后，针对债务人的执行程序应当中止。③ 人民法院受理破产案件后可能有两种结果：一是宣告破产；二是不宣告破产。而执行法院也会分别作出不同的处理：不宣告破产的，执行机构可以依职权恢复执行；宣告破产的，所有的债权人都应当参加破产清算程序进行分配，原来因受理破产案件而中止执行的程序，也因此而确定性地不可能恢复，执行法院应当依法裁定案件终结执行。

在实体处理上，根据企业破产法第三十五条④以及《最高人民法院关于审理企业破产案件若干问题的规定》（以下简称《破产案件规定》）

---

① 对于这一问题，有学者论述为："民事执行制度与破产制度在现代法制中，各分担其职能：民事执行制度的目的在于对个别债权的满足，是针对债务人个别财产进行执行；破产制度的目的则在于对债务人财产的一般执行，其首要作用是保护全体债权能够得到最大限度的、公平的清偿；在存在破产原因时，破产制度的适用优先于民事执行制度。"参见严军兴、管晓峰主编：《中外民事强制执行制度比较研究》，人民出版社 2006 年版，第 338～339 页。

② 参见［韩］姜大成：《韩国民事执行法》，朴宗根译，法律出版社 2010 年版，第 8 页。

③ 企业破产法第十九条规定："人民法院受理破产申请后，有关债务人财产的保全措施应当解除，执行程序应当中止。"而《最高人民法院关于审理企业破产案件若干问题的规定》第二十条也规定："人民法院受理企业破产案件后，对债务人财产的其他民事执行程序应当中止。……已经审结但未执行完毕的，应当中止执行，由债权人凭生效的法律文书向受理破产案件的人民法院申报债权。……"《最高人民法院关于适用〈中华人民共和国民事诉讼法〉若干问题的意见》（已失效）第 244 条也规定："人民法院受理破产申请后，对债务人的其他民事执行程序、财产保全程序必须中止。"

④ 该条规定："人民法院受理破产申请后，债务人的出资人尚未完全履行出资义务的，管理人应当要求该出资人缴纳所认缴的出资，而不受出资期限的限制。"

第六十六条①之规定，出资不实的股东，在破产程序中应当缴纳其未出资部分，作为破产财产。也即，在破产程序中，出资不实的股东所应承担的责任，也限制在其出资范围内。

本文案例中，破产法院受理了制药公司的破产案件，执行法院应当裁定中止针对制药公司的执行，当法院宣告被执行人破产，相关执行案件即应裁定终结，实业公司未清偿完毕的债权应依法向破产清算组申报，通过破产程序统一处理。即使破产债权清偿率为零，也不能恢复原来的执行程序。实业公司之所以会对执行法院中止本案执行的行为提出异议，涉及下述两个争议较大的问题。

首先，关于出资不实企业的破产资格问题。各国立法例中破产制度分为一般破产主义与商人破产主义。而我国企业破产法及司法解释中明确规定了破产债务人应当是"企业法人"，不具备法人资格则不具备破产主体资格，② 可谓"商法人破产主义"，自然人与非法人主体都不具有破产资格。制药公司工商登记为公司法人，其破产资格似无疑义，但有证据证明制药集团设立制药公司时出资严重不实，导致制药公司设立时实际投入资金未达到法定最低注册资本额。这种情况下，制药公司是否具有法人资格，涉及公司瑕疵设立的效力问题。公司设立瑕疵，是指经公司登记机关核准登记并获营业执照而宣告成立的公司，在设立过程中，存在不符合公司法规定的条件或程序的情形，它使公司成立后在法律上处于一种有别于正常公司的地位与状态。③ 对于公司瑕疵设立的法律效力问题，各国立法例中存在瑕疵设立原则有效、原则无效以及瑕疵设立行

---

① 该条规定："债务人的开办人注册资金投入不足的，应当由该开办人予以补足，补足部分属于破产财产"。

② 企业破产法第二条第一款明确规定，"企业法人不能清偿到期债务，并且资产不足以清偿全部债务或者明显缺乏清偿能力的，依照本法规定清理债务"，而《破产案件规定》第四条也规定了"申请（被申请）破产的债务人应当具备法人资格，不具备法人资格的企业、个体工商户、合伙组织、农村承包经营户不具备破产主体资格"。

③ 参见李瑞钦：《公司设立瑕疵的法人人格问题研究》，载《法律适用》2009年第8期。

政可撤销等三种立法例。① 从我国公司法第一百九十八条规定来看，对公司瑕疵设立采取了行政撤销的方式，② 但94批复中有公司瑕疵设立无效制度的规定，认为企业开办的其他企业虽然领取了企业法人营业执照，但实际没有投入自有资金，或者投入的自有资金达不到法定数额，或者不具备企业法人其他条件的，应当认定其不具备法人资格，其民事责任由开办该企业的企业法人承担。而本文案例中实业公司就是根据上述规定，认为制药公司不具备法人资格，因此不具备破产资格。

类似于制药公司这种实际投资达不到法定最低注册资本限额的企业是否具有破产资格的问题，由于有生效司法解释否认这类企业的法人资格，因此以往对其破产资格确实存在争议，但《破产案件规定》这一司法解释的发布就这一问题作出了明确结论。《破产案件规定》第六十六条规定："债务人的开办人注册资金投入不足的，应当由该开办人予以补足，补足部分属于企业财产。"即该规定并未禁止注册资金不足的企业进入破产程序，但出资人应承担补足出资的责任。原则上，如果企业工商登记为法人，则就有破产资格，而对于出资严重不足，达不到法定最低注册资本额的企业，制定该规定时主要考虑破产清算是当时唯一有法律保障的清算程序，在坚持出资人应当承担出资不足的法律责任的前提下，允许这些企业破产还债退出市场，更加有利于保护债权人合法权益。最高人民法院原副院长李国光在关于《破产案件规定》的讲话中专门阐述

---

① 第一种立法例原则上认为瑕疵设立有效，以英美法系国家为代表。主要是因为这些国家中公司设立条件与设立程序极其宽松，实践中很少发生公司达不到设立条件的情形，即使发生了这种情形，也很容易补救，同时基于交易效率与交易安全的考虑，通过对瑕疵设立的承认，来减少公司设立成本和交易成本。因此，只要公司登记机关对公司颁发了设立证书（法人营业执照），则该公司即被认为是适当设立的，是有效设立的，法律不再允许人们就公司设立之前的问题提起诉讼。参见张民安：《公司法上的利益平衡》，北京大学出版社2003年版，第31页。第二种立法例原则上认为公司瑕疵设立无效，以大陆法系国家立法例为代表。大陆法系国家一般认为公司瑕疵设立无效，而这些国家法律规定的公司设立条件较为严格，实践中较易产生公司达不到某种设立条件而造成公司设立的瑕疵。但相应的，也普遍规定有瑕疵补正制度，若瑕疵依法予以补正，则公司法人人格可以不被取消。第三种立法例为公司瑕疵设立行政撤销制度。以我国公司法第一百九十八条规定为代表。

② 公司法第一百九十八条规定："违反本法规定，虚报注册资本、提交虚假材料或者采取其他欺诈手段隐瞒重要事实取得公司登记的，……情节严重的，撤销公司登记或者吊销营业执照。"

了这一问题，明确指出《破产案件规定》确实没有拒绝这些企业破产还债退出市场。① 因此，类似于本文案例中制药公司这种严重出资不足，达不到法定最低注册资本额的企业是具有破产资格的。②

其次，执行人公司进入破产程序后对公司本身应当中止执行，那么对于瑕疵出资股东的执行程序是否也应当中止？股东在出资不实的范围内直接对公司债权人承担补充赔偿责任，其基础有两个：第一，为债权人代位权之行使。因公司享有请求瑕疵出资股东补足出资的权利，在公司怠于行使此项债权时，公司债权人可以代位行使。第二，足额缴纳出资为公司法规定的股东对于公司的主要义务，虚假出资行为违反该法定义务，虚假出资人应承担相应的责任。即瑕疵出资股东需要对公司债权人承担责任归根结底是因为出资是股东对公司的义务，在公司破产的情况下，公司股东未履行完毕的出资义务属于破产人的债权，应当由管理人代表公司向股东进行追讨，追讨回的财产作为破产财产在破产程序中进行统一分配。因此，对出资不实股东的执行也应停止。本文案例中当制药公司进入破产程序时，不但针对制药公司的执行需要停止，对因出资不实而被追加为被执行人的股东制药集团的执行也应停止，由制药公司破产管理人代表制药公司向制药集团追讨其未到位的出资。如果管理

---

① 最高人民法院原副院长李国光2002年8月1日在公布《破产案件规定》新闻发布会上的讲话中，介绍《破产案件规定》主要内容，强调要严格规范破产案件的受理条件时提到：一些企业虽然领取了企业法人营业执照，但未投入注册资金或投入的注册资金未达到法定最低数额，能否申请破产是一个问题。考虑到破产清算是目前唯一有法律保障的清算程序，《破产案件规定》在坚持企业投资人应当承担投资不足的法律责任的前提下，从以法律手段推广破产清算的基本思路出发，没有拒绝这些企业破产还债退出市场。与企业不经清理就关门走人相比较，这种企业退出市场的方式更加有利于对债权人合法权益的保护和社会秩序的稳定。

② 《破产案件规定》于2002年颁布，其所依据的法律主要为企业破产法（试行），而该法在2007年颁布企业破产法的同时已被废止。但《破产案件规定》并未被明令废止，其中与企业破产法不相抵触的部分，在尚未审结案件中可以继续适用；而相抵触的部分，不再继续适用。参见宋晓明、张勇健、刘敏：《关于〈中华人民共和国企业破产法〉施行时尚未审结的企业破产案件适用法律若干问题的规定的理解与适用》，载王利明主编：《判解研究》2007年第1期，人民法院出版社2007年版，第15页。而2007年颁布的企业破产法第三十五条也规定"人民法院受理破产申请后，债务人的出资人尚未完全履行出资义务的，管理人应当要求该出资人缴纳所认缴的出资，而不受出资期限的限制"，与《破产案件规定》第六十六条的规定并不冲突，瑕疵出资的股东在这两条项下承担的责任范围是一致的。

人不向制药集团提出该主张，在符合法定条件下，实业公司作为制药公司的破产债权人可以提起代位诉讼来主张制药集团未到位的出资，但追讨回的出资应作为破产财产在破产程序中统一分配，不能个别清偿，否则就违背了破产法律中的基本分配原则。这一立场明确体现于《最高人民法院关于被执行人破产后对原执行程序中追加的被执行人是否中止执行问题的请示的答复》（〔2004〕执他字第24号）中。该答复表明被执行人公司进入破产程序后因对被执行人出资不实而在执行案件中被追加为被执行人的股东的执行也应当中止。①

五、结论

对于出资不实的股东对公司债权人所应承担的责任可以概括为，审判程序中，在《公司法解释（三）》颁布之前，长期存在两种分歧观点。第一种观点认为：各股东实际缴纳的出资之和未达到法定最低注册资本限额的，则对公司债务承担连带责任，不论是否已经履行出资义务；各股东实际缴纳的出资之和达到法定最低注册资本限额的，则瑕疵出资股东应在注册资本金范围内向债权人承担赔偿责任。第二种观点则认为，瑕疵出资股东应一律在注册资本范围内承担责任。而《公司法解释（三）》出台后，统一为出资不实的股东在未出资本息范围内承担责任。执行程序中，则是直接追加出资不实的股东为被执行人，在出资不实的范围内向债权人承担赔偿责任。而在破产程序中，公司进入破产程序后，瑕疵出资的股东需补足注册资金作为破产财产，按法定原则在破产债权人之间进行分配。可见，除了增资时的特殊限制以外，司法实践中瑕疵出资股东所承担的责任范围在执行程序中与破产程序中是基本一致的，而与审判程序中不同。

---

① 该答复主要内容为："根据《中华人民共和国企业破产法（试行）》第十一条和我院《关于审理企业破产案件若干问题的规定》第二十条等规定，只要债务人破产案件被人民法院受理后，对该债务人财产的执行即应一律中止执行。破产宣告后，所有未清偿完毕的债权人均应依法向破产清算组申报债权。故本案中基于被执行人的开办单位注册资金不实而追加为被执行人的山东新华医药集团的执行也应依法中止执行，其应清偿的债务由破产清算组一并依法处理。"

这种责任承担范围的差异可能造成实体处理的重大不同。以本文案例中制药集团对实业公司所应承担的责任为例，如果实业公司在审判程序中将制药集团列为被告，因制药集团出资严重不实导致制药公司实有资金达不到法定最低限额，实体处理上适用94批复则制药集团应对制药公司的全部债务承担责任，不以出资额为限。如不在审判程序中列其为被告，在执行阶段则可以直接申请追加制药集团为被执行人，则制药集团应在出资不实的范围内对制药公司债务承担责任。如果申请制药公司破产还债并被法院受理，制药集团则需要补足其对制药公司的出资作为破产财产。即使《公司法解释（三）》出台后，瑕疵出资股东承担责任的范围还是没有统一。按照《公司法解释（三）》的规定，瑕疵出资股东应在未出资本息范围内承担责任，其责任范围除出资不实部分外，还包括未履行出资的利息，时间越长，利息数额越高，差异也就越明显。

在追究瑕疵出资股东责任问题上，鉴于直接追加为被执行人与另行提起诉讼相比，成本上大为节约，因此就实体处理结果而言，执行程序中瑕疵出资股东承担责任范围较窄也有其合理性。而且虽然实践中尚未出现此种审判案例，但也不排除公司债权人在执行程序中追加瑕疵出资股东为被执行人承担了责任后，如债权尚未得到完全满足，另行起诉要求其在更大范围内对不足部分承担清偿责任。

然而，破产程序与审判程序中瑕疵出资股东承担责任范围的差异确实给当事人施展诉讼技巧、选择对自己有利的程序提供了机会。这一问题的解决，可以通过对企业破产法第三十五条以及《破产案件规定》第六十六条进行适当的扩大解释，将"要求该出资人缴纳所认缴的出资"或"补足出资"理解为包括出资本金及利息在内，这样就与《公司法解释（三）》中"未出资本息范围内"协调一致，以此杜绝在出资瑕疵股东承担责任范围问题上同样情况不同处理。

出资瑕疵股东对公司债权人责任范围在审判、执行与破产程序中的协调问题，还需司法实践中进一步探索。鉴于此问题涉及公司、破产以及执行法律规范中的重大事项，应引起理论界与实务界的高度重视。

目标公司能否为购买目标公司股权的转让款提供担保

李晓云*　汪自洁**

公司对外提供担保一向为公司法理论与实务界争论的焦点问题之一，围绕公司法第十六条的三款规定，长期以来众说纷纭，莫衷一是。2019年《全国法院民商事审判工作会议纪要》（以下简称《九民会纪要》）对"公司为他人提供担保"问题作出专门规定，自2021年1月1日起施行的《最高人民法院关于适用〈中华人民共和国民法典〉有关担保制度的解释》（以下简称《担保制度解释》）进行补充，对公司担保的认识分歧在一定程度上得以消除，裁判标准渐趋统一。但无论是公司法、《九民会纪要》，抑或《担保制度解释》，均未涉及担保的主债务的属性，倘若公司所担保的主债务恰好是购买该公司股份的转让款，此对公司担保的效力有无影响，仍不无疑问。有观点认为，此种公司对外担保违反了公司法第三十五条和《最高人民法院关于适用〈中华人民共和国公司法〉若干问题的规定（三）》[以下简称《公司法解释（三）》]第十二条，应属无效。因为上述规定体现的法理是法律禁止股东以任何形式抽逃出资，如果允许公司为股东之间的股权转让提供担保，势必会出现受让股权的股东不能支付股权转让款时，由公司先向转让股权的股东支付

---

* 最高人民法院第三巡回法庭法官。
** 最高人民法院第六巡回法庭法官助理。

转让款，导致公司利益及公司其他债权人的利益受损，形成股东以股权转让的方式变相抽回出资的情形，有违公司法关于不得抽逃出资的规定。① 但另有观点认为，公司法从未规定公司不得为某种性质的主债务提供担保，公司法第十六条所区分的只是公司为他人提供担保和公司为其股东或实际控制人提供担保须经不同的表决程序，《担保制度解释》第八条至第十一条所作的区分同样是就公司自身究系上市公司、一人公司、分支机构等不同性质作出的规定，与主债务的性质无关。《公司法解释（三）》第十二条列举了股东抽逃出资的四种情形，公司提供担保并未被明确作为情形之一，仅以公司对股权受让人支付转让款提供担保即认定构成抽逃出资，缺乏法律依据。② 两种观点针锋相对，给我们提出的问题是：目标公司能否为其自身股权转让的转让款支付提供担保，该担保是否因违反"股东不得抽逃出资"而无效。

一、公司担保对资本维持原则的挑战

资本确定原则、资本维持原则、资本不变原则合称"资本三原则"，"一向为公司法学者奉为公司资本制度设计之圭臬"。③ 其中，资本维持原则被认为是核心所在，是实现"资本三原则"功能的关键制度设计。④ 资本维持原则体现于法律，即为我国公司法第三十五条所规定的"公司成立后，股东不得抽逃出资"。由于"股东不得抽逃出资"的概念比较抽象，《公司法解释（三）》第十二条遂进一步具体化为四种情形，特别是第四项"其他未经法定程序将出资抽回的行为"，成为限制股东抽逃出资的兜底性条款。

那么，公司提供担保能否认定为"其他未经法定程序将出资抽回的行为"？特别是在股权转让时即作出合约设计，让目标公司承担付款义

---

① 参见山东省临沂市中级人民法院（2018）鲁13民初470号民事判决书。
② 参见山东省高级人民法院（2020）鲁民终472号民事判决书。
③ 冯果：《论公司资本三原则理论的时代局限》，载《中国法学》2001年第3期。
④ 参见张保华：《资本维持原则解析——以"维持"的误读与澄清为视角》，载《法治研究》2012年第4期。

务，或者让目标公司为受让人支付股权转让款承担担保责任，实际履行的结果都有可能造成公司资产减少，能否认定为股东系以其他形式抽逃出资？

我们认为，这确有可能成为对资本维持原则的挑战，被设计作为股东抽逃出资的方式。第一，如果转让合同的双方当事人将目标公司约定为付款人，即意味着目标公司以自己财产回购其股份，直接导致目标公司资产减损。我国公司法上对于股份回购采取"原则禁止、例外许可"的原则，只有在符合公司法第七十四条和第一百四十二条规定情形的时候，才允许公司收购本公司的股份。如果股权转让合同把目标公司设定为付款人，其付款的同时不取得股权，即为纯负担行为，直接侵害公司利益；其付款的同时取得股权，则会造成法理逻辑上的自我矛盾，"权利、义务主体合一"。① 第二，如果转让合同的双方当事人并不将目标公司约定为付款人，而是约定目标公司为股份买受人提供担保，买受人可以简单地通过不予付款，即将目标公司变成付款义务主体。此种情况又有股权已经变更登记和股权尚未变更登记两种情形：如果股权尚未变更登记，则意味着公司向自己的股东支付股权转让款，变相回购股权；如果股权已经变更登记，公司向自己的原股东支付股权转让款，虽然不直接构成变相回购股权，但依然存在股份出让合同双方合谋减损公司资产以实现抽回出资之可能。

不过，尽管如此，我们认为，对于资本维持原则仍有两点需要澄清。一是资本不能等同于资产，特别是在当下公司法已经将注册资本由实缴制改为认缴制的情况下，造成公司资产减少并不一定造成公司资本减少。严格来讲，"资本三原则"是有限责任的产物，② 在资合性有限责任的背景下，公司资本既是公司经营的物质基础，也是公司债权人的最终担保。所以，资本确定原则要求在公司设立时在章程中对公司资本予以明确；

---

① 最高人民法院民事审判第二庭编著：《〈全国法院民商事审判工作会议纪要〉理解与适用》，人民法院出版社2019年版，第116页。
② 参见冯果：《论公司资本三原则理论的时代局限》，载《中国法学》2001年第3期。

资本维持原则要求公司在存续过程中维持其资本额；资本不变原则要求变更公司资本必须严格履行法定程序。而公司资本显然不能完全等同于公司资产，只要公司开展实际生产经营，就必然产生公司资产与公司资本一定程度的脱离。公司资产与公司资本的关系相当于马克思主义政治经济学上的"价格围绕价值上下波动"，完全等同只可能是公司新设或者静止的理想状态。二是"维持"的含义本身模糊不清，如果仅从"维持"系指"保持使其继续存在"的字面含义出发，简单地把"资本维持"理解为"维持资本不得致其减损"，则无论在理论还是现实中都会产生较大的落差。包括资本维持原则在内的"资本三原则"本身是为了有效地平衡公司自治、股东合理回报与债权人保护之间的冲突，[1]如果说坚持资本维持原则就是要使公司在存续过程中"经常保持与其资本额相当的财产"，[2]无异于要求公司自始即不付出经营成本，而且必须稳赚不赔。况且何谓"经常保持"，何谓"与其资本额相当"，又必然产生新的解释。

总之，目标公司为股权转让款的支付提供担保，确实对资本维持原则提出了挑战，但如果认为其背离甚至根本动摇了资本维持原则，则过于危言耸听。二者并不处于同一语境层次。

二、基于资本维持原则的公司担保检讨

公司担保是一个讨论已久的老问题，完全禁绝公司提供担保既不现实也缺乏理论依据，所以公司法第十六条专门规定了公司担保的法定程序，即在符合法律规定的情况下肯定公司担保效力。但公司法第十六条所规定的两种情形分别是"公司向其他企业投资或者为他人提供担保"和"公司为公司股东或者实际控制人提供担保"，也就是说只规定了担保的相对人，没有规定所担保的主债务对象，譬如将目标公司股权转让的

---

[1] 参见刘燕：《重构"禁止抽逃出资"规则的公司法理基础》，载《中国法学》2015年第4期。
[2] 参见洪学军、张爱军：《公司资本制度与公司债权人利益保护》，载《重庆大学学报（社会科学版）》2002年第3期。

转让款支付作为担保的主债务，此时公司担保的效力就殊值探讨。

我们认为，首先需要明确排除的是目标公司不能承担付款义务。如前所述，如果目标公司付款而不取得股权即为纯负担行为，如果目标公司付款而取得股权又会造成逻辑上的悖论，所以目标公司承担付款义务只有在公司法第七十四条和第一百四十二条规定之情形，即履行"原则禁止、例外许可"的股份回购。需要检讨的是合同并未直接约定目标公司是付款义务人，但由于其提供担保而成为间接的付款义务人，此时可否认为其规避了公司法第七十四条和第一百四十二条规定，以及违反了公司法第三十五条规定？对此，我们认为需要从以下几个方面探讨。

第一，公司为自身股权转让的转让款提供担保并不为法律所禁止。在私法领域"法无禁止即为许可"。尽管公司法存在一些有别于合同法等其他民事法律的监管规定，公司法"组织法"的性质决定了"公司法中的合约逻辑"不同于"合同法中的合约逻辑"，"合同不自由"成为公司契约的"主要品性"，① 但依然不能认为公司法已经由私法领域而进入了公法领域。公司法第十六条没有限制公司担保的内容，单就此担保系为股权转让款而言，也不能从公司法第三十五条解释出已为法律所禁止。

第二，公司为自身股权转让的转让款提供担保不一定产生股份回购。公司承担担保责任而产生股份回购仅为一种可能，并不必然造成公司资本的减少。一方面，是因为公司资产有可能远超资本，承担责任之后也依然可以维持在资本额之上；另一方面，是因为担保人可以向债务人追偿，公司承担责任之后旋即又取得了对债务人的应收账款，对于公司的资产至少在负债表上保持了营收平衡。只有当公司承担担保责任后确定地无法实现追偿，且公司资产现实地严重低于注册资本，才有公司履行股份回购等减资程序的需要。

第三，以交易对象为区分的"与股东'对赌'有效、与公司'对赌'无效"的观点已为实践所发展。普遍认为，被称为"对赌协议第一

---

① 参见蒋大兴：《公司法中的合同空间——从契约法到组织法的逻辑》，载《法学》2017年第4期。

案"的苏州工业园区海富投资有限公司与甘肃世恒有色资源再利用有限公司、香港迪亚有限公司、陆某增资纠纷案（以下简称"海富案"）确立了一个规则：① 投资方与目标公司的股东"对赌"有效，与目标公司"对赌"无效。主要理由是认为投资方与目标公司的"对赌"协议构成抽逃出资，违反资本维持原则。但随着实践的发展，特别是《九民会纪要》第5条明确改变了"海富案"的观点，不再"一刀切"地认为与公司"对赌"无效。② 公司为自身股权转让款承担担保责任的法律效果与履行"对赌"协议相似，所以也不能简单地得出"股东担保有效、公司担保无效"的结论。

第四，公司为自身股权转让的转让款提供担保需要区分情形。按照公司法第十六条的规定，以公司提供担保的被担保人区分了情形，即为公司之外的"他人提供担保"和为公司之内的"公司股东或者实际控制人提供担保"。具体到目标公司为自身股权转让款的支付提供担保时，需要考察付款义务人当时的主体身份。如果股份的买受人当时尚未取得股东身份，那么当然应适用公司法第十六条第一款之规定，其相当于公司对外提供担保；反之，如果买受人本身就是公司的股东或者实际控制人，又或者在订立合同之前已经取得了股东身份或公司的实际控制权，则应当适用公司法第十六条的第二款和第三款，必须经过股东会或者股东大会决议，且应当排除买受人的其他股东表决权过半数通过。

对该问题，有地方高院在裁判指引中提出了以下见解："【股权转让中的资本维持】股权转让合同的双方当事人是股权出让方与股权受让方，目标公司并非合同当事人，目标公司不应承担股权受让方的股款支付义务。合同当事人约定由目标公司履行支付义务的，或约定目标公司为股权受让方的股款支付义务承担保证责任或提供担保的，可能使目标公司资产直接受到减损，成为一种变相抽逃出资的行为，违反公司资本维持

---

① 参见最高人民法院（2012）民提字第11号民事判决书。
② 参见最高人民法院民事审判第二庭编著：《〈全国法院民商事审判工作会议纪要〉理解与适用》，人民法院出版社2019年版，第114~121页。

原则，最终将损害目标公司独立财产与债权人利益，故人民法院可以根据个案情况认定该类约定为无效。但如果该目标公司参照公司法关于公司提供担保的相关规定（《公司法》第16条）履行了相应程序，且没有明显损害目标公司债权人利益情形的，则不应认定为无效。"① 我们对该意见深表赞同。

三、审查公司担保应当注意的问题

既然不能简单地对公司为股权转让款支付提供担保给予肯定或者否定，按照《九民会纪要》第5条的精神，人民法院应当对是否符合公司法关于"股东不得抽逃出资"的规定进行审慎审查。审查中应着重从以下几个方面把握。

其一，审查公司担保的决议程序是否合法。前已述及，公司担保必须履行法定的决议程序是公司法第十六条的规定，无论是为公司自身的股权转让付款提供担保，还是为其他债务的履行提供担保，该决议程序的要求是一样的。需要特别注意的是，《担保制度解释》第八条规定了公司不得以其未依法作出决议而主张不承担担保责任的情形，《九民会纪要》第19条也规定了无须公司机关决议的例外情况，此规定是否也适用于公司为自身股权转让款提供担保的决议程序呢？我们认为上述规定是有条件地适用，理由是《担保制度解释》第八条和《九民会纪要》第19条所列的情形均为公司为开展经营活动提供担保，除了最后一项"担保合同系由单独或者共同持有公司三分之二以上有表决权的股东签字同意"（《担保制度解释》的此项规定对"有表决权的股东"多加了"对担保事项"的限制，即需是"对担保事项有表决权的股东"）。公司为其股权转让款提供担保显然不可以认为是为开展经营活动而提供担保，但如果符合上述股东签字同意的要求，可以认为是公司真实意思的表示，符合公司法第十六条之规定。

---

① 《广西壮族自治区高级人民法院民二庭关于审理公司纠纷案件若干问题的裁判指引》（桂高法民二〔2020〕19号）第3条。

其二，审查交易双方的真实交易目的。既然公司担保可能被设计用作股东抽逃出资，对于公司担保以及公司所担保的股权交易关系，须持更为审慎的审查态度。股份买卖的交易合同是公司担保合同的主合同，公司担保合同是股份交易合同的从合同。按照民法的精神以及民法典第三百八十八条和第六百八十二条之规定，主债权债务合同无效的，必然影响作为从合同的担保合同的效力，担保合同也将归于无效。因此，如果审查发现股权转让合同系以合法形式掩盖非法目的，或存在其他无效事由，则公司担保的基础也将动摇，公司担保的效力自然应予否定。

其三，审查是否造成公司资本减少或损害公司债权人利益。尽管正如前面提到的资本维持原则本身存在"资本"和"维持"两个概念均模糊不清，但"公司成立后，股东不得抽逃出资"仍然是公司法第三十五条所规定的法定原则。比较困难的是如何认定是否属于《公司法解释（三）》第十二条所规定的"其他未经法定程序将出资抽回的行为"。我们认为，可参考美国特拉华州法院在 ThoughtWorks 一案中对资本维持原则的应用，即将资本维持原则中的"资本维持"理解为维系公司所拥有的"合法可用之资金"，① 换言之，如果公司所保有的"合法可用之资金"明显减少，以致影响其他公司债权人利益的实现，则可以认为违反了公司法第三十五条所确立的资本维持原则。

其四，审查股权交易双方是否存在恶意串通。按照民法典第一百五十四条之规定，恶意串通损害他人合法权益的民事法律行为无效。在公司为股权转让款的支付提供担保问题上，需要审查合法权益是否受到损害的该"他人"实际上既包括公司，也包括公司的其他债权人，甚至还包括可能成为公司潜在债权人的供应商、员工、上下游企业等利益关联方。当然，或有人会提出不认定为无效，而认定为可撤销，以体现对合法权益受到损害的他人意思的尊重。但我们认为这一认识是错误的，因为"对于恶意串通的民事法律行为，无论民法通则还是合同法，始终将

---

① 参见刘燕:《对赌协议与公司法资本管制：美国实践及其启示》，载《环球法律评论》2016 年第 3 期。

其规定为无效"①。当然，恶意串通的认定标准较高，但这属于司法适用中的具体技术问题。

其五，审查公司承担担保责任后是否需要履行减资程序。公司承担担保责任后取得对被担保人的追偿权。既然被担保人就是股份的买受人，相当于公司取得了该股权转让款的请求权。如果股份买受人已经登记为股东，该付款请求权的行使效果与请求股东出资无异；如果股份买受人尚未登记为股东，也不影响公司取得该付款请求权，毕竟该付款请求权来源于追偿权，不存在其他对待给付义务。由此可见，公司承担担保责任并不一定造成注册资本减少，只有当该追偿权已确定地不能实现时，才可能造成公司的实际资产少于注册资本，公司履行减资程序。如果审查发现公司承担担保责任后确实需要履行减资程序，应按照公司法第一百七十七条的规定，充分保障公司债权人的权益。

最后值得附带一提的是，目标公司为支付其自身股权转让款提供担保的行为虽然不为法律所禁止，但毕竟存在抽逃出资的可能，在效力认定上存在否定性评价的风险。事实上，要实现担保股权转让款的支付并不一定需要由目标公司提供担保。出让人之所以要求目标公司提供担保，往往是因为购买股权的受让人不能够提供具备足够资信的担保，出让人本身即为目标公司股权的持有人，对目标公司资产状况最为熟悉，所以乐意接受目标公司为支付股权转让款提供担保。而抛开担保一途，如果在股权转让过程中，约定出让人在受让人支付全部股权转让款之前保有部分股份，或者可得附条件地主张回购股份，又或者在目标公司股份上设立权利质押，实则均可以实现以目标公司的资产担保股权转让款支付之目的。

---

① 石宏主编：《〈中华人民共和国民法典〉释解与适用·总则编》，人民法院出版社2020年版，第284页。

关于重整程序中债转股的
性质认定和法律适用问题

郁 琳[*]

近年来,随着法院审理破产案件数量的不断增加,破产重整案件中以债转股作为债务清偿方式的案例越来越多,理论界和实务界也随之出现了一些较为困惑的问题。比如,重整中债转股的依据和制度基础是什么?普通债权人在接受债务人债转股以后,是否意味着其债权已经得到足额清偿?其是否可以向其他债务人或保证人继续主张权利?对此,司法实践中转股债权人、管理人、保证人以及关联案件的承办法官分歧较大,学术界争议也较多,并未形成统一。笔者认为,对上述问题的回答首先需要分析破产程序中债转股的法律性质,然后结合破产程序的特征和规定明确其制度依据,从而对破产重整中债转股的法律后果作出恰当的认定。

一、破产重整中债转股的法律性质

关于债转股,公司法、企业破产法及相关实体法并没有具体的规定,但债转股并非一个新概念,20世纪90年代我国就开展了以债转股为内容

---

[*] 最高人民法院民事审判第二庭法官。

的资产重组行为，包括在破产程序中实施债转股。① 随着我国供给侧结构性改革的启动，债转股再次被用于拯救陷入财务危机的企业。2016年10月10日，国务院发布《关于积极稳妥降低企业杠杆率的意见》及其附件《关于市场化银行债权转股权的指导意见》，强调建立市场化的债转股制度，并确立了自愿、共赢的原则。依照上述规定的精神，债转股是有效助力债务人企业"降杠杆"的一项措施，债转股成为降低债务人企业负债率最为直接和有效的手段。对此，理论和实务普遍将债转股归纳为一种以股权（出资人权益）向债权人让渡而达到消灭债权目的的资产重组行为，并认为其兼具债务清偿和出资两种功能：从债务人清偿债务的角度看，债转股的实质是以股偿债；从将债权转换成公司股权的角度看，债转股的实质则是以债权向公司出资的投资行为。②

由于在债转股的场合，只有债权消灭，才能实现降低债务人企业负债率的目的，从而改善债务人企业的财务状况和经营条件，促进债务人企业的再生发展，因此破产重整中债转股的核心问题是债权消灭。关于通过债转股消灭债权的法律行为制度基础，存在实体法上的债转股和程序法上的债转股两种不同观点。实体法上的债转股观点包括债权出资抵销说和代物清偿说两种理论。债权出资抵销说认为，为降低债务人企业负债率，重组债务人企业的资产，可以借助债权出资和抵销的实体法制度在重整程序中实现债转股。从债务清偿的角度看，债转股实质上是以股偿债。公司以增发的股权清偿债权人，债权人以对公司的债权作为出资抵销出资缴纳义务，实现债转股的目的。③ 代物清偿说认为，当债务人企业不能依照债权的给付标的履行给付义务时，依照法定的条件，可以

---

① 自20世纪90年代末期起，债转股被用于处理国有商业银行的呆坏账，又称政策性债转股，做法和思路就是以一种独立的资产配置的方法来完成债转股。政策性债转股是国有商业银行对国有企业的债权与国有企业的出资人（政府国有资产管理部门）通过核销债权和划转股份的方式来实施的，即以行政划拨的方式实现对国有企业的商业银行的债权向企业股权的转换。2003年1月3日，最高人民法院发布《关于审理与企业改制相关的民事纠纷案件若干问题的规定》，对企业债权转股权作出了原则规定。
② 参见王欣新：《论企业重整中的商业银行债转股》，载《中国人民大学学报》2017年第2期。
③ 参见王欣新：《论企业重整中的商业银行债转股》，载《中国人民大学学报》2017年第2期。

经由代物清偿或者第三人代为清偿来清偿债务。以出资人权益清偿债权的，构成代物清偿，故破产程序中的债转股为一个在债权人、债务人以及出资人等多方主体之间达成的以股抵债的自治式代物清偿契约。① 可以看出，上述两种学说均以民法关于债权清偿的实体法制度为基础，债权人和相对人进行的债权和股权交易法律行为，不论是基于当事人消灭债权的意思、代物清偿、抵销或者混同，债权的消灭都是实体权利义务关系的消灭；债权上的担保利益，包括物的担保和人的担保，因为担保附随性亦归于消灭。程序法上的债转股观点则认为，司法实务中的债转股，仅是破产程序分配债务人财产的一种方式，债权人接受出资人权益的分配而致其债权相应消灭，仅发生程序法上债权消灭的效力，附随于债权的担保利益并不会因此而消灭。②

笔者认为，从现有的司法实务案例看，破产重整中的债转股绝大多数是出于消灭债务目的，无论是以资本公积金转增股本分配给债权人的债转股，还是以企业出资人直接"让渡"股份抵偿债权的债转股，在具体操作上都是通过调整和分配出资人权益给债权人从而产生债权消灭的后果，均不同于企业正常状态下以投资为目的的债转股，即债权人以其对公司享有的债权对债务人公司增资，取得债务人公司股权，从而导致债权人与公司互负债务而进行债务抵销或者因为债权主体的混同而消灭。而且，公司股权本质上属于股东财产，代物清偿理论亦无法解释用股东财产清偿公司债务的合理性，尤其是不存在公司法人格否认的情况下，如何能通过代物清偿理论实现在破产程序中对所有股东权益进行调整或剥夺的现象。可见，以降低债务人企业负债率为直接目的，将出资人权益分配给债权人以清偿部分或者全部债权这一现象，不能完全用前述代物清偿型债转股或者债权出资抵销型债转股的制度予以解释。对于破产程序中债转股法律性质的分析不能脱离破产程序这一特殊语境，亦需与破产法规定的集体清偿程序和公平分配制度相结合。对此，笔者更倾向

---

① 参见韩长印：《企业破产法视角下的商业银行债转股问题》，载《法学》2017年第11期。
② 参见邹海林：《透视重整程序中的债转股》，载《法律适用》2018年第19期。

于认同程序法上的债转股的观点。

二、破产重整中债转股的制度基础与法律后果

破产所要解决的主要矛盾，是多数债权人之间因债务人有限财产不足以清偿全部债权而发生的冲突。为此，破产法建构了一种公平分配债务人财产的集体清偿程序，以全面约束债权人的个别清偿行为；在破产程序进行期间，对债权人所进行的任何形式清偿，都是为了将债务人财产公平分配给债权人。可见，公平分配债务人财产，既是破产法规定的集体清偿程序的目的，也是破产程序清偿债权的手段和工具。为了实现债务人财产的公平分配，破产程序则设计了以债务人财产的等质化（变价）为条件，以金钱分配为原则，以其他形式的分配为辅助的相应制度。①

具体到重整程序中，为了维持债务人企业的营业价值，不可能像在一般清算程序中那样，对债务人财产全部变价并进行金钱或者实物分配。同时，在破产程序开始后，债务人财产为债权人的集体清偿利益而存在，基于绝对优先原则，债务人财产应当先向债权人集体按照法定的顺位进行分配，普通债权人分配后有剩余的，才可以向原股东分配。因此，在重整程序开始后，为了向债权人分配债务人财产，可以对债务人财产进行出资人权益的等质化，即出资人权益可以被看作企业进入破产程序后形成的债务人财产等质化的一种形式。在此基础上，以债务人财产的清算价值算定应当分配给债权人的出资人权益数额，通过重整程序中特有的出资人权益调整制度，将此种出资人权益分配给债权人，既实现了对债权人的清偿，也同时降低债务人杠杆率，显著改善债务人企业的经营条件，从而实现债务人企业再生。这既是出资人权益调整的应有内涵，也是重整程序中债转股的理论逻辑路径。上市公司重整中常用的资本公积金转增手段也可依此解读，资本公积金作为债务人财产的一部分，以

---

① 参见企业破产法第一百一十一条、第一百一十四条。

资本公积金转增股本而形成的出资人权益，也应当先分配给普通债权人；向普通债权人分配有剩余的，才可以向出资人分配。由此可见，企业破产法第八章规定的债权受偿、债权调整和出资人权益调整等程序法制度，为重整程序中的债转股的适用提供了根本法律依据。①

由于重整中的债转股仅仅是以公平分配债务人财产为目的，以出资人权益对债权人进行"清偿"的一种分配形式，因此，其"清偿"只是具有在程序上分配债务人财产的意义，与实体法上债权因清偿而消灭显然不同。至于接受债转股债权人在实体上的债权受偿比例，仍应当根据所受分配财产（股权）的价值予以判定。此外，重整计划（债转股方案）执行完毕后，债务人企业不再承担清偿责任，并非源于债权人已经获得全部清偿而使债务在实体上消灭，而在于破产法上特有的债务豁免制度，即对于债权人在破产程序中未受清偿的债权，债务人免于承担责任，这也是破产重整制度中最具价值和最有吸引力之所在。对债务豁免的效力，学界亦存在着两种不同的学说，即自然债务学说和债务消灭学说。自然债务学说认为，"债务豁免，只是免除债权人对豁免债务的请求权，债务豁免以后，债权人不能再向债务人请求给付和申请强制执行，如果事后债务人自愿重新承担债务，法律对这种承认应当给予保护"②。债务消灭学说认为，"债务豁免使得债权完全消灭，不存在所谓的自然债务，债务人对债务的重新承认也得不到法院的支持"③。笔者认为，自然债务学说的观点更符合破产重整中的债务豁免。因为从破产重整的立法本意来看，是对具有挽救价值的困境企业，通过法律赋予其相应的债务豁免的特殊权利，卸下包袱，轻装上阵，为其创造再生的机会；且破产程序的效力只及于进入破产程序的债务人，如果在同一债务上还有其他保证人或者连带债务人，免责的效力不及于上述其他债务人，债权人仍然有权向这些债务人请求债务的清偿，这也体现了担保制度的初衷和目

---

① 参见邹海林：《透视重整程序中的债转股》，载《法律适用》2018年第19期。
② 杨晓庆：《论破产免责》，对外经济贸易大学2006年硕士学位论文。
③ 杨晓庆：《论破产免责》，对外经济贸易大学2006年硕士学位论文。

的。德国、日本以及我国的破产法，在债务豁免问题上均采纳了自然债务学说理论。德国支付不能法第301条第3款规定：尽管一名债权人依据剩余债务免除不应当请求清偿，但其仍然受清偿的，此举不设定返还取得物的义务。① 日本破产法第366条13款规定：免责不影响破产债权人对破产债务人的保证人及其他与破产债务人共同负担债务的债务人所有的权利，不影响为破产债权人提供的担保。② 我国企业破产法第九十二条三款亦规定："债权人对债务人的保证人和其他连带债务人所享有的权利，不受重整计划的影响。"由此可见，债务人因不能清偿债务进入破产程序后，债权人在破产程序中通过债转股受到的清偿，在程序意义上是对债务人财产的分配，在实体上基于受分配财产价值计算而未获得清偿的债权，因债务豁免而不能再向债务人主张，但未获得清偿的债权并未在实体上消灭，保证人和连带债务人仍应继续承担责任。此外，不得不关注的是，在债转股已经成为重整案件普遍采用的债务清偿方式的情况下，若选择债转股即被视为转股债权在实体上获得全部清偿，从而无法向保证人和其他连带债务人主张权利，将导致选择债转股的债权人大幅减少，重整的难度也将随之加大，反而不利于对企业的挽救。

除此之外，从现有实务案例中债转股的股权定价方式来看，转股价格并不能反映股权客观的市场价值，因此亦不能按照以债权抵销出资的制度逻辑予以解释。以东北特钢重整案为例，东北特钢系重整计划草案第五部分关于"债转股比例的说明"表述如下："因经营类和债券类债权人的选择结果待确定，故无法确定债转股的比例。假设全部经营类普通债权人和债券类普通债权人都选择按比例一次性现金清偿，即仅金融类普通债权人50万元以上的债权部分进行转股，则转股比例约为每5.64元债权转为东北特钢1元注册资本（以下简称1股）。假设金额在1000万元以上的经营类普通债权人和全部债券类普通债权人选择了转股，则转股比例约为每7.12元债权转为1股。假设全部经营类普通债权人和全部

---

① 参见《德国支付不能法》，杜景林、卢谌译，法律出版社2002年版，第146页。
② 参见《日本破产法》，何勤华、周桂秋译，中国法制出版社2000年版，第246页。

债券类普通债权人都选择了转股,即享有转股选择权的债权人全部选择了转股,债转股的范围最大,则转股比例约为每7.26元债权转为1股。"前述重整计划草案经表决通过后,管理人提交的重整计划执行监督报告载明:因部分经营类和债券类普通债权人选择债转股,故需向所有转股债权人分配原本安排用于向该部分债权人清偿的资金,经测算,每家转股债权人还可按照3.731%的比例获得二次现金清偿;对于50万元以上债权部分的转股情况,根据债权人的选择,扣除每家转股债权人获得3.731%比例的二次分配现金外,全体转股债权人剩余的普通债权将统一按照6.5158元的转股价格转为东北特钢的股权,即每6.5158元债权转为1元东北特钢的注册资本。由此可见,东北特钢系重整计划执行中确定的每6.5158元债权转为东北特钢1元注册资本(1元转股债权对应的货币估值为0.1535元)的转股价格,仅是面值上的转股价格,即折股比例,其是由计划转股数量决定的,而计划转股数量又最终取决于债务人资产评估值、重整投资人出资额度。可见,上述转股价格不能直接计算得出转股债权人的实际受偿率,更不能因债权已按照相应比例折为股权即视该部分债权为完全受偿。

三、破产重整中债转股的实际清偿率计算

债权人的清偿率通常是指其获偿金额与债权总额的比例。在债转股的情况下,获偿金额需根据所受分配的出资人权益(股权)价值计算得出,因此涉及股权价值的评估和测算。但首先需要明确的是,用以计算清偿率的股权价值不同于债转股时的折股价格。折股价格是重整企业股权的抵债价格,反映的是股权定价问题,通常根据重整企业的实际情况,由管理人、债务人及战略投资人共同参与起草的重整计划草案确定,主要在于对转股债权人持股比例(或出资额)的测算,它并不能真实反映债转股当时股权的公允价值。仍然以东北特钢重整案为例,从其重整计划披露的数据可以看出,重整投资人出资55亿元,加上重整前三家企业的注册资本(78亿元)合计133亿元,扣除其中近30亿元用于现金清偿

债务外，重整后东北特钢的出资总额共计 103.78 亿元，战略投资人的持股比例为 53%。由于东方资产公司在破产重整中贡献较大，经各方协商一致，为其保留了 0.45 亿元的出资份额，持股比例为 0.43%。剩余 46.57% 的股份，用来抵顶转股债权，换算成出资额为 48.33 亿元。由于债券类和经营类债权人具有转股选择权，因此可以倒推出转股债权的折股定价区间为 5.64∶1 至 7.26∶1，即每股抵顶 5.64 元至 7.26 元债权。由此可以看出，东北特钢在实施债转股的过程中，充分利用债务豁免原则，按照倒推的方法，先确定全部转股债权在重整后企业中的出资数额（48.33 亿元）或用于以股偿债的股份数额，再折算出每股抵顶债权的数额（每股抵债价格）。

由于上述转股价格并非对股权市场价值的客观反映，因此在测算债权实际清偿率时，通常仍需要对持股权进行评估。根据评估需求的不同，以及企业类型的不同，评估机构估算的方法也各不相同，如收入法、市场法、成本法等。不同的估算方法对于每股价格（每股净资产）的测算结果也各不相同。转股债权人、重整企业测算方法的不统一，势必导致每股价格的计算结果并不完全一致，最终在确认实际清偿率问题上难免会产生争议。此外，实践中，委托评估机构进行评估时，对评估基准日的确定不同，如重整计划表决通过日、法院裁定批准日、重整计划执行完毕日等，也会导致评估对象的价值不同，因为由于企业资产、负债的数据指标是动态的，根据生产经营状况的不同时时都会发生变化。对此，如果能在重整计划中对评估方式、评估基准日予以确定，无疑将减少争议，增加各参与方的预期。例如，东北特钢系重整计划草案第十一部分载明："本重整计划规定的债转股属于债权清偿的方式，债转股完成后，权利人未实现清偿的部分不能再向东北特钢等三家公司主张，但对保证人和其他连带债务人的债权仍然可以依法主张。债转股部分的实际清偿率根据股权价格确定，清偿率可以参照如下公式计算：清偿率＝（持股数量×每股价格）/转股的债权金额。其中，每股价格指重整后东北特钢的股权价值。"之后，管理人向法院出具债转股情况报告，载明："为准确评估重整后东北特钢股权的市场价值，北京中企华资产评估有限责任公司上海分公司于 2017 年 12 月 18 日出具了中企华沪咨字（2017）第 810 号《东北特钢集团有限责任公司股东全部权益价值分析报告》，以 2017 年 8 月 31 日为评估基准日，东北特钢集团股权市场价值为 107.44 亿元。对应到东北特钢注册资本 103.77 亿元，则东北特钢股权市场价值为 1.035 元 1 股。因此，债转股部分的实际清偿率可以根据上述数据加以确定。"如果重整计划中未明确股权评估基准日，有观点认为应当将股权交割日确定为评估基准日，该观点虽然具备一定的合理性，但将产生不同债权人因为股权交割时间不同而清偿率不一致的情形，值得再研究。

  此外，实践中也有案例按照重整计划规定的清偿率直接认定债转股的清偿率，并判令剩余部分由保证人承担责任。例如，在山东天信集团有限公司等十五家公司重整案中，重整计划规定，债权额 20 万元（含 20 万元）以下的部分以现金方式全额清偿，超过 20 万元的部分债权人可以选择按 6.5% 的清偿率清偿或选择债转股清偿。法院认定，债权人无法从债务人获得清偿的债权数额为 X 元 - 20 万元 - （X 元 - 20 万元）×6.5%，保证人对该不能受偿部分借款本息承担连带清偿责任。① 在江西赛维 LDK 光伏硅科技有限公司重整案中，重整计划规定，债务人在破产清算状态下的普通债权受偿率为 11.49%，参与转股债权金额按照 11.49% 的清偿比例计算受偿金额，占股比例 = 受偿金额 ÷ 转股债权受偿总额 ×30%。法院认为，债权人在上述债转股方案中受偿金额为申请债权 X 元 × 重整计划受偿比例 11.49%，上述款项应从保证人连带清偿债务中予以扣除。② 笔者认为，上述对于债转股清偿率的规定虽然清晰明了，便于操作计算，但对其认定仍需要结合实际案件中债转股的定价方式予以考虑，从而判定重整计划中确定的清偿率是否公平合理。

  关于债转股的定价问题，理论上也有不同观点。有学者认为，债转股作为债权投资行为，应当遵循公司法有关股东出资的规定，以评估、

---

① 山东省东营市中级人民法院（2018）鲁 05 民初 923 号。
② 江西省南昌市中级人民法院（2017）赣 01 民初 248 号。

审计报告为基础，由各参与方考虑企业发展前景、未来营利能力等通过竞争性协商与市场化博弈确定。① 有学者认为，确定转股价格不仅需对转为股权的债权进行评估，也需要对转股对象的债务进行评估定价。② 有学者认为，重整程序中债转股的定价方式包括债务人股份的初始登记价格、最近一次发行股份的价格、债务人股票停牌前收市价格、债务人股票停牌前的加权平均价格、按照市净率或市盈率确定股份价格等，但此类方式存在欠缺公允性、未考虑流动性不足和非控股权折价、商誉泡沫等问题，故建议评估债务人股份价值并披露定价依据，依据签署业绩补偿协议和设置锁定期。③ 对此，笔者认为，重整中债转股的定价涉及债务人企业的估值问题，而估值问题历来是重整程序中的焦点与难点，直接关系债权人、债务人、债务人担保人、原股东及其股权质押权人和外部战略投资人的利益。虽然总体上看，债转股的定价问题"应由重整方（如有）、债务人和债权人通过市场机制博弈确定"，但必要时也可以聘请专业的估值机构进行评定，并允许相关利益主体就评定结果提出意见。

此外，与重整程序中债转股相关的还包括若干程序性问题。比如，债转股是否适用多数决机制。有观点认为，债转股对债权人利益影响重大，不应适用债权人会议或者分组表决时的多数决机制，而应以单个债权人明确表示同意为前提。基于此种观点，实践中有重整计划草案中提出按一定比例现金清偿和债转股清偿两套方案，供债权人选择。此种做法尊重了债权人的意思自治，具有合理妥当性，也在一定程度上为债转股清偿率提供了现金清偿率的参照，有助于减少争议。但从理论角度而言，笔者认为，基于前述对债转股法律性质和制度基础的分析，重整程序中的债转股作为对债权人进行分配的一种方式和手段，属于企业破产法第八十一条规定的重整计划草案中的债权受偿方案，应当适用分组表

---

① 参见王欣新：《企业重整中的商业银行债转股》，载《中国人民大学学报》2017年第2期；王峻峰：《破产重整中金融债权债转股法律问题研究》，载《经济研究导刊》2018年第4期。
② 参见黄杰：《破产重整中债转股模式的法律适用问题研究》，载《福建金融》2020年第5期。
③ 参见廖森林：《论重整中以股份清偿债务——以债权人权益保护为视角》，载《中国政法大学学报》2018年第6期。

决以及多数决机制,并由法院最终批准确定。尤其是在因现金流缺乏、现金分配不足或者不利于提高企业的经营能力等因素影响下,如果重整计划草案只能提供债转股一种清偿方案,上述认识基础则显得至关重要。笔者认为,对于实践中能够提供两种清偿方案供债权人选择的,通常争议不大;但仅能提供债转股一种清偿方案的,仍应当由债权人通过分组表决和多数决机制决定。无论重整计划草案是否经债权人分组表决通过,法院在根据企业破产法第八十六条或者第八十七条审查时,都应当重点关注债转股方案是否符合债权人最大利益原则,即债权人按照债转股方案是否能够获得不低于其依照破产清算程序所能获得的利益。

企业破产法实施中的八个突出问题与相关修法建议

俞秋玮[*]

企业破产法 2007 年 6 月实施以来，开创了破产法律制度发展新局面。尤其是党的十八大以来，随着中央深化供给侧结构性改革、优化法治化营商环境等国家战略的部署推进，破产法律制度对形成高水平社会主义市场经济体制的重要性越来越得到广泛认识和重视。全国人大常委会在 2021 年 8 月审议的《关于检查〈中华人民共和国企业破产法〉实施情况的报告》（以下简称《检查报告》）中，总结了五大方面的破产法律实施成效。但面对破产制度需求的不断增长，已施行十多年的企业破产法已满足不了突飞猛进的实践发展需要。对此，全国人大常委会已将修订企业破产法纳入 2021 年度立法计划。借此良机，笔者试图从司法实践视角，就八个突出问题，提出企业破产法修订的思考建议。

一、企业破产法实施中的突出问题

"破产难"是实践中长期集中反映的问题，影响了破产法律实施效果和破产制度作用的充分发挥。有关破产法律实施的问题较多，笔者着重就其中八个突出问题进行解析。

---

[*] 上海市第三中级人民法院副院长。

（一）破产案件审理效率不高

破产程序耗时长、成本高的问题被长期诟病。随着近年来优化法治化营商环境建设、市场主体退出和救治机制不断推进发展，破产案件数量日益增多，审理效率不高已成为首要解决的突出问题。为在现行法律规定仅有单一普通程序情况下提高审理效率、降低程序成本，各地法院积极探索简化审理方式，尽可能缩短审理时间，总结形成了有益经验做法。2020年，最高人民法院发布《关于推进破产案件依法高效审理的意见》，明确提出"构建简单案件快速审理机制"，"对于债权债务关系明确、债务人财产状况清楚、案情简单的破产清算、和解案件，人民法院可以适用快速审理方式"，为破产案件审理提出了"繁简分流、快慢分道"的工作指引。但快速审理方式并非法定程序，也未形成完整的程序架构，简易审理程序需立法确立才能为实践提供明确的法律依据。而且，各地法院的探索实践还存在适用理念、适用对象、适用标准等做法不一致情形，甚至存在片面追求压缩程序、时间越短越好的误区。如果一味追求审理快速而忽略财产查找、归集和追索等工作，势必会影响债权人利益保护的公平公正效果。如有的"三无"（无财产、无人员、无场所）案件需要完成追究股东责任、清理遗留的对外投资等必要工作，耗时未必少，并非无财产案件都可适用简易审理。因此，提高审理效率的同时，还需兼顾公平公正，两者关系把握不可偏废，需立法统一规范。

还需指出的是，实践中常涉及清理债务人对外长期投资、提起追究股东责任等衍生诉讼情形，致破产程序只能搁置等待而无法及时终结，是形成破产案件审理周期冗长以及程序成本高的重要因素。为缩短办案时间、减少程序费用，实践操作会采取破产程序终结后追加分配的做法，但又存在案结而遗留后事迟迟不了结的问题。这些问题亟待修法优化程序。

（二）重整、和解制度应用效果不佳

《检查报告》显示，"破产清算约占破产案件总量的90%，重整约

10%，和解不到1%"。该数据反映出重整、和解制度解决企业困境的作用还没有得到充分发挥。

实践中，重整程序申请和成功率不高的主要问题有：法定重整期限内重整计划表决失败后，债务人、债权人等相关利益方对企业生存命运缺乏自治权，即便还有新的挽救可能，期满后也不得不予以清算，没有再另行"寻医问药"的机会；重整投资人招募的市场化程度还不够，投资信息的市场交互不充分，企业投资的市场价值未能充分发现；法院介入重整计划草案合法性、正当性审查的程度范围不明，必要的法院审查指导与市场主体自主商业谈判的界限不清；缺乏重整保护期，债权人无正当理由在法定期限未申报债权没有丧失受偿权后果，投资人难以确定债务范围和预期重整计划执行的稳定性，而对投资顾虑重重；重整期间维持企业运营的融资困难；债务人信用修复机制缺乏；重整计划执行缺乏完善的规则；等等。同时，多地法院为挽救困境企业，积极贯彻中央"六稳""六保"精神和最高人民法院发布的《全国法院民商事审判工作会议纪要》等指导意见，纷纷制定文件构建预重整制度。预重整是在企业破产法之外创设，介于重整程序和庭外重组之间的拯救新路径。但各地做法的理念定位、程序设计、权利救济等方面差异大，有法院主导模式、政府主导模式，也有市场化主导模式，司法公权力的介入限度迥异。实践中存在将预重整当作延长或缩短重整期限效果的变相工具等做法。上述问题需立法提供统一规范。

相较重整制度，和解制度应用更是微乎其微。上海破产法庭成立三年来促成和解的28起案件均是从申请破产清算的程序转入，而没有市场主体直接申请和解的案件。这反映了和解制度尚未被市场主体熟知并应用。企业破产法关于和解制度虽有专章规定，但仅12个条文，和解制度的功能定位、适用要件和程序规则不够明晰。纵观实践案例，对和解制度与重整制度的概念认识和应用区别比较模糊。例如，将具有重整特性的程序称为和解程序，或将具有和解特性的程序依重整程序进行，和解制度的性质、特征未厘清，两者混淆；无论企业大小，一概先用复杂且成本高的重整程序，好比服药剂量不分成人和孩子；有的甚至认为企业救治已有重整制度，和解制度无存在必要，不予重视。这是实践应用和解制度极少的重要原因。此外，实践中运用重整程序的以大中型企业为多，小型企业则更适合灵活简便的和解程序。上海破产法庭促成和解的28家企业均为小型企业。笔者认为，和解制度极少应用，并非该制度没有用处，而是该制度设计先天不足致难以准确应用。从实务看，小型企业经营规模较小、抗风险能力较弱，尤其小微企业经不起风吹草动，易突然被一笔金额不大的债务拖入困境，需快速摆脱债务危机；小本经营的未来发展潜力也难评估，外部投资吸引力不够；小型民营企业以家族企业为多，人合性特征明显，往往不愿意家族产业被外人接管，靠外力解决的空间有限。因此，小型企业运用成本较高的重整程序不易成功，更适合简便、灵活的和解程序。故对和解制度应加以完善后充分运用，通过修法为中小微企业救治作"量身定做"设计，帮助有生存可能的中小微企业存续。

此外，特别要指出的是，小型企业破产常常存在企业债务与企业经营者个人债务问题混同，企业与企业经营者互相借款或担保、账款相互拖欠现象。如果救治企业而不解决关联的企业经营者个人债务，则难以真正化解企业债务危机。故有必要考虑建立商自然人的个人破产制度。

（三）债权人权益保障需增强

除股东债权人外，债权人在破产程序中往往处于信息不对称的弱势地位，企业破产法赋予其破产程序参与权、知情权、表决权、监督权等权利，但保障权利行使的规定较原则，权利行使有效性不足。《最高人民法院关于适用〈中华人民共和国企业破产法〉若干问题的规定（三）》中，已就涉及债权人权利维护的单个债权人知情权、重大财产处置单独表决等作了细化规定。实践中在管理人选任、接管工作、债务人日常开支、破产费用支出、债务人继续营业和自行管理等方面，需要进一步保障债权人知情权和监督权，扩大债权人会议自治权，确保破产程序推进的公开透明。

同时，对债务人逃废债等不诚信行为惩戒乏力，也是实践中有损债权人利益的重要方面。突出情形有：因债务人保管不力或藏匿致财务账册缺漏，以及股东、实际控制人、法定代表人等责任人员"跑路"，而妨碍财产调查、接管、归集和债务清理；债务人隐匿、转移资产或虚构破产原因恶意逃废债；等等。对这些严重侵害债权人利益的不诚信行为，企业破产法有关法律责任的规制威慑力不足。例如，企业破产法第十一章法律责任规定存在不够细化、可操作性不强、惩戒手段不够丰富、追究力度有限等问题，威慑效果不及民事诉讼法中强制执行程序措施。这也是很多债权人不愿申请性价比不高的破产清算程序或不愿将执行程序转入破产程序的重要原因之一。虽然最高人民法院出台的《关于推进破产案件依法高效审理的意见》具体细化了维护债权人利益的惩戒措施，但其作为司法政策的效力有所局限，实施的威慑力不足，需要上升到法律层面。此外，对于债务人恶意转移财产、虚假破产等严重影响债权人利益涉嫌犯罪的逃废债行为，实践中对刑事犯罪构成标准的认识尚不一致，移送途径不够畅通，打击效果不佳。因此，对逃废债等不诚信行为缺乏强有力惩戒、威慑规制，还需要立法予以强化。

（四）破产程序启动不及时

虽然企业破产法实施已十多年，但市场主体应用破产制度的意愿并不强。《检查报告》反映，"2020年全国企业注销数量289.9万户"，其中通过破产程序注销的企业"3908户占比仅约1‰"；同时，破产申请普遍存在申请不及时情形，如《检查报告》显示，"北京市法院系统近三年来受理的破产案件中，63.6%是在企业停止经营三年后提出申请"。上海破产法庭审理数据也显示，2020年度"债务人企业中存在无财产、无人员、无场所'三无'情形的占30.4%"。这从一个侧面反映了市场主体对于破产制度的认知仍普遍缺乏，健康理性的企业破产观以及依法退出市场的观念尚未普遍树立，认识不到运用破产程序及时摆脱困境的破产制度保护功能，放任企业亏损，甚至经营者"跑路"，以致带来大量债权债务未能及时清理和债权人利益没能及时保护的后果。正如《检查报告》指出，"现实中'该破未破'的现象还比较普遍，对破产方式的运用还不够主动，破产制度的作用还未充分发挥"。破产程序不能及时启动的状况，使得应当及时清理债务的企业没有依法出清，或因进入程序不及时而"无产可破"失去清理价值，或失去及时回收资产并延续财产价值的机会。由此，大量"三无"企业因债权债务不及时清理、财产不能及时归集，而使债权人利益贬损，也使一些尚有挽救价值的企业，因未及时启动重整程序而丧失最佳救治时机，影响救治效果和债权人利益最大化。而且，一些债务人企业如"三无"企业因进入司法程序前资产早已流失殆尽，破产程序启动后实际空转，耗费了有限的司法资源。

可见，破产程序启动不及时问题直接影响了破产案件审理效率效果和破产法律制度实施效果，故企业破产法还需健全督促、激励市场主体及时启动破产程序的规则。

（五）应对系统性风险的规则空白

从近些年司法实践看，海航、北大方正、华信等大型企业集团进入破产程序增多，这类大型企业破产往往会涉及系统性风险。如果易引发系统性危机的大型企业集团债务危机不能及时"一揽子"整体化解，很可能造成整个集团系统性崩塌风险，并外溢传导波及上下游产业链、供应链，甚至触及金融系统风险。而破产法律制度概括性解决债务危机的功能，对化解系统性风险具有独特优势。但现行企业破产法对此尚缺乏针对性制度安排。例如，实践中越来越多运用的关联企业实质合并破产，多见集团性企业存在关联公司人格混同、损害债权人利益平等保护的情况，而企业破产法仅着眼单个主体破产，关联企业合并破产程序规定空白。虽然此类案件实体审理可以依据公司法予以认定，但缺乏破产法上实质合并或程序合并的适用依据，甚至有轻易适用的随意性问题。业界也对动辄裁定几十家甚至上百家关联企业实质合并破产的处理提出疑问，担忧会动摇公司法上股东有限责任基石。故关联企业合并破产程序须修法予以明确。

此外，企业破产法应对社会性系统危机出现时的法律变通适用规则空白。例如，全球新冠肺炎疫情造成企业经营活动困顿乃至生存危机，极大影响了整个社会经济的运行。最高人民法院2020年印发的《关于依法妥善审理涉新冠肺炎疫情民事案件若干问题的指导意见（二）》中，对受影响的企业被债权人提出破产申请的，第17条提出"人民法院应当积极引导债务人与债权人进行协商，通过采取分期付款、延长债务履行期限、变更合同价款等方式消除破产申请原因"或"引导债务人通过庭外调解、庭外重组、预重整等方式化解债务危机"，第18条对审查受疫情影响企业的破产受理条件，提出要区别对待，"防止简单依据特定时期的企业资金流和资产负债情况，裁定原本具备生存能力的企业进入破产程序"。该指导意见及时发挥了实践指引作用，但需上升到法律规定层面，固定为特殊情形下的制度规则。故建议立法预设特殊情形下防止企业陷入破产清算困境的特别变通规定。

（六）跨境破产制度不健全

随着改革开放不断深化，"一带一路"、自贸试验区建设等国家重大战略的部署，国际化企业日益增多，跨境经济活动也越来越多，业务、资金、财产等跨境流动随之加大。跨境破产制度对于依法妥善解决跨境经济往来交易中的债权债务、维护国家和企业利益意义重大。企业破产法关于跨境破产制度的规定仅有第五条一个条文，对跨境破产制度未予全面构建，司法实施难度极大，企业开展跨境经济活动的利益难以及时保护。2021年，最高人民法院与香港特别行政区政府签订的《关于内地与香港特别行政区法院相互认可和协助破产程序的会谈纪要》，以及《最高人民法院关于开展认可和协助香港特别行政区破产程序试点工作的意见》，迈出了内地与香港建立协调统一跨境破产协助机制的关键一步。期待企业破产法修订能进一步健全跨境破产制度，以满足对外改革开放深化的需要。

(七) 管理人制度不完善

管理人作为破产程序的重要推进者,其工作质效直接影响办理破产质效。企业破产法第二十五条赋予管理人的九项职责可谓权限大、责任大,故管理人履职的忠实、勤勉度以及专业能力直接关涉破产法律的实施效果。但实践反映管理人队伍的能力和素养均尚未能满足办案要求,突出问题主要体现为:团队培育跟不上办案需求,专业人员及其储备缺乏,影响办案质效;办案团队成员流动性大导致队伍不稳定,机构实力与其入选管理人名册时的实力不符,甚至相去甚远;管理人适用法律、调查取证、协调化解矛盾等履职必备的基本专业能力参差不齐;接管和处置财产不够规范;有的管理人对履职忠诚和勤勉度以及职责边界认识把握不清,或推诿不担责,或滥权擅处。这些情形,除了管理人加强自身队伍建设外,需修法细化管理人制度,进一步明晰管理人资质、管理人职责及其责任后果。

同时,行业自律组织管理人协会运行机制和作用,也需要立法予以明确。

(八) 长效性府院协调机制缺乏

办理破产案件是一项综合性工作,企业破产涉及需政府部门配合协助的具体环节很多,如财产调查、归集、确权和处置,债务人股东等相关主体的查找和责任追究,打击逃废债移送刑事程序,企业重整融资和信用修复,企业变更、注销登记等。这些环节的大量事务法院无法独立完成,需要政府部门等相关方面配合协作。故缺乏配套保障的府院协调机制,将影响办理破产的效率效果。近年来,有关加强办理破产府院联动的政策文件相继出台。2021年2月3日召开的国务院常务会议明确提出了保障破产程序依法规范推进、完善管理人制度的意见。之后,国家发改委等十三部委还专门下发了《关于推动和保障管理人在破产程序中依法履职进一步优化营商环境的意见》。地方政府也相继搭建府院联动机制，机制构建有了较大推进。然而，实践中政策落地见效还不够，存在"上热下冷"现象，具体办理事务时仍有"商不动"，案件审理进程只能搁置而"办不快"。同时，管理人履职身份也还未完全得到理解支持，具体办案时往往需法院帮助协调沟通，难以独立完成，工作办理的效率和效果受到影响。因此，府院协调机制的长效化和管理人履职环境的改观还需立法进一步明确。

二、企业破产法修订的思考建议

在市场经济运行所需的市场准入、市场交易、市场退出的法律制度架构中，破产法律是提供市场退出法则的主要制度，也为市场主体提供了竞争失败退出市场或拯救的制度预期，对完善诚信有序的市场退出机制、优化法治化营商环境具有极为重要的意义。实践中，破产办理的种种问题有诸多原因，笔者认为破产法律制度供给不足是重要原因之一。企业破产法2007年实施以来，经济发展形势和立法背景已发生了重大变化，实践中新情况和新需求不断出现，对破产法律制度亟须顺应发展予以完善，为司法实践提供丰富的规则依据，从而进一步提升破产法律制度实施成效，更好服务保障经济高质量发展。笔者主要围绕前述实践中突出问题，从增设新制度和健全完善已有制度两方面提出如下修法建议。

（一）增设促进破产程序提效率降成本的规则

企业破产法仅有单一程序设计，所有案件均按普通程序审理。解决前述长期被诟病的破产程序成本高、效率低问题，构建案件繁简分流规则应为当务之急。在优化法治化营商环境建设背景下，各地法院对破产程序提效率、降成本已形成共识，并结合实践为探索简化审积累了有益经验。最高人民法院印发的《关于推进破产案件依法高效审理的意见》提出的简单案件快速审理的快慢分道方向，建议修法时能予以吸纳，增设简易审理程序，从法律上确立破产案件繁简分流规则，明确简易程序的识别要素、适用条件、程序转换等具体标准，为审判一线提供充分的法律依据，统一规范审理流程。这既有效解决破产程序成本高、效率低的问题，又公平保障债权人利益。

同时，针对前述影响办案进程的问题，建议修法增设有力推动解决的新规则。例如，国务院2021年发布的《关于开展营商环境创新试点工作的意见》提出的首批营商环境创新试点改革事项清单包括的"优化破产企业土地、房产处置程序""优化破产案件财产解封及处置机制"等创新举措，对解决阻碍案件审理进程的难题很有针对性。期待修法能将创新性政策和试点经验纳入法律，成为法律适用依据，用强有力的法治化手段推动解决"破产难"问题。

（二）完善企业救治制度

企业破产法就重整、和解制度均作了专章规定，但还只是框架性的规定，建议修法结合实践中的问题予以细化。

一是完善企业重整制度。企业破产法第八章就重整案件审理流程作了基本规定，前述重整案件审理中的种种问题，需要修法提供更丰富的法律依据，如规定重整可行性识别要素、重整计划审查标准、重整计划执行规则、企业信用修复，设置重整保护期，鼓励债权人积极参与重整等规则设计，注重体现当事人意思自治的债权人会议作用的发挥，赋予债权人会议对重整期限内失败时债务人企业救治与否的表决权，等等。当然也要防止重整期限被滥用。

二是在现行和解制度基础上完善中小微企业救治制度。企业破产法第九章关于和解制度的设计相较重整程序更为粗疏，实践中适用案例少而成功案例更少。前述和解制度存在的性质定位不清晰等诸多问题，需要通过修法予以解决。2021年5月国务院常务会议作了进一步支持小微企业、个体工商户纾困和发展的部署，最高人民法院也于2022年1月发布了《关于充分发挥司法职能作用助力中小微企业发展的指导意见》。因此，希望立法充分重视灵活简便且成本较低的和解制度对于小型企业的适配性，体系化丰富完善和解制度，以符合中小微企业特点和需求，充分发挥和解制度保护中小微企业特别是专精特新企业生存发展的作用。具体建议：进一步明确和解制度的定位、适用对象；区分与自行和解规则的界限；在企业破产法第一百零五条基础上健全自行和解规则，全面细化自行和解规则的定位、适用条件、程序流程、协商规则、和解协议执行监督；等等。此外，建议修法进一步优化清算、重整、和解三个程序之间的相互转换规则。

与此同时，期望修法关注前述小型企业债务与企业经营者个人债务混同的特点，可考虑先在商自然人范围建立个人破产制度，待条件成熟后再逐步扩大适用对象。但笔者认为，与企业法人破产不同，个人破产制度应以债务清理为主，不宜比照企业破产程序设置清算、重整与和解三条途径。建议个人破产制度在破产法中设专章，将法律名称"企业破产法"更改为"破产法"，以妥善处理企业破产和个人破产之间的协调衔接。

（三）强化债权人权利保障的规则

一是加大债权人权利保障力度。公平保护全体债权人利益是破产制度核心价值目标和独特功能，也是优化营商环境建设的重要内涵。债权人由于在破产程序中往往处于信息弱势地位，尤其是债务人财务账册缺失情况下，债权人应享有的程序权利与实体利益难以得到切实保障。针对前述企业破产法惩戒、威慑损害债权人利益行为乏力等问题，需要修法增加维护保障债权人利益的有效举措。建议明确赋予单个债权人可行使的权利、细化债权人权利行使方式、扩张债权人会议权利等规则；吸收民事诉讼法中妨害民事诉讼行为的强制措施和强制执行手段，以及最高人民法院相关司法指导意见中的有力措施，加大对逃废债等损害债权人权益行为的追责力度，在立法层面完善债权人权利保障体系，为债权人权益保障提供更丰富的法律手段，从而更好地促进市场诚信体系建设。同时，司法实践中开展的执行程序转破产程序、关联企业实质合并或程序合并审查,以及强制清算程序转破产程序等,均缺乏严谨的程序规则。为公开公平地维护债权人利益,避免程序的随意性,需要通过修法加以规范,规制程序依法推进。

二是健全跨境破产制度。随着对外改革开放深化,企业跨境经营活动日益频繁,对跨境债权债务清理以及利益维护应予以充分重视。企业破产法关于跨境破产只有一个原则性条文,难以提供充分的制度运行保障和满足改革开放深化之需。建议修法在司法实践探索基础上,健全跨境破产制度,完整构建跨境破产程序规则,为实践提供更加完备的法律适用依据,为改革开放丰富法律制度供给。

三是明确在线办理破产案件的程序规则。随着破产案件办理专业化建设推进,破产案件信息化建设也呈快速发展态势,为各方当事人参加破产程序提供了便利,降低了成本。在当前司法活动中,信息技术已居于不可或缺的位置,发挥着提高效率和规范程序的重要作用。对此,建议修法对网络债权人会议等线上流程的办理规则予以明确规定,减少债权人因电子信息获取能力以及线上沟通不畅等因素而导致权利保障不足的可能,从而切实维护好债权人依法享有的权利。

(四)增设破产程序及时启动规则

前述破产程序启动不及时而影响破产程序效率效果的问题,导致既难以有效维护债权人利益,又空耗司法资源,折损了破产制度的功能作用。现行破产法律没有督促、激励市场主体及时启动破产程序的规则。上海市人大常委会2021年制定的《上海市浦东新区完善市场化法治化企业破产制度若干规定》第四条规定,"企业董事、高级管理人员知道或者应当知道本企业出现《中华人民共和国企业破产法》第二条情形的,应当及时采取启动重组、向债权人披露经营信息、提请企业申请预重整或者破产重整、和解、清算等合理措施……",以地方法规形式创新规制了债务人相关人员及时启动破产程序的责任。建议修法增设当债务人企业出现破产原因时,明确市场主体及其相关责任人员应及时启动破产程序的责任,以及提高及时启动意愿的激励措施,从而促使企业债权债务得到尽早清理,阻止企业财产流失,或为企业争取及时挽救的机会,进一步提升破产法律制度实施实效。

(五)细化完善管理人制度

企业破产法第三章以及相关司法解释就管理人制度中的管理人指定、管理人资格、管理人监督、管理人职责义务及管理人报酬确定等作了框架性规定。前述管理人制度实施中的诸多问题,反映出对管理人制度细化完善的必要性。建议修法进一步明晰管理人职责、细化办案规范、强化管理人履职监督机制、优化管理人指定规则、完善中介机构进入管理人名册资格标准等,以督促管理人切实履行好忠实、勤勉义务,促进破产案件办理质效提升。

此外,各地行业自治组织的管理人协会应有效发挥行业自治管理的有益作用。建议修法增加有关管理人协会运作机制的规定,明晰协会职能定位,促进行业专门化建设。

(六)增设长效性府院联动机制

由于破产法治文化传播宣传不足,市场主体和社会相关方面对破产制度的理念认识还未有根本扭转,对破产制度的保护功能更是知之甚少,不善于应用破产法律制度来解决危机困局。前述府院联动长效机制问题即反映出完善市场退出、救治机制的整体合力尚未形成。而破产案件审理的综合性特点使其离不开法院以外相关方面的支持配合。为进一步整合力量提高办理破产案件效果,促进优化法治化营商环境建设进程,建议修法明确建立府院联动机制,从法律上确定政府协助配合的范围和责任。笔者注意到,正在制定中的民事强制执行法草案设有"协助执行"专节规定,明确有关组织和个人协助法院开展破产审理事项的责任义务。希望企业破产法修订对此也能予以明确,以保障府院联动机制建设的长效化。

（七）增设更积极的破产预防规则

现行破产法律制度已有重整、和解等破产保护规定，但前述重整、和解制度适用比例低的现状，反映了破产预防还没有得到充分重视和运用。而且，现行法律规定的重整程序重整时间有限、程序成本又较高，以及重整失败后的不可逆清算后果，让债务人申请重整程序顾虑重重。对此，各地法院借鉴域外制度，将尝试开展预重整作为救治企业的新途径。但前述探索预重整中存在的程序严肃性和规范性问题，需要立法尽快统一规范。

（八）理顺破产法与其他部门法的关系

破产法的特殊性使其具有搭载其他部门法律的平台特征。建议借修法契机，进一步理顺破产法与民法典、公司法、证券法、刑法、诉讼法、税法等诸多部门法以及制定中的民事强制执行法之间的关系，以形成更加有机协调的制度体系。例如，针对刑法打击损害债权人利益逃废债行为的震慑作用微乎其微，以及适用刑法虚假破产罪鲜见的状况，期待修法能衔接刑法，明确涉嫌刑事犯罪的移送条件和程序规范，以加强打击力度，维护市场诚信体系。又如，大型企业集团、上市公司债务危机引发的系统风险以及关联企业合并破产，涉及公司法、证券法、土地管理法、税法等部门法，相交领域宜理顺立法宗旨，完善端口衔接，防止适用错位或冲突。特别要关注正在修订的公司法和制定中的民事强制执行法，在涉重整计划执行的企业变更登记、公司强制清算、执行程序转破产程序等方面的规定有机衔接，从而充分发挥相关部门法的作用，使破产法律制度集全面审计、归集、核查、清理和追责的综合性功能切实发挥出应有成效。

三、余论

回首企业破产法实施十多年的发展进程，长足进步的同时，积淀的亟待解决的问题难题也不少，修订工程可谓浩大。对于须持续推进解决的长远问题，应以规划发展目标，指引实践探索方向。例如，破产审判专业化建设是保证破产法律有效实施的重要基础性工作，最高人民法院在全国设立破产法庭后，促使破产审判专业化建设有了跨越性发展。但是，尚未真正独立建制的破产法庭发展空间有限，较小的破产法庭难以完成日益繁重的审理任务。同时，基于破产程序能吸附相关诉讼和执行案件而"一揽子"终局性解决企业问题的特殊功能，期盼修法明确在条件成熟时设立破产法院，进一步释放破产法律制度功效，推动形成稳定的专业审理体系，切实保障破产法律制度的有效实施。

　　破产法是市场经济的基本法，对市场主体优胜劣汰、破产企业资源优化再配置具有核心作用。没有完善的市场退出制度，市场主体的交易安全和交易秩序难以保障，导致缺乏营商环境的稳定预期。热切期待破产法修订再上新进阶，有力促进保障我国经济高质量发展。

【裁判文书选登】

招商银行股份有限公司济南分行与临清新银河实业有限公司、中冶纸业银河有限公司金融借款合同纠纷案

最高人民法院民事裁定书

（2021）最高法民申 2707 号

再审申请人（一审原告、二审被上诉人）：招商银行股份有限公司济南分行，住所地山东省济南市高新区经十路 7000 号汉峪金融商务中心四区 1 号楼。

负责人：辛亮，该行行长。

委托诉讼代理人：刘杨，该行公司律师。

委托诉讼代理人：马文，该行公司律师。

被申请人（一审被告、二审上诉人）：临清新银河实业有限公司，住所地山东省聊城市临清市西门里街 297 号。

法定代表人：黎轶，该公司总经理。

委托诉讼代理人：刘金海，北京市炜衡（济南）律师事务所律师。

委托诉讼代理人：刘继恒，北京市炜衡（济南）律师事务所律师。

被申请人（一审被告、二审上诉人）：中冶纸业银河有限公司，住所地山东省临清市西门里街。

法定代表人：黎轶，该公司总经理。

委托诉讼代理人：赵洪文，该公司职员。

委托诉讼代理人：刘金海，北京市炜衡（济南）律师事务所律师。

再审申请人招商银行股份有限公司济南分行（以下简称济南招行）因与被申请人临清新银河实业有限公司（以下简称新银河公司）、中冶纸业银河有限公司（以下简称中冶银河公司）金融借款合同纠纷一案，不服山东省高级人民法院（2020）鲁民终450号民事判决，向本院申请再审。本院依法组成合议庭对本案进行了审查。2021年6月24日，本院进行了询问，济南招行委托诉讼代理人刘杨、马文，新银河公司委托诉讼代理人刘金海、刘继恒，中冶银河公司委托诉讼代理人赵洪文、刘金海到庭参加诉讼。本案现已审查完毕。

济南招行申请再审称：一、济南招行派员出席2019年5月22日债权人会议，向其他债委会成员行及新银河公司、中冶银河公司明确表示，若新银河公司、中冶银河公司不纠正违约行为，将下迁不良贷款管理，依法维权。《会议纪要》未履行表决程序，所载事项未经表决。退一步说，《会议纪要》亦明确约定，债权银行办理借新还旧和贷款业务续作需以新银河方面不违约为前置条件。在新银河公司、中冶银河公司仍不履行债务重组协议约定义务、案涉贷款逾期的情况下，济南招行依法有权起诉。济南招行起诉后，债委会无一家债权银行提出异议。二审期间，14家债权银行中仅工商银行聊城分行一家反对济南招行起诉。各债权银行对新银河公司、中冶银河公司的违约行为形成共识，对济南招行"以诉促履行"的做法表示默许和支持。二审依据《会议纪要》认定济南招行等债权银行对新银河公司、中冶银河公司的违约行为给予了一定宽限期，缺乏证据证明。二、新银河公司、中冶银河公司继2019年5月22日债权人会议后是否继续违约系本案关键事实，二审认定新银河公司、中冶银河公司因济南招行、招商银行股份有限公司聊城分行的原因未能偿还其贷款余额千分之一的贷款本金所依据的证据未经济南招行质证，认定事实错误。三、本案系金融借款合同纠纷。案涉《框架协议》《实施方案》《补充方案》约定，新银河公司、中冶银河公司应先履行资产划转、增资及挂账贷款本金偿还三项合同义务，但截至济南招行起诉时其未履行其中任何一项义务。新银河公司、中冶银河公司作为先履行一方未履行，无权要求后履行一方履行义务。二审未依据《中华人民共和国合同法》第六十七条关于后履行一方有权拒绝履行的规定作出认定，适用法律错误。四、2018年《借款合同》的签订时间晚于《框架协议》《实施方案》《补充方案》，是本案贷款发放的直接依据，该合同约定贷款到期日为2019年6月18日，在前签订的《框架协议》《实施方案》《补充方案》关于贷款期限的约定不明。济南招行有权依据2018年《借款合同》的约定和《中华人民共和国合同法》第二百零六条关于借款期限约定不明的规定要求新银河公司偿还贷款。此外，临清市人民政府未在《补充方案》上盖章确认，《补充方案》未生效，二审法院确认《补充方案》效力缺乏事实及法律依据。五、根据《中国银监会办公厅关于做好银行业金融机构债权人委员会有关工作的通知》（银监办便函〔2016〕1196号）规定，债委会性质上属于协商性、自律性、临时性组织，职责是依法维护银行业金融机构的合法权益。债委会形成的各类"债权人协议"系各债权银行之间权利义务的安排，不是银行对债务企业的"续贷承诺"。济南招行起诉是否对其他债权银行构成违约及违约程度，超出了原告诉讼请求，不属于金融借款合同纠纷案件的审理范围。济南招行提起诉讼是因新银河公司、中冶银河公司根本违反协议约定致使债务重组合同目的落空，不属于所谓"随意"抽贷、停贷。济南招行依法依约起诉，二审认定济南招行违反诚实信用原则错误。六、即使二审法院认为济南招行起诉未事先获得债委会授权，擅自单独起诉，应认定济南招行原告主体不适格，适用《中华人民共和国民事诉讼法》第一百一十九条第二项的规定裁定驳回起诉，二审判决驳回济南招行诉讼请求，适用法律错误。综上，济南招行依据《中华人民共和国民事诉讼法》第二百条第二项、第四项、第六项的规定申请再审，请求再审本案。

新银河公司、中冶银河公司提交意见认为，济南招行作为债务重组协议的受益方，在借款未到期的情况下单独起诉，损害了新银河公司、中冶银河公司、其他债权银行及社会公众的合法权益。即便新银河公司、中冶银河公司存在违约行为，债务重组协议的一方是债委会和全体债权银行，作为债委会单个成员的济南招行，无权单独起诉。债务重组协议明确约定借款期限最短为八年，《借款合同》是对债务重组协议的履行，济南招行于2016年出具书面《证明》，承诺重组贷款本息结清前到期续做，构成对借款期限最短为八年的明确自认。综上，二审认定事实清楚，适用法律正确，诉讼程序符合法律规定，请求驳回济南招行的再审申请。

本院认为，本案审查的焦点是：《框架协议》《实施方案》《补充方案》等系列重组协议的效力、2018年《借款合同》与系列重组协议的关系、2019年5月22日《会议纪要》的效力以及本案具体裁判方式等四个方面的问题。

一、关于《框架协议》《实施方案》《补充方案》等系列重组协议的效力。本案中，案涉《框架协议》《实施方案》《补充方案》等系列债务重组协议是在国务院国资委、临清市人民政府以及聊城市银行业协会的推动下，为处置中冶银河公司债务、保障各债权银行的贷款本金不受损失以及中冶银河公司优质资产的正常经营所签署，系列债务重组协议不违反法律、行政法规的强制性规定，均为有效。临清市人民政府在《补充方案》中的身份是监督人，监督、协助各方约定的实施和落实，临清市人民政府未盖章不影响《补充方案》的效力。再审审查中，临清市人民政府亦出具《证明》，表示政府起监督作用，虽然未在《补充方案》上盖章，但自始认可《补充方案》的效力。

二、关于案涉2018年《借款合同》与系列重组协议的关系。案涉债务重组协议明确约定，新银河公司承接贷款在重组贷款还清前到期续作，新银河公司承接贷款到期后，在重组贷款本息结清前，各债权银行应采取借新还旧等方式确保贷款到期续作。招商银行股份有限公司聊城分行与新银河公司签订2015年《借款合同》以及济南招行与新银河公司签订2018年《借款合同》均是对债务重组协议约定的履行，且2018年《借款合同》明确约定贷款用途为以新还旧。二审认定2018年《借款合同》系基于系列债务重组协议的约定而发放的以新还旧的贷款，并非借款双方对借款事宜重新作出的约定，该事实认定正确。济南招行作为系列债务重组协议的签署人，应受系列债务重组协议的约束。根据系列重组协议，新银河公司承接贷款的期限为八年，各债权银行应通过借新还旧等方式确保到期续作，至济南招行提起本案诉讼，尚未至约定期限。

三、关于2019年5月22日《会议纪要》的效力问题。债委会在系列重组协议框架下开展工作，包括济南招行在内的各方先后签订多份协议。其中，《补充方案》明确约定任何一方不得单方面或联合其他方与债务人就其债权达成除《补充方案》以外的任何协议，除经债委会同意外不得单独或联合其他方处置（包括但不限于起诉、查封、变卖、拍卖、扣划等）债务人的资产；第三条第四款还约定，债委会各成员不履行《实施方案》和《补充方案》，抽回资金或违约单独采取保全行动的，应在债委会指定的日期内予以纠正，对不及时纠正违约行为的债权人，应赔偿其他债权人的损失。2019年5月22日，中冶银河公司与各债权银行召开债权人会议，形成《会议纪要》，各债权银行同意在新银河公司未按系列重组协议约定进行增资、中冶银河公司未按债务重组协议约定将优质资产纳入新银河公司构成违约的情况下，对新银河公司、中冶银河公司的违约行为给予宽限。济南招行亦派员出席本次会议。本院认为，债委会是债权银行业金融机构发起成立的协商性、自律性、临时性组织，既要支持实体经济发展，也要依法维护金融机构的合法权益。在债务人不履行协议时，债委会可以联合金融机构对相关企业进行警示，要求限期纠正，及时将有关信息通报会员单位，并通过适当形式与国家有关信用信息平台实现信息共享，对逃废金融债务企业依法依规进行失信惩戒。对于拒不采取纠正措施的逃废金融债务企业，债委会可以组织金融机构依法对其采取不予新增融资、视情况压缩存量融资等措施实施惩戒。债委会成员应当一致行动，济南招行作为系列债务重组协议的签署人，承诺与其他债权银行一致行动，应当执行债委会的决定。2019年5月22日《会议纪要》是系列债务重组协议的延续，是债委会共同协商后作出的共同意思表示。另外，《会议纪要》符合《中国银监会办公厅关于做好银行业金融机构债权人委员会有关工作的通知》（银监办便函〔2016〕1196号）规定的债委会重大事项原则上应当同时符合经占金融债权总金额三分之二以上比例债委会成员同意以及经全体债委会成员过半数同意两个条件，2019年5月22日《会议纪要》应为有效。在其他债权银行都没有提出异议的情况下，济南招行单方不履行《会议纪要》，单独提起诉讼，缺乏事实和法律依据。

四、关于本案应当驳回诉讼请求还是驳回起诉的具体处理方式。《中华人民共和国民事诉讼法》第一百一十九条规定："起诉必须符合下列条件：（一）原告是与本案有直接利害关系的公民、法人和其他组织；（二）有明确的被告；（三）有具体的诉讼请求和事实、理由；（四）属于人民法院受理民事诉讼的范围和受诉人民法院管辖。"驳回起诉是为了解决诉讼程序上的问题，驳回诉讼请求处理的是实体上的权利义务关系。济南招行的起诉符合法律规定，具有原告资格，人民法院依法受理，没有裁定驳回起诉，并无不当。本案债委会各成员约定，除经债委会同意外不得单独或联合其他方通过起诉、查封、变卖、拍卖、扣划等方式处置债务人的资产，该约定是债委会集体意志的体现，是债委会各成员单位真实意思表示，不违反法律法规的规定。济南招行作为债委会成员，承诺与其他债权银行一致行动，在未征得债委会同意，且未到债务重组协议约定的履行期限的情况下，其主张的本案债权尚不符合实现条件。二审判决驳回其诉讼请求，并无不当。

综上，济南招行的再审申请不符合《中华人民共和国民事诉讼法》第二百条第二项、第四项、第六项规定的情形。依照《中华人民共和国民事诉讼法》第二百零四条第一款、《最高人民法院关于适用〈中华人民共和国民事诉讼法〉的解释》第三百九十五条第二款规定，裁定如下：

驳回招商银行股份有限公司济南分行的再审申请。

审 判 长　林文学
审 判 员　刘崇理
审 判 员　葛洪涛
二〇二一年九月二十七日
法官助理　杨　婷
书 记 员　宋亚东

【案例解析】

证券服务机构承担虚假陈述民事赔偿责任的认定

——李某某等诉中安科股份有限公司等证券虚假陈述责任纠纷案

周伦军*

【裁判要旨】

证券服务机构承担证券市场虚假陈述侵权民事赔偿责任，不以其受到行政处罚为前提。

在发行人存在虚假陈述的情况下，证券服务机构的注意义务和责任范围，应当根据其服务内容和专业领域予以确定，其制作、出具的文件有虚假记载、误导性陈述或者重大遗漏的，应当按照证券法及相关司法解释的规定，依据过错程度、造成投资者损失的原因力大小等因素，确定其应当承担的赔偿责任。

证券服务机构因过错没有发现发行人虚假陈述，因此给他人造成损失的，仅就其应当承担责任部分与发行人承担连带赔偿责任。

【案件索引】

一审案号：上海金融法院（2019）沪74民初1049号（2020年11月6日）

---

* 最高人民法院民事审判第二庭副庭长。

二审案号：上海市高级人民法院（2020）沪民终 666 号（2021 年 5 月 18 日）

【基本案情】

原告（被上诉人）李某某等诉称：其在中安科股份有限公司（以下简称中安科公司）虚假陈述行为实施日至揭露日期间买入中安科股票，后由于中安科公司虚假陈述行为被揭露致股价大跌而产生巨额经济损失；中安消技术有限公司（以下简称中安消技术公司）与被告中安科公司共同实施了虚假陈述行为，构成共同侵权，应对原告的损失承担连带赔偿责任；招商证券股份有限公司（以下简称招商证券公司）、瑞华会计师事务所（特殊普通合伙，以下简称瑞华事务所）、广东华商律师事务所（以下简称华商律师事务所）作为证券服务机构，其行为也构成了法律意义上的虚假陈述，给投资者造成了重大投资损失，理应承担连带赔偿责任。故请求判令中安科公司、中安消技术公司、招商证券公司、瑞华事务所、华商律师事务所连带赔偿各项经济损失（含投资差额损失、佣金损失、印花税损失、利息损失等）。

被告中安科公司、中安消技术公司辩称：请法院根据本案事实和相关法律规定依法裁判。

被告（上诉人）招商证券公司辩称：首先，中国证监会并未因中安科公司实施虚假陈述对招商证券公司进行行政处罚，招商证券公司并非虚假陈述行为人，不应当成为本案被告，更不应当承担民事责任。其次，招商证券公司作为独立财务顾问，已经就涉及的"班班通""智慧石拐""BT"等项目进行了必要的审慎核查，没有证据表明有关文件与其他证券服务机构的专业意见存在巨大差异。因此，招商证券公司已经尽到了勤勉之责。

被告（上诉人）瑞华事务所辩称：首先，中国证监会并未因中安科公司实施虚假陈述对瑞华事务所进行行政处罚，瑞华事务所并非虚假陈述行为人，不应当成为本案被告，更不应当承担民事责任。其次，审计责任区别于会计责任,中安科公司、中安消技术公司作为被审计单位,因其信息披露违法违规而产生的会计责任,不应由瑞华事务所承担。本案中,中安科公司、中安消技术公司等因信息披露违法违规受到中国证监会的行政处罚,其应承担的是会计责任。而瑞华事务所作为审计机构,经中国证监会全面调查后没有受到任何行政处罚或行政监管,足以证明其在为中安科公司、中安消技术公司提供审计服务过程中不存在过错。

被告华商律师事务所辩称:华商律师事务所作为专业中介服务机构,并非专业的审计或评估机构,为案涉重大资产重组出具《法律意见书》,仅是从合法性、合规性角度对该定价予以评价,故要求华商律师事务所对基于专业机构评定的资产价值的准确性、真实性、完整性负责并承担连带责任不应得到支持。

法院经审理查明:

被告中安科公司系在上海证券交易所上市的公司,原名上海飞乐股份有限公司,于2018年5月23日更名为中安科公司。2014年,中安科公司实施重大资产重组,通过非公开发行股份的方式向深圳市中恒汇志投资有限公司(以下简称中恒汇志公司)购买其持有的被告中安消技术公司100%的股权。

2014年4月25日,被告瑞华事务所分别出具了《审计报告》和《盈利预测审核报告》,对中安消技术公司及其子公司的财务报表进行了审计,并对中安消技术公司作出的盈利预测进行了审核。

2014年6月10日,被告招商证券公司就该项重大资产出售、发行股份购买资产并募集配套资金及关联交易出具《独立财务顾问报告》。在该报告中,招商证券公司承诺其已按照法律、行政法规和中国证监会的规定履行了尽职调查义务,有理由确信重组报告书符合法律、法规和中国证监会及上海证券交易所的相关规定,所披露的信息真实、准确、完整,不存在虚假记载、误导性陈述或者重大遗漏。同日,被告华商律师事务所就同一事项出具了《法律意见书》。

2014年6月11日,中安科公司公告了上述《审计报告》《盈利预测审核报告》《独立财务顾问报告》《法律意见书》。

2019年5月31日,中安科公司发布关于收到中国证监会作出的《行政处罚决定书》《市场禁入决定书》的公告。《行政处罚决定书》中认定以下三项虚假陈述内容。

(1) 2013年11月,中安消技术公司与贵州省黔西南州政府签订《黔西南教育信息化工程项目建设战略合作框架协议》,项目总金额4.5亿元。据此,中安消技术公司出具了《关于"班班通"项目业绩预测情况说明》和《盈利预测报告》。2014年4月至12月,黔西南州下辖9个县(市、区)中5个启动了"班班通"项目招标,中安消技术公司参与2个项目投标且均未中标。中安消技术公司在实际未中标任何县(市、区)工程(样板工程除外),知悉《黔西南教育信息化工程项目建设战略合作框架协议》仅为合作框架协议、难以继续履行,原提供的《盈利预测报告》不真实、不准确的情况下,未及时重新编制并提供新的《盈利预测报告》,导致评估结论严重失实,置入资产评估值严重虚增。

(2) 2013年年底,中安消技术公司与内蒙古自治区包头市石拐区政府签订了《包头市石拐区"智慧石拐"一期项目合同书》。2013年12月底,"智慧石拐"项目尚未招标,相关合同总收入不能达到可靠估计,中安消技术公司在不符合收入确认条件情况下按完工百分比法确认该项目收入,导致2013年度营业收入虚增5000万元,2013年度经审计的财务报告存在虚假记载。

(3) 中安消技术公司2013年对《曲阜市视频监控及数字化城管建设工程及采购合同书》等4个"BT"项目累计确认7155万元营业收入,同时确认7155万元长期应收款。经测算,2013年应收对价的公允价值应当为扣除利息费用后的余额,其与合同金额百分比差的累积影响数为515万元,即2013年虚增营业收入515万元,2013年度经审计的财务报告存在虚假记载。中国证监会认定上述行为构成证券虚假陈述,行政处罚对象包括中安科公司、中安消技术公司、中恒汇志公司及相关责任人员等。

本案审理过程中,根据中安科公司的申请,法院委托专业机构对投资者因虚假陈述导致的投资差额损失进行核定。

【案件审理情况】

上海金融法院于 2020 年 11 月 6 日作出（2019）沪 74 民初 1049 号民事判决：（1）中安科公司应向李某某等赔偿投资差额及佣金和印花税损失；（2）中安消技术公司、招商证券公司、瑞华事务所对中安科公司上述付款义务承担连带责任；（3）驳回李某某等的其余诉讼请求。

宣判后，招商证券公司、瑞华事务所不服，提起上诉。上海市高级人民法院于 2021 年 5 月 18 日作出（2020）沪民终 666 号民事判决：维持一审判决关于中安科公司应向李某某等赔偿投资差额及佣金和印花税损失与中安消技术公司对中安科公司的付款义务承担连带责任的判决内容；改判招商证券公司对中安科公司的付款义务在 25% 的范围内承担连带责任，瑞华事务所对中安科公司的付款义务在 15% 的范围内承担连带责任。

法院生效裁判认为，本案争议焦点为：证券服务机构承担虚假陈述民事赔偿责任是否以受到行政处罚或刑事判决为前提；招商证券公司、瑞华事务所及华商律师事务所作为证券服务机构，在案涉重大资产重组中是否勤勉尽责；如果上述机构未勤勉尽责，应如何确定其应当承担的赔偿责任范围。

一、关于证券服务机构承担证券虚假陈述民事责任是否以受到行政处罚或刑事判决为前提的问题

《最高人民法院关于审理证券市场因虚假陈述引发的民事赔偿案件的若干规定》（法释〔2003〕2 号）第六条第一款规定："投资人以自己受到虚假陈述侵害为由，依据有关机关的行政处罚决定或者人民法院的刑事裁判文书，对虚假陈述行为人提起的民事赔偿诉讼，符合民事诉讼法第一百零八条①规定的，人民法院应当受理。"依据我国证券法（2014 年

---

① 2021 年修正的民事诉讼法第一百二十二条。——编者注

修正）第一百七十三条规定，投资者可以将相关责任主体作为共同被告，提起虚假陈述民事赔偿的诉讼。行政处罚决定系法院受理案件的依据，而非确定诉讼被告的依据，故法律并不要求责任主体均受到行政处罚后才能被列为被告。本案中，投资者已经提交中安科公司受到行政处罚的决定书，且其主张招商证券公司、瑞华事务所及华商律师事务所等承担连带赔偿责任，故招商证券公司和瑞华事务所以缺乏前置程序为由提出其不应承担责任的抗辩，依法不能成立。

二、关于招商证券公司、瑞华事务所及华商律师事务所是否勤勉尽责的问题

证券法（2014年修正）第一百七十三条规定，证券服务机构为证券的发行、上市、交易等证券业务活动制作、出具审计报告、资产评估报告、财务顾问报告、资信评级报告或者法律意见书等文件，应当勤勉尽责，对所依据的文件资料内容的真实性、准确性、完整性进行核查和验证。其制作、出具的文件有虚假记载、误导性陈述或者重大遗漏，给他人造成损失的，应当与发行人、上市公司承担连带赔偿责任，但是能够证明自己没有过错的除外。为了实现证券服务机构有效履职，应当考量其工作特点和审核成本，将其注意义务和责任范围界定在合理范围之内，明确其责任边界，实现各证券服务机构"各负其责、各尽其职"，对与其各自专业相关的业务事项履行特别注意义务，对其他业务事项履行普通注意义务。关于证券服务机构是否勤勉尽责，应视其是否按照相关法律、行政法规、部门规章和行业执业规范等，对所依据的文件资料内容进行核查和验证。

（一）关于招商证券公司是否勤勉尽责

根据《上市公司重大资产重组管理办法》（2011年修订）、《上市公司并购重组财务顾问业务管理办法》等规定，独立财务顾问需对重组活动作审慎尽职调查，对上市公司申报文件的真实性、准确性、完整性进

行充分核验。独立财务顾问出具的意见中采用其他证券服务机构或者人员的专业意见的，仍然应当予以审慎核查，并对利用其他证券服务机构或者人员的专业意见所形成的结论负责。就案涉"班班通"项目，招商证券公司如果采取一定的调查手段，例如函询、访谈、现场走访、查询公开招投标信息等方式，应可发现中安消技术公司在已经启动的项目中并未中标的事实。招商证券公司出具《独立财务顾问报告》时，除了获取中安消技术公司提供的《黔西南教育信息化工程项目建设战略合作框架协议》和当地有关政策性文件之外，并无充分证据表明其对该重点项目的实际进展情况予以了审慎核查。此外，招商证券公司知悉"班班通"项目的真实情况后，应对之前的评估值以及交易定价的合理性和公允性提出质疑，但其在后续更新的《独立财务顾问报告》中，仍然认可了之前的收益、预测数据和评估值，未及时采取有效行动。因此，招商证券公司在出具《独立财务顾问报告》过程中未充分尽到勤勉尽责义务。

（二）关于瑞华事务所是否勤勉尽责

案涉"智慧石拐"项目中，瑞华事务所向包头市石拐区政府发送落款时间为2014年1月24日的《企业询证函》，但该函件未显示对方的任何回复或确认内容，但瑞华事务所制作的复核日期同样为2014年1月24日的《应收账款函证回函结果明细表》记载该项目已收回函证且确认销售金额5000万元。就该审计工作底稿中如何列示"回函确认销售金额"，瑞华事务所未给予合理解释。此外，瑞华事务所未提供证据证明其实施了必要审计程序，其对"智慧石拐"项目的实际开工情况、施工进展、完工进度等缺乏应有的关注以及必要的数据复核。据此，瑞华事务所在出具案涉《审计报告》过程中存在未勤勉尽责的情形。

（三）关于华商律师事务所的责任问题

华商律师事务所虽对涉案重大资产重组作出了定价公允的结论，但该结论是基于评估机构对相关资产定价的评估确定，华商律师事务所并非专业的审计或评估机构，其仅是从合法性、合规性角度对该定价作出评价，故要求被告华商律师事务所对基于专业机构评定的资产价值的准确性、真实性、完整性负责，于理无据。对于原告主张由被告华商律师事务所就其损失承担连带责任，不予支持。

三、关于招商证券公司和瑞华事务所的赔偿责任范围应如何确定的问题

证券法（1998年修订）第一百六十一条规定了专业机构和人员应就其负有责任的部分承担连带责任，2003年《最高人民法院关于审理证券市场因虚假陈述引发的民事赔偿案件的若干规定》第二十四条也据此对专业中介服务机构及其直接责任人虚假陈述承担相应部分赔偿责任予以进一步明确。尽管在2005年修改后的证券法中不再区分中介机构故意或过失等情况，但从上述法律规定来看，连带赔偿责任并非仅限于全额连带赔偿，部分连带赔偿责任仍是法律所认可的一种责任形式。此外，2007年《最高人民法院关于审理涉及会计师事务所在审计业务活动中民事侵权赔偿案件的若干规定》第五条、第六条对会计师事务所审计业务中故意和过失侵权造成利害关系人损失的赔偿责任作出了不同规定。因此，证券服务机构的注意义务和应负责任范围应限于各自的工作范围和专业领域，其制作、出具的文件有虚假记载、误导性陈述或者重大遗漏的，应当按照证券法及相关司法解释的规定，考量其过错程度、造成投资者损失的原因力等因素，分别确定其应当承担的法律责任。

关于招商证券公司的赔偿责任范围，从其虚假陈述的内容来看，主要涉及"班班通"项目，而"智慧石拐"项目和"BT"项目主要涉及收入确认等财务会计、审计问题，并非招商证券公司作为独立财务顾问的专业范围。从主观过错程度来看，中安科公司系案涉交易信息的直接披露者，中安消技术公司系案涉交易的信息提供者，与中安科公司和中安消技术公司相比，招商证券公司的过错程度相对较轻。从原因力的角度而言，案涉"班班通"项目构成相关评估和交易定价的重要基础，对中

安科公司股票价格和投资者交易决策造成一定影响。综合考量以上因素，结合独立财务顾问在上市公司重大资产重组中的地位和作用，酌定招商证券公司在 25% 的范围内对中安科公司的证券虚假陈述民事责任承担连带赔偿责任。

关于瑞华事务所的赔偿责任范围，从其虚假陈述行为内容来看，主要涉及"智慧石拐"项目的收入确认问题。从其主观过错程度来看，本案中没有证据显示瑞华事务所与中安科公司、中安消技术公司存在虚假陈述的共同故意或明知相关材料虚假。从对投资者的决策影响看，"智慧石拐"项目收入确认对于盈利预测及评估和交易定价也产生一定影响，但其影响相比"班班通"项目较小。据此，酌定瑞华事务所在 15% 的范围内对中安科公司的证券虚假陈述民事责任承担连带赔偿责任。

【案例注解】

在证券虚假陈述责任纠纷案件中，本案是首例判决财务顾问、审计机构按比例承担连带赔偿责任的生效判决，社会反响强烈、评价正面。

在本案判决作出后，中国证监会在 2021 年 6 月 18 日召开的新闻发布会中专门作出回应："这是法院根据个案事实依法作出的司法判决，我们充分尊重。下一步，我们会结合实践情况，不断完善保荐机构、会计师事务所、律师事务所等中介机构参与证券业务活动的制度规则，细化相关工作流程和标准等，进一步厘清各主体责任边界，努力形成各司其职、各负其责、相互制约的机制，为法院在个案中准确判断相关中介机构的过错程度及勤勉尽责情况等提供助力。"2022 年 1 月 28 日，中国证监会发布《关于注册制下提高招股说明书信息披露质量的指导意见》，提出要完善证券中介机构之间的合理信赖制度，减少不同中介机构之间不必要的重复工作，督促各自归位尽责，对其他中介机构出具的文件符合合理信赖条件的，可依法免除行政法律责任。从这个角度，也可以说，本案的判决推动了我国资本市场基础法律制度建设的完善进程。

2022 年 1 月 21 日，《最高人民法院关于审理证券市场虚假陈述侵权民事赔偿案件的若干规定》（法释〔2022〕2号，以下简称《虚假陈述案件规定》）发布，其中关于过错认定及重大资产重组交易对方责任的相关规定，肯定了本案的审理思路。虽然本案判决是在《虚假陈述案件规定》颁布前作出，但本案判决对于未经前置程序认定的当事人诉讼地位和当事人责任认定的处理，以及部分连带责任的判决，仍然具有指导意义，值得进一步总结、提炼。

一、关于证券虚假陈述责任纠纷案件的起诉条件问题

在我国证券市场发展之初，考虑到虚假陈述民事赔偿案件具有当事人众多、涉案金额巨大、类型专业复杂的特点，加之当时我国证券立法还不完善、相关司法经验积累不足的实际，为防范滥诉和恶意诉讼风险，2003年施行的《最高人民法院关于审理证券市场因虚假陈述引发的民事赔偿案件的若干规定》第六条规定，投资者就证券市场虚假陈述行为提起民事诉讼的，须以有关行政处罚决定或刑事裁判文书为起诉前提，否则人民法院不予受理。这一制度安排被称为前置程序。前置程序最重要的功能是法院在受理虚假陈述责任纠纷案件之时，就能够确定被告实施了虚假陈述行为。同时，加上过错和因果关系推定等一系列制度设计，投资者在证券民事诉讼中的主张责任和举证责任大幅降低。客观地说，以前置程序对虚假陈述责任纠纷案件设置一定的诉讼门槛，符合当时的实际情况。

近年来，随着证券审判经验的积累，以及投资者自我保护能力的提高，社会各界期望能够取消前置程序。为此，《虚假陈述案件规定》第二条从正反两个角度明确规定取消前置程序：首先，原告提起证券虚假陈述侵权民事赔偿诉讼，只要符合民事诉讼法第一百二十二条规定并提交原告身份证明文件、存在虚假陈述的相关证据以及因虚假陈述进行交易的凭证和投资损失等相关证据，人民法院就应当予以受理；其次，人民法院不得仅以虚假陈述未经监管部门行政处罚或者无人民法院生效刑事判决认定为由裁定不予受理。《虚假陈述案件规定》第二条所规定的起诉

条件,是从诉讼请求、主张责任及举证责任三个方面作了规定:诉讼请求指的是当事人想要实现的实体权益内容;主张责任要求具体陈述事实理由,不仅包括纠纷的所有事实经过,还包括能够推导出诉讼请求的法律上的依据;就前述主张,当事人还必须提供相关证据。因此,在《虚假陈述案件规定》实施后,在审查起诉时要重点把握好两个方面的内容:一是证明虚假陈述行为存在的证据种类;二是当事人事实理由具体化的程度。

关于证明虚假陈述行为的证据种类,《最高人民法院关于证券纠纷代表人诉讼若干问题的规定》(法释〔2020〕5号)第五条第三项作了一些提示性的列举,包括行政处罚决定、刑事裁判文书、被告自认材料、证券交易场所等给予的纪律处分或者采取的自律管理措施等初步证据。在非代表人诉讼程序中,通过被告公开信息披露文件的比对分析、内部人掌握的相关资料等证据能够证明虚假陈述行为确实存在的,也应当认定符合了初步举证的要求。

原告起诉时对虚假陈述的举证责任,是仅限于证明虚假陈述行为确实存在,还是必须证明所有被告均实施了虚假陈述行为?本案的裁判具有一定的典型性,在《虚假陈述案件规定》实施后仍然可以参考。实践中,对发行人实施的虚假陈述行为,监管部门的调查处罚可能仅限于发行人及其控股股东等内部人士,对其他参与主体如中介机构等并未进行调查处罚。在这种情况下,根据证券法(2019年修订)第八十五条和第一百六十三条关于过错推定的规定,只要客观上存在虚假陈述行为,中介机构等相关主体只有在证明自身并无过错的情况下才能免于承担民事责任。因此,对原告来说,在起诉之时,最为重要的是要能够证明发行人实施了虚假陈述行为,即可依法对参与信息披露的责任主体提起诉讼并要求其承担相应的民事责任,至于该等主体是否存在过错,应当留待案件审理阶段解决。

关于事实和理由的具体化程度,立法例上有不同的做法。美国为抑制滥诉于1995年制定美国证券民事诉讼改革法,对1934年证券交易法增补第 21D 条，该条（b）款规定，证券欺诈诉讼必须在起诉状中指明虚假陈述行为，以及结合证据具体描述被告的故意或者过失的主观过错状态，不符合前述起诉条件的，驳回起诉。与之相似，加拿大安大略省 2005 年年底修订安大略证券法，增补第 138 条。该条规定，证券虚假陈述民事诉讼的提起必须得到法庭的许可，而要得到法庭的许可必须满足两个条件：一是要求原告的起诉必须是基于善意；二是要求原告的胜诉必须具有合理的可能性。这两种制度设计都是为了抬高起诉和举证的门槛，以原告具有实体上的胜诉可能性作为起诉条件。考虑到我国的实体法律制度采取了对投资者更为友好的过错推定等相关制度安排，不宜简单参照域外的做法，但为了防止和避免没有理据的诉讼活动，便于案件受理后被告能够进行针对性的抗辩，在审查起诉阶段，应当要求根据司法解释规定的构成要件，对被告实施的虚假陈述行为、虚假陈述行为的重大性、交易因果关系、被告的主观过错、原告因此所受的损失、损失因果关系等六个方面的原因事实进行具体化的陈述。考虑到证券民事诉讼固有的信息不对称，绝大部分证据均掌握在上市公司手中，投资者取证困难等实际情况，为实现实质公平，对不同的要件事实、事实理由具体化的程度应当有所区别。具体而言，原告对被告实施了重大虚假陈述行为的起诉原因事实负有具体的主张责任，并应当提供相关证据加以证明；而对于虚假陈述行为被告的过错、交易因果关系、损失及损失因果关系等起诉原因事实，则应当放宽其具体化的要求，在起诉书中作出合乎逻辑的描述即可。在此前的审判工作中有这样的案例，上市公司实施了诱空型的虚假陈述，投资者以其买入股票遭受损失为由提起诉讼，法院受理后以不存在交易因果关系为由驳回了投资者的诉讼请求。案件处理的结果虽然是对的，但如果法院能在立案受理阶段把好关，让投资者自己知道其起诉不符合法定的起诉条件，社会效果会好很多。

二、关于连带责任的范围问题

证券法（2019 年修订）第八十五条和第一百六十三条规定了相关责

任主体与发行人的连带责任,就连带责任的范围是否应当与相关责任主体的过错程度相适应,以体现"过责相当"原则问题,在《虚假陈述案件规定》制定过程中各方认识不一,司法解释对此没有规定,而是留待审判实践中进一步研究。本案的判决结果就是一种积极的尝试,也符合过错大小与责任范围相一致的侵权法原理。

首先,共同侵权的本质是共同故意,而在发行人故意、中介机构等其他责任主体过失的情况下,构成无意思联络的共同侵权行为。王泽鉴教授认为,在德国的学说和判例上,共同侵权之"共同"一词的意义仅指加害人之间有意思联络的情形。王利明教授认为,连带的基础在于具有共同的意思联络,在不能证明中介机构与上市公司之间具有共同意思联络的情况下,很难说构成共同侵权行为。所谓意思联络,是指行为人在主观上具有共同故意,相互通谋。关于共同侵权行为可以承担连带责任的法律政策理由,王泽鉴教授认为,"法律之所以令数人就因数行为所生的损害,各负全部责任,当系由于其有意思联络之故,盖数人既同心协力,损害必较单一的行为为重,故应使其负较重的责任"。而对于无意思联络的共同侵权,如果能够确定各自的责任大小,则应当适用部分连带责任。在上市公司持续信息披露构成虚假陈述的场合,发行人的会计舞弊行为在主观上是故意而为,而承销保荐、证券服务等中介机构作为从事审核、验证的专业机构,其职责是利用自身的专业知识为投资者"把关",充当"看门人"。在中介机构故意配合造假的情况下,认定发行人与中介机构相互通谋并应共同承担连带责任,理由充分;但在中介机构只是因为过失没有发现发行人财务造假的情况下,很难认定相互通谋的存在,不能适用全额连带责任。

其次,将中介机构等责任主体的过失责任解释为部分连带责任,符合国际资本市场的主流做法。在资本市场深化改革开放的背景下,我国资本市场的法律责任规则也应当充分注意到这一变化。一方面,"过责相当"的民事赔偿责任有利于避免"动辄得咎"的不当后果,有利于稳定资本市场各方参与主体的预期;另一方面,合理的民事责任制度安排也有利于依法拓展我国证券法的空间效力。随着资本市场的改革发展，不可避免会出现我国法院的司法判决申请境外承认和执行，以及境外国家的判决向我国法院申请承认和执行的情况。在司法判决相互承认和执行方面，民事责任制度安排是各国司法机关审查的关键问题，公平合理的民事责任制度安排有利于我国判决的域外执行，从而更好地保护我国投资者的合法权益。

最后，从证券市场发展的实际情况看，不加区分地适用全额连带责任可能会给金融中介和证券服务机构带来较大的冲击。据统计，随着近年来债券违约行为的增加，出于对巨额连带责任的担忧，债券承销市场已经出现了"寒蝉效应"，头部商业银行的承销意愿和承销份额大幅下降，一些地方性商业银行的承销份额大幅增长，债券市场已经出现了"劣币驱逐良币"的苗头。

值得指出的是，本案判决虽然开创性地采用了部分连带责任的审理思路，但在过错比较方面，并未明确是依据何种理据将中介机构的责任比例划定为25%和15%，是基于所有应负责任主体之间的过错比较，还是限于本案四方当事人之间的过错比较，判决书未作明确交代。如果是对中安科公司、中安消技术公司、招商证券公司、瑞华事务所之间过错进行比较的结果，则中安科公司和中安消技术公司属于故意实施虚假陈述，共计承担60%的赔偿责任，招商证券公司和瑞华事务所因其过失共计承担40%的赔偿责任，那么中安科公司的董事、监事和高级管理人员等应当承担多大比例的过错责任方为妥当，可能还需要推敲。美国法院的做法是在衡量所有应负责任主体的过错程度的基础上，根据各个被告的过失大小确定其应当承担的连带责任范围。对于这一裁判方法能否为我们所借鉴，审判实践中有一种观点认为，民事诉讼的审理对象限于参加诉讼的当事人，对于未参与本案诉讼的当事人，法院无权在案件审理中确定其过错和应当承担的责任比例，所以应在案件当事人之间进行过错比较。至于所有应负责任主体的过错比较问题，可以留待在连带责任人之间的追偿和分担诉讼中具体解决。这种处理方法有其合理性，但缺陷也非常明显：一方面，会使当事人同一行为因过错程度不同而受到的判决评价不一；另一方面，也会增加追偿与分担诉讼的讼累。事实上，在案件审理中如果对在信息披露文件的制作、发布过程中相关参与主体的活动进行了全方位的审查，对于在案当事人的过错程度不难得出结论。当然，最为理想的方法，还是在立法层面能够作出较为明确的规定，以解决民事裁判的效力范围问题。

三、小结

综上，在证券虚假陈述侵权民事案件中，行政处罚决定等证明虚假陈述存在的证据是人民法院受理案件的条件，在审查起诉阶段并不要求责任主体均受到行政处罚后才能被列为被告并受理案件。在发行人虚假陈述的情况下，证券服务机构的注意义务和应负责任范围，应限于其各自的工作范围和专业领域，其制作、出具的文件有虚假记载、误导性陈述或者重大遗漏的，应当按照证券法及相关司法解释的规定，考量其过错程度、造成投资者损失的原因力等因素，分别确定其应当承担的法律责任。证券法（2019年修订）第八十五条、第一百六十三条规定的连带责任并非仅限于全额连带赔偿，部分连带责任仍是法律所认可的一种责任形式。本案通过对连带责任范围进行理论分析，提炼裁判思路，对于进一步完善"过责相当"的证券民事赔偿责任制度作出了积极探索，具有非常重大的实践价值。

无法证明票据所签印章系付款人签章时的票据责任

——西安品博公司与巴士在线公司票据纠纷案

郝晋琪[*]

【裁判要旨】

案涉票据所记载的付款人签章存在诸多瑕疵、疑点及不符合常理之处,且付款人对票据所载印章亦存在异议,因持票人无法进一步举证证明案涉票据上的签章系付款人的印章,故应依法认定双方之间并未形成票据关系,持票人向该付款人主张票据责任的请求,法院不予支持。

【案件索引】

再审案号:最高人民法院(2021)最高法民申7863号

【基本案情】

2017年5月30日,西安品博公司与中麦移动公司签署《借款合同》,约定:西安品博公司向中麦移动公司出借5000万元,并约定借款期限及利息、违约金。同日,双方签订《承兑汇票质押合同》,约定:中麦移动公司将其持有的17张商业承兑汇票出质给西安品博公司,且应于合同签订之日起两个工作日内,将质押物背书转让给西安品博公司。同时声明:

---

[*] 最高人民法院第三巡回法庭法官助理。

确保所质押承兑汇票的真实性、有效性。案涉 17 张商业承兑汇票载明的出票金额合计 5000 万元，并载明：付款人为巴士在线公司，收款人为中麦移动公司，开户银行为农业银行嘉善支行，出票日期为 2017 年 5 月 30 日，汇票到期日为 2017 年 12 月 1 日，承兑人及出票人签章处有显示为巴士在线公司的财务专用章及法定代表人章，背书人签章处有显示为中麦移动公司的财务专用章及法定代表人章、西安品博公司的财务专用章及法定代表人章，背书栏未记载"质押"字样。2017 年 5 月 31 日，西安品博公司向中麦移动公司汇款 5000 万元。《借款合同》《承兑汇票质押合同》签订时，王某蜀系中麦移动公司以及巴士在线公司的法定代表人。

西安品博公司于 2017 年 12 月 25 日委托银行对涉案 17 张商业承兑汇票进行托收，巴士在线公司开户行农业银行嘉善支行出具《退票理由书》，载明：案涉 17 张商业承兑汇票印鉴均不符。巴士在线公司于 2020 年 5 月 21 日制作《鉴证函》，载明"案涉 17 张商业承兑汇票并非巴士在线公司向农业银行嘉善支行购买的商业承兑汇票，农业银行嘉善支行也从未向巴士在线公司出售前述汇票"，农业银行嘉善支行确认"以上情况属实"，在"证明人"一栏加盖印章。

因中麦移动公司未按期还本付息，本案西安品博公司以借款合同纠纷将中麦移动公司、中麦控股有限公司、王某蜀、高某及本案巴士在线公司另案起诉至法院，法院判决：中麦移动公司应于判决生效之日起十日内向西安品博公司还本付息并支付违约金。法院同时认为：案涉 17 张承兑汇票未能承兑，西安品博公司应当依据《承兑汇票质押合同》向中麦移动公司主张违约责任，而巴士在线公司并非《承兑汇票质押合同》的当事人，西安品博公司以借款合同纠纷为由请求本案巴士在线公司承担付款义务，缺乏法律依据，不予支持；若西安品博公司认为其票据权利受到侵害，可另循法律途径解决。之后，西安品博公司遂提起本案票据纠纷之诉，请求巴士在线公司支付票据金额 5000 万元及相应的票据利息 5200833.33 元，诉讼费亦由巴士在线公司承担。

【案件审理情况】

本案一审和二审判决均驳回西安品博公司的诉讼请求。主要理由为：（1）由于案涉 17 张商业承兑汇票上出票人、承兑人的印鉴与巴士在线公司预留在开户银行的印鉴不符，不能认定该出票行为代表了巴士在线公司的真实意思表示，巴士在线公司无须对该签章负票据责任。（2）王某蜀当时虽为巴士在线公司的法定代表人，但从票据记载事项、票据连号、提示兑付日期等看，难以证明巴士在线公司具有出票的真实意思。（3）巴士在线公司在票据记载的出票日期尚未发生名称变更，且作为上市公司，对外大额担保需进行信息披露，西安品博公司并未尽到审慎义务。故西安品博公司与巴士在线公司并未形成真实票据关系，西安品博公司向巴士在线公司主张票据权利的请求，不予支持。

西安品博公司不服二审判决，向最高人民法院申请再审，最高人民法院经审查认为：（1）案涉票据上的出票人签章为圆形，巴士在线公司银行预留的财务专用章为方形，二者明显不符。现有证据无法证明案涉票据上的签章为巴士在线公司真实的财务专用章。（2）西安品博公司向巴士在线公司主张票据权利，须案涉票据行为真实有效，而出票人签章是审查票据行为是否真实有效的重要标准。西安品博公司所举证的印鉴卡，记载信息存在严重的错误。（3）巴士在线公司作为一家上市公司，根据其章程规定，应当公开披露案涉交易情况以及股东大会对此进行审议的相关信息，而西安品博公司并未尽到审慎义务。（4）王某蜀虽时任巴士在线公司的法定代表人，参与了案涉票据行为，并提供巴士在线公司印鉴卡，但从前述分析看，不足以证明案涉票据上的签章是巴士在线公司的真实签章。综上，二审判决不支持西安品博公司向巴士在线公司主张票据权利，并无不当。

【案例注解】

一、票据签章的真实性对票据效力的影响

本案为票据纠纷，西安品博公司基于持票人的身份，向票据载明的出票人主张和行使票据权利，巴士在线公司抗辩案涉票据为无效票据，故首先应判断案涉商业承兑汇票是否为有效票据。根据票据法第二十二条规定，出票人签章属于汇票绝对应记载事项，如未记载则汇票无效。而票据行为有效的实质要件就包含了行为人的意思表示，票据行为的意思表示必须真实、合法。由于票据本身的文义性、无因性特点，也更强调对行为人的意思表示作客观的、规范的解释，因此，签章作为识别行为人、辨别票据行为真伪的重要途径之一，也是票据行为的必备形式要件。2000 年《最高人民法院关于审理票据纠纷案件若干问题的规定》第六十六条规定，出票人签章不真实的票据，未经背书转让的，票据债务人不承担票据责任；已经背书转让的，票据无效不影响其他真实签章的效力。依照该规定，签章不真实的法律后果因票据是否已转让而有所区分，如果已经背书转让，则会导致部分无效的法律后果。本案中，17 张商业承兑汇票上出票人、承兑人的印鉴与巴士在线公司预留在开户银行的印鉴不符。在西安品博公司无法进一步证明票据所载的签章系巴士在线公司的真实签章时，不能认定该出票行为代表了巴士在线公司的真实意思表示，巴士在线公司无须对该签章负票据责任。同时，商业汇票由中国人民银行统一规定印制，各家银行组织订货和管理，出票人使用商业汇票应向开户银行申请且签章，并提供真实的交易关系和债权债务关系的相关材料，从开户银行领取商业汇票。本案中，农业银行嘉善支行出具《鉴证函》，声明案涉票据并非巴士在线公司向其购买的商业承兑汇票，故原审法院认为巴士在线公司主张案涉票据系伪造的票据的意见具有更大可能性。但笔者认为，商业汇票系票据格式的形式载体，并非票据法律关系的本质内容，只要该文本符合中国人民银行关于商业汇票的制作规范，且不违反

国家特许经营或扰乱金融市场管理等强制性规定，属合法印制的商业汇票文本，不能单从没有在承兑或付款银行购买商业汇票文本即认定案涉汇票系伪造或虚假汇票。

二、部分签章无效与票据法律关系

从一审、二审的裁判思路看，并没有准确区分票据无效与签章无效之间的关系，而是认为签章无效即票据无效，此种观点值得商榷。首先，根据 2000 年《最高人民法院关于审理票据纠纷案件若干问题的规定》第六十六条之规定，票据所载的签章无效的法律后果系无效签章的当事人不承担相应的票据责任，并非票据本身是无效的，因为票据上还记载有真实有效的其他签章，只是其中的无效签章不影响其他真实签章所对应的票据责任。其次，票据记载付款人的开户行称未向巴士在线公司出售过案涉汇票，但该理由并不能证明案涉票据的虚假。如前所述，根据《中国人民银行关于票据印制和管理的通知》等文件可以认定，商业汇票并非独家印制和出售的票据，而是由金融监管部门指定的多家生产厂家印制、出售和管理，付款人的开户行所称的从未向巴士在线公司出售过案涉票据，并不构成案涉票据虚假的充分条件。再次，关于印鉴真假的判断。汇票具有文义性的典型特征，当事人在票据流转过程中在票据上签章，若其无法否认该签章的虚假，一般应当认定其享有票据权利和负担票据义务的真实意思，应当按照票据上载明的当事人身份承担相应的责任。但实践中，公司印章的管理并非规范和完备，有的公司为了开展业务或管理需要，存在多枚公司印章，但是在公安部门备案的印章只有一个。当发生纠纷时，公司往往会提出鉴定申请，鉴定机构与公安部门备案印章比对发现并非同一印章，当事人便会据此提出不承担责任的抗辩。但是在司法实务中，对于公司印章是否真实的认定问题，如在案证据能够证明该当事人存有或使用多枚印章，则可以证明公安部门备案印章并非其实际使用的唯一印章，也就不能仅凭票据签章与公安部门备案印章不符来否定当事人签章的真实。本案中，虽然在形式上看，巴士在线公司在开户行预留印鉴为方形，持票人所持案涉票据上签章为圆形，存在形式不符问题，但并不能据此认定票据签章为假，持票人需要进一步证明该印章为付款人真实印章，应当继续举示付款人存在或使用多枚印章。当然，本案中西安品博公司并未举证证明巴士在线公司存在多枚公司财务印章，也导致了法院采信巴士在线公司关于票据印章并非其真实印章的抗辩意见。最后，法院还认为，西安品博公司提交的照片显示王某蜀提供的印鉴卡启用时间为2015年1月28日，印鉴卡上的公司名称是"巴士在线股份有限公司"，而二审中巴士在线公司提交的《关于变更公司名称、证券简称、注册资本和经营范围的公告》表明：2016年1月22日，该公司名称由"浙江新嘉联电子股份有限公司"更名为"巴士在线股份有限公司"，并就此发布公告。2015年1月28日巴士在线公司尚未更名，照片中的印鉴卡与实际情况显然不符。但此明显不符亦同样不能作为公司印章虚假的充分条件。王某蜀系法定代表人，公司内部行为或印章管理等并不为外部债权人所知晓，而且在公司准备上市或更名之前，完全有可能对拟更名的印章提前进行了刻制或开展业务，作为法定代表人一定会提前知晓公司拟更名的相关内容，因此，并不能通过工商备案名称直接认定公司印章的虚假。综上，虽然在处理本案时，因西安品博公司未充分举证证明票据所载印章系巴士在线公司的真实意思表示，无法通过证据优势向巴士在线公司主张票据上的责任，但签章虚假并不是票据虚假的充分条件，票据的文义性、无因性等特征，使得票据上其他真实签章人仍然负有票据责任，不因票据上记载的某个印章之虚假而受到影响，遑论本案巴士在线公司的印章是否虚假仅系推定而已，属法律评价，并非事实评价。

三、票据签章真实性可否适用善意原则

案件审理中存在一些值得探讨的问题：王某蜀系巴士在线公司的法定代表人，巴士在线公司也未在诉讼中对该事实加以否认，那么王某蜀向西安品博公司的出票行为属个人行为还是职务行为？是否能够代表巴士在线公司的真实意思？西安品博公司是否已经对巴士在线公司真实出

票产生信赖？巴士在线公司是否据此应当承担相应的票据责任？本案中，因西安品博公司主张该票据系由时任巴士在线公司法定代表人的王某蜀交付给西安品博公司，且票据出具之前王某蜀还向其提供了印鉴卡以供比对，西安品博公司取得票据是善意的，但法院对该项意见不予采信。首先，商业承兑汇票的付款期限最长不得超过六个月，但案涉承兑汇票上载明的出票日期是 2017 年 5 月 30 日，到期日为 2017 年 12 月 1 日，超过了六个月；商业承兑汇票的提示付款期限系汇票到期日起十日，持票人应该在提示付款期限内通过开户银行委托收款或直接向付款人提示付款，但西安品博公司提交的托收凭证上载明其委托日期为 2017 年 12 月 25 日，也超过了规定的提示付款期限。其次，中麦移动公司与西安品博公司签订《借款合同》《承兑汇票质押合同》的时间为 2017 年 5 月 30 日，案涉汇票载明的出票日期与《借款合同》《承兑汇票质押合同》的签约时间为同一天，案涉票据金额与借款金额完全一致，且为连号票据，票据出票人与收款人之间是否存在真实交易关系显然存疑。王某蜀虽时任巴士在线公司的法定代表人，但其签订《承兑汇票质押合同》、交付质押票据并背书的行为均系代表出质人中麦移动公司而非出票人，结合中麦移动公司与巴士在线公司的关系，难以仅根据王某蜀的出质行为即认定巴士在线公司有出票的真实意思表示。最后，巴士在线公司为上市公司，根据其公司章程及相关规定，如其与中麦移动公司存在 5000 万元的真实交易并出具了商业承兑汇票，理应公开披露交易情况以及董事会决议或股东大会决议等信息，但西安品博公司也未进行审查。综合考虑以上因素，在案涉汇票出票人签章不真实的情况下，难以仅凭王某蜀系巴士在线公司法定代表人的身份即认定巴士在线公司有出票的真实意思，西安品博公司对此存有过失。

四、部分签章无效的票据当事人权利救济

票据是一种权利凭证，票据权利依附于票据，并将其内容反映于票据之上，合法持有票据可依据票据记载事项享有相应的票据权利，即持

票人可向票据债务人请求支付票据金额的权利,包括付款请求权和追索权。反之,无效票据的持票人不可对出票人主张票据权利,无法行使付款请求权及追索权。本案中,虽然目前并无证据证明案涉票据所载巴士在线公司的印章系伪造或虚假,但也没有充分证据证明系巴士在线公司的真实印章,司法裁判只能依证据规则认定不真实,但此为法律上的不真实,并非事实上的不真实。无论西安品博公司向巴士在线公司主张付款请求权还是追索权,其基础应建立在票据签章真实有效的前提下。有疑问的是:西安品博公司是否可以主张票据利益返还请求权?票据利益返还请求权系指持票人因超过票据权利时效或因票据记载事项欠缺而丧失票据权利的,仍然享有民事权利,可以请求出票人或者承兑人返还其未支付的与票据金额相当的利益。持票人行使票据利益返还请求权的基本条件是所持票据的票据权利曾真实存在过,但仅因时效经过或记载事项欠缺而丧失了票据权利,因此票据利益返还请求权的基础仍在于有效票据。由此,西安品博公司作为无效票据签章的持票人也不可向巴士在线公司主张票据利益返还请求权。综上,无法证明付款人签章真实时,票据所记载的该付款人与持票人之间已不构成票据法上的法律关系,持票人只能另寻其他途径获得救济。具体到本案中,巴士在线公司与西安品博公司并未形成票据关系,西安品博公司通过票据关系请求巴士在线公司承担责任已无依据,但该节事实不影响票据上其他签章的效力,持票人可向前手背书人中麦移动公司主张票据权利,也可通过票据基础关系即借款合同,向中麦移动公司主张权利。如查明巴士在线公司的签章系王某蜀或中麦移动公司伪造变造,利用王某蜀的特殊身份和职务而获得借款,根据票据法第十四条第一款、2000年《最高人民法院关于审理票据纠纷案件若干问题的规定》第六十七条"依照票据法第十四条、第一百零三条、第一百零四条的规定,伪造、变造票据者除应当依法承担刑事、行政责任外,给他人造成损失的,还应当承担民事赔偿责任。被伪造签章者不承担票据责任"之规定,西安品博公司还可以向中麦移动公司或王某蜀主张相应的赔偿责任。

民营上市公司市场化重整探索与实践

——天海融合防务装备技术股份有限公司重整案

姚 磊[*]

【裁判要旨】

市场化重整,是在破产法治的框架下,发挥市场在配置资源中的决定性作用,即遵循市场规律,利用市场机制提升重整的质量和效率,尊重市场主体的意思自治,为市场主体提供公平博弈平台,通过法律调整市场主体的利益关系,实现对债务人的拯救。从法院的角度来看,市场化重整应以市场化为导向,运用法治方式推进重整程序;遵循市场规律,注重相关信息的充分披露,尊重各参与主体的意思自治并为谈判博弈提供平台。从债务人的角度来看,市场化重整可通过继续营业与自行管理提升营运价值并由各方分享。从市场主体参与的角度来看,市场化重整除保障债权人权益外,还应积极吸纳投资人、重整融资出借人及各类社会中介机构充分参与重整,提升重整的透明度、公正性及成功率。

【案件索引】

上海市第三中级人民法院(2020)沪03破46号。

---

[*] 上海市第三中级人民法院法官。

【基本案情】

天海融合防务装备技术股份有限公司（以下简称天海防务）是一家成立于 2001 年 10 月的民营企业，于 2009 年在深圳证券交易所上市，是全国首批创业板上市公司。公司注册资本 9.6 亿元，拥有船舶和海洋工程研发设计、总装制造和工程监理完整的生产链，在国内船舶和海洋工程设计领域享有较高的知名度。自 2018 年以来，天海防务经营陷入巨额亏损，出现流动性危机，虽账面资产大于负债，但自行实施的重组失败。因天海防务无法清偿到期债务，债权人了提起多起诉讼、仲裁，仅本金就高达 7 亿余元。天海防务的银行账户及核心子公司的股权陆续被司法查封，面临资金链断裂及核心资产将被分割出售困境，并影响数百名员工的就业及证券二级市场上 7 万多名股民的利益。依债权人申请，在完成前置审批程序后，上海市第三中级人民法院于 2020 年 2 月 14 日依法作出（2020）沪 03 破 46 号民事裁定，裁定受理天海防务破产重整案。

【案件审理情况】

一、准许债务人自行管理

2020 年 2 月 18 日，天海防务申请重整期间自行管理。管理人在法院指导下完成了《专项审查报告》，认为天海防务具备自行管理的条件。管理人在法院指导下制作了《自行管理期间监督办法》。

结合管理人提交的《专项审查报告》及《自行管理期间监督办法》，法院经审查认为：天海防务内部治理结构完善且仍正常运转，具备自行管理的能力；天海防务主营业务专业性较强，自行管理有利于继续经营；天海防务不存在隐匿、转移财产的行为及其他严重损害债权人利益的行为；管理人制定了切实可行的监督办法。因此，法院依据企业破产法第七十三条之规定，准许天海防务在管理人监督下自行管理财产和营业事务。

在监督机制有效运行下，天海防务管理层及核心技术团队保持稳定并正常履职，主营业务有序恢复。重整中，中止执行与解除财产保全等措施，明显改善了天海防务的整体经营环境，其市场信誉和客户信任逐渐恢复。重整期间，天海防务继续履行原有合同 60 多份并陆续新承接船舶建造合同等近 50 项。天海防务 2020 年上半年实现净利润 4000 余万元，为重整成功打下了扎实的基础，同时也增强了对重整投资者的吸引力。

二、克服疫情影响高效推进程序

2020 年 3 月 3 日，法院通过全国企业破产重整案件信息网发布债权申报公告。考虑到新冠肺炎疫情影响，管理人在法院指导下开设电子邮件、微信等线上债权申报渠道。法院根据管理人的调查及债权人会议核查，共计裁定确认 200 多位债权人、合计债权金额 10 亿余元，其中担保债权 3.4 亿余元。

天海防务第一次债权人会议于 2020 年 4 月 29 日以网络会议方式召开，既落实了新冠肺炎疫情防控要求，也提高了债权人参与的便捷性并降低了参会成本，有表决权的债权人出席率达到了 91%。

为确保审理进程高效、有序推进，法院持续加强对管理人履职的监督指导。案件受理之初，合议庭随同指定管理人决定书，一并向管理人发送履职要求告知书，提出了 7 个方面 17 项具体明确的履职要求；案件审理中，管理人共计提交每周工作报告及专项报告 73 份；法院定期召开管理人工作例会，及时了解重整工作进展并指导和协调下一步工作。

三、依法保障债权人与中小股东合法权益

为发挥债权人会议和债权人委员会的监督作用，依法保障债权人参与权、知情权与监督权，法院邀请债权人委员会代表出席管理人工作例会，听取管理人及债务人的工作汇报、重整计划草案说明等，了解程序进展并依法提出质询。

法院明确信息披露责任主体并要求增强信息披露准确性、针对性和

及时性。管理人和天海防务在深圳证券交易所信息披露平台上共发布各类公告 123 份,依法依规地履行信息披露义务,二级市场股价总体稳中有升。

四、高效制作重整计划

(一) 市场化招募重整投资人

2020 年 4 月 9 日,天海防务及管理人在多个平台正式发布了意向投资者招募公告,并与多家居间服务方签署了居间服务协议,通过专业投资中介机构引入意向投资人。管理人累计与 20 多家意向投资人、居间方进行了实质性沟通,并与意向投资者进行了 30 多场商业洽谈;通过多轮磋商及比较债权清偿率、投资者与天海防务主营业务的协同性以及方案可行性等方面,最终选定重整投资人,并签署重整投资框架协议。

(二) 高效完成重整计划草案的制作与表决

2020 年 8 月 14 日,天海防务在法定期间内向法院提交重整计划草案。根据该草案,天海防务现有核心资产和业务得以保留;有财产担保债权、职工职权、社保债权均全额以现金清偿;普通债权在人民币 5000 万元及以下部分将全额以现金清偿,超过人民币 5000 万元部分将按照 85% 的比例以现金清偿,普通债权清偿率得以显著提升。

2020 年 9 月 4 日,天海防务第二次债权人会议以网络会议形式召开,各表决组均高票通过了重整计划草案。2020 年 9 月 9 日,法院依据企业破产法第八十六条第二款的规定,裁定批准重整计划并终止重整程序。

五、高效执行重整计划

2020 年 9 月 18 日,管理人与天海防务完成了移交手续。2020 年 11 月 17 日,重整投资金提前支付完毕。2020 年 12 月,天海防务股票资本公积转增股本及新增股本向重整投资人过户的手续完成。2020 年 12 月 31

日，法院裁定确认重整计划执行完毕。

【案例注解】

最高人民法院 2018 年 3 月发布的《全国法院破产审判工作会议纪要》强调，"妥善审理企业重整案件，通过市场化、法治化途径挽救困境企业"。重整本身是司法程序，在破产制度框架下调整各市场主体之间的利益关系是法治化的应有之义。而市场化途径强调借助市场配置资源是最有效率的形式,[①] 要充分认识、尊重、发挥市场在配置资源中的决定性作用，实现破产制度运行的高效和低成本。重整是以挽救困境企业为目标的再建型债务清理制度。重整具有债务清偿与企业重组结合、私权保护与社会利益协调的特点。[②] 相比破产清算，重整中市场主体的参与程度更高，市场空间更大，利益平衡与博弈更繁杂，既为市场化提供了更为广阔的舞台，又亟须市场机制发挥作用。本案即是一起民营上市公司市场化重整的有益尝试。

一、市场化方式推进重整程序

法院是重整程序主导者，其职责主要是依法推进重整程序，包括依法启动重整、对重整中产生的各类纠纷及时作出裁决、批准重整计划等。但从市场化重整角度出发，法院应遵循市场规律，注重相关信息的充分披露，尊重各参与主体的意思自治并为谈判博弈提供平台。法院还应从破产法的立法目的、基本原则与功能出发，积极回应市场所需，秉持开放、创新的理念去解难、通堵、破瓶颈，推进重整程序。

（一）重整程序启动应契合市场需求

一般而言，危困企业的重整价值随时间推移而下降。企业一旦发生

---

① 参见谢伏瞻：《中国经济学的理论创新——政府与市场关系的视角》，载《经济研究》2019 年第 9 期。

② 参见王欣新：《破产法》，中国人民大学出版社 2019 年版，第 286 页。

债务危机,债权人杂沓而至发起诉讼,随即银行账户等被冻结,现金流枯竭,经营业务陷入停顿,越发无力清偿债务,陷入下降螺旋的恶性循环。如果核心资产被分割出售用以偿债,就彻底丧失挽救可能。从市场规律来看,越早将危困企业纳入重整保护,挽救的可能性就越高,债权人的清偿率也越高。相比破产清算,企业破产法第二条第二款比第一款增加了"有明显丧失清偿能力的可能"作为重整受理条件,体现了立法积极鼓励危困企业尽早启动重整程序并获得重整保护的价值取向,实现早拯救、高治愈。

就上市公司重整启动来看,最高人民法院于2012年10月29日发布的《关于审理上市公司破产重整案件工作座谈会纪要》第三条、第四条规定,上市公司重整审查前置流程依次涉及省级政府(向中国证监会通报情况,实践中通常为支持重整及同意承担维稳工作的意见)、中国证监会(实践中通常为作出是否同意重整的复函并抄送最高人民法院)、最高人民法院(法院系统内逐级报批)。这些前置流程在挽救危困上市公司、维护社会稳定方面发挥了积极作用。但时过境迁,上市公司数量、规模、结构、行业发生了巨大的变化。① 范围广、层级高的前置程序可能会影响重整的及时受理,增加程序成本并降低企业的重整价值。

国务院2020年10月发布的《关于进一步提高上市公司质量的意见》强调,"有关地区和部门要综合施策,支持上市公司通过并购重组、破产重整等方式出清风险"。《加快完善市场主体退出制度改革方案》也提出,"企业符合破产条件时,应依法及时启动破产程序,不得设定超出法律规定的条件和程序"。为积极支持通过破产重整挽救危困上市公司,防范系统性金融风险,应尽早启动上市公司重整程序,符合企业破产法规定的

---

① 截至2020年6月2日,A股市场共3852家上市公司中,民营企业占比为63.81%,且呈逐年递增之势。参见吴晓璐:《590家公司排队IPO合计拟募资逾5000亿元 中小民营企业担纲》,载《证券日报》2020年6月3日。截至2012年12月31日,沪、深两市上市公司2494家,而截至2021年9月30日,沪、深两市上市公司已达4506家。参见中国证监会发布的《2012年12月统计数据》《2021年9月统计数据》,载 http://www.csrc.gov.cn/pub/newsite/sjtj/zqscyb/index.html,2021年10月1日访问。

条件即可受理。但涉及国有控股、基本民生保障、负债规模巨大等情况的上市公司，法院在受理审查听证时应主动征询相关部门的意见。

(二) 尊重市场主体意思自治

市场化重整，应在重整中贯彻私法精神，尊重包括债权人在内各参与主体的意思自治。重整兼具企业拯救与债权集体清偿的功能，允许债务人及其出资人与债权人通过协商并以债权人（出资人）会议多数决的方式来达成清偿方案，从而共同分享债务人继续经营价值。一方面，无论是管理人或债务人制作的重整计划必须为债权人所接受，即任何灵活多样的个性化清偿方式均应以债权人意思自治为前提；另一方面，对债务人的重新估值是重整中的核心问题，意思自治是重整价值评估公平和正义的便捷手段与有效途径。①

重整计划草案由债务人或管理人制作，并经债权人会议分组表决是否通过。从权利构造上看，债务人或管理人有重整计划的制作权，而表决权则由债权人、出资人行使，制作与表决权的分离为市场主体博弈预留了空间。通过市场博弈实现多数利益方认可的重整价值估值及利益分配。

实践中，意思自治亦会引发博弈僵局及权利人滥用权利情况的出现：债权人（特别是优先债权人）侧重于自身的债权清偿率或希望债务人财产尽快变现清偿其债权；债务人的出资人可能谋求留存其权益，不愿过多地稀释股权比例（乃至清零）；债务人提出极其苛刻的债转股方案；等等。为促进重整，法院可适度加以引导：一是充分供给信息，让程序的各参与人的决策更具适当性；二是对重整中的法律问题进行释明，减少参与人非必要的疑虑；三是为市场主体商业谈判与博弈提供机会与空间，促进谈判进展。在天海防务重整案中，法院指导管理人组织债务人、投资人、债权人委员会、主要债权人开展多轮商业谈判，就核心问题及时

---

① 参见高丝敏：《重整计划强制批准规则的误读与重释》，载《中外法学》2018年第1期。

进行释明，推动了谈判进程，初步达成了各方均能接受的方案。

（三）为市场主体提供充分信息供给

表决权人的合理决策有赖于信息的充分供给。然而，重整计划表决存在的先天障碍就是信息不对称，利害关系人（特别是债权人）往往难以知悉与公司经营、债务人财产、重整前景等相关的具体信息，在这种情况下进行表决很难完全体现其内在的真实意思。① 信息不对称也会成为市场主体谈判的障碍，增加谈判的成本，影响重整效率。

企业破产法有关信息披露的规定远未达到体系化和制度化的程度。② 涉及重整的信息披露，仅在第八十一条规定了重整计划的内容（债务人的经营方案、债权分类、债权调整方案、债权受偿方案、重整计划的执行期限、重整计划执行监督期限、有利于债务人重整的其他方案），在第八十四条规定了重整计划草案说明义务。《最高人民法院关于企业破产案件信息公开的规定（试行）》第四条也仅规定破产管理人依法公开信息，包括招募重整投资人的公告、管理人工作节点信息、法院裁定批准的重整计划等。上述规定更多体现事项性与程序性的信息披露要求，缺乏对表决所需核心信息的披露规定。理论上，有关表决所需的信息均应予以披露，包括但不限于债务人企业背景与行业背景、债务人陷入困境的原因、债务人资产现状及评估价值、模拟清算下的清偿率、共益债务与破产费用、投资人的背景及履约能力、债务人重整后的未来预期、法院裁定认可重整计划后的法律后果、重整执行阶段的治理结构、重整计划执行中可能出现的各项风险等。

实践中，管理人因接管债务人而成为信息的掌握者，应负信息披露之责。即便是在债务人自行管理下，管理人仍应对债务人的基本情况（包括营业、财产、负债结构等信息）进行充分的尽职调查并向债权人、

---

① 参见韩长印：《简论破产重整计划表决的信息披露制度——以美国法为借鉴》，载《人民司法·应用》2015 年第 1 期。

② 参见王欣新、丁燕：《论破产法上信息披露制度的构建与完善》，载《政治与法律》2012 年第 2 期。

投资人、中小股东等提供有效信息。从信息的范围和广度而言，不局限于现有的经济状况，还应关注债务人陷入破产的原因，案件受理前资金流向，相关人员有无损害债务人利益行为等。该些信息不仅为债权人所重视，亦可检验重整计划中经营方案是否能"对症下药"。

在天海防务重整案中，法院指导管理人调查和梳理了债务人陷入困境的原因；对债务人营业、资产、负债状况开展尽职调查，聘请中介机构开展审计、评估工作，形成《审计报告》《评估报告》《清算价值报告》《偿债能力分析报告》等专业报告并进行披露。制作重整计划过程中，就核心条款持续与债权人委员会、债权人进行沟通；提交重整计划后，接受债权人的质询；等等。

此外，天海防务是上市公司，在自行管理模式下，由债务人在管理人监督下履行证券市场信息披露义务。债务人发布相关信息前应由管理人复核，确保信息发布符合真实、准确、完整、及时、公平的要求，保障二级市场投资者的知情权。

另需注意的是信息披露被滥用的风险。有别于破产清算程序，重整是挽救程序，债务人在重整后仍会继续经营，其商业秘密仍是公司核心竞争力之一，仍需加以保护。此外，对于上市公司，信息披露不能违反证券交易有关禁止内幕消息的规定。

（四）依托信息化推进市场化重整

最高人民法院于2017年4月20日发布《关于加快建设智慧法院的意见》，提出以信息化促进审判体系和审判能力现代化。《全国法院破产审判工作会议纪要》中强调，"进一步加强破产审判的信息化建设，提升破产案件审理的透明度和公信力，增进破产案件审理质效，促进企业重整再生"。破产审判信息化建设不仅能提升程序的透明度与便民性，亦能推动并增进市场化。例如，采用线上债权人会议可减少租赁会场等会务支出，降低程序成本也降低了债权人参会成本；线上招募投资人可突破地域限制，最大限度地提升债务人的关注度，增加交易机会；线上工作会议、商业谈判方便及时沟通交流，高效推进程序。

二、市场化方式提升债务人营运价值

重整的目的是挽救具有市场竞争力但陷入财务困境的企业。重整基本理念在于企业的营运价值大于清算价值，而重整使得利益相关者可以取得这种营运溢价。[①] 维持乃至提升营运价值是重整中的核心内容之一，而利用市场机制是提升营运价值最有效的方式。从企业经营的角度来看，允许债务人继续营业并自行管理是重整遵循市场基本规律的最佳模式。一方面，继续营业能使现有生产要素得以继续利用并使债务人免于分崩离析，是维持乃至提升企业营运价值的应然选择；另一方面，债务人自行管理能最大限度确保企业经营的连续性，有助于现有业务或供应链的延续及稳定，尽可能降低重整启动对企业的消极影响。此外，允许债务人继续营业，也是以市场方式来验证企业是否真正具备重整价值。

（一）着力维持企业继续营业

维持继续营业能为债务人保留住核心管理与技术团队，维持现有的研发、生产、营销体系，维持供应链和客户资源，履行完现有合同并保持经营性现金流流入，从而维持并提升企业的营运价值，维护证券市场上交易价格与秩序的稳定，并为之后的投资人招募、重整计划表决通过乃至重整成功奠定扎实基础，是重整中的核心工作之一。

依企业破产法第六十一条第一款第五项规定，继续或者停止债务人的营业属于债权人会议的职权。笔者认为，在债权人会议作出决议前，如债务人仍在继续经营的，管理人的接管应包括营业事务。管理人不仅无权要求债务人停止经营，还应负有维持债务人继续营业之义务（自行管理下，则由债务人承担），并为维持继续营业积极采取各项措施。

一是保障运营资产的完整性。重整保护的核心是对债务人的营业保

---

① 参见［美］查尔斯·J.泰步：《美国破产法新论》，韩长印、何欢、王之洲译，中国政法大学出版社2017年版，第1132页。译文中所用为"运营价值"。

护。管理人应及时通知或申请受理法院协调相关法院及时中止执行及解除对债务人财产的保全措施，告知抵押权人暂停行使抵押权等。

二是妥善处理未履行完毕的合同。企业破产法第十八条虽赋予了管理人单方解除权，但在重整中应慎重对待未履行完毕的合同，以不解除合同为原则，且不宜以单份合同盈亏来决定是否继续履行。首先，对未履行完毕的合同进行梳理并进行分类处置，对合同继续履行必要性（包括对业务持续发展具有必要性、替代方案的经济性、违约成本等）进行研判，决定解除或继续履行合同；与合同相对方进行积极沟通，依法确认共益债务。其次，应注重长期效益与维护企业信誉，对于与主营业务相关的业务合同，特别是涉及核心供应商、核心客户的合同应以继续履行为原则，避免因解除合同而有损企业在业内的信誉，同时也有利于企业留住核心团队；其他业务支持类合同（如物业管理服务合同、办公房屋租赁合同、劳务派遣合同等），也系企业维持经营所需，也应以继续履行为原则。最后，对于一些非必需的合同应及时通知对方予以解除，如天海防务案中，债务人、管理人均认为与某财务公司签订的《财务顾问协议》因重整而无实际履行的必要，反而会增加巨额的成本，就通知对方不再继续履行。

三是积极承接新业务。在重整保护下，债务人暂时摆脱偿债压力，获得宝贵的调整时机，可轻装上阵并集中精力调动现有生产要素恢复与开展经营活动。天海防务管理层及核心技术团队在重整期间保持稳定并正常履职，新承接船舶建造、设计、监理等合同50多项，其中3个项目合同金额均超亿元。

（二）支持自行管理的适用

重整中的管理模式是重整制度中的核心问题之一，也是基础性问题。[①] 我国企业破产法重整程序中的经营模式采用管理人管理为原则、债

---

① 参见王欣新、许胜峰：《落实全国法院民商事审判工作会议精神 完善重整中的债务人自行管理制度》，载《人民法院报》2019年7月18日。

务人自行管理为例外的模式。① 在上市公司重整司法实践中，也是以管理人管理模式为主。

理论上，自行管理更符合市场规律，更能弥合破产重整对企业经营的影响：一方面，自行管理具有效率优势。与破产管理人作为外部人主导的复合型重整模式相比，债务人管理层作为内部人主导的复合型重整模式不仅能确保企业运营即重整的连续性（以及重整成功后企业继续经营的连续性），而且具有效率高、费用低的优势，② 是一种更为侧重效率的制度安排。另一方面，自行管理具有激励作用。自行管理更易激发债务人控股股东、管理层挽救企业的积极性，提升重整成功率。即便采取管理人管理模式的上市公司，管理人并不实际负责公司的日常生产经营管理，仍然是委托公司原管理层实际负责管理。③ 实践中，制约自行管理制度推行的主要障碍是对债务人缺乏信任，对滥用自行管理所带来的风险厌恶而忽略其制度优势。此外，缺乏具体操作规则也限制了自行管理制度的推行。要充分发挥自行管理的作用并防止其被滥用，应设定合理的审查条件，对职权进行合理分配，加强过程监督。

天海防务进入重整时，仍在继续营业，管理层也正常履职，其拥有船舶和海洋工程研发设计、总装制造和工程监理等完整生产链，具有原经营团队不可替代的特点。法院对债务人自行管理的适用条件审查、职责分工及监督等方面进行了有益的尝试，并取得了良好的效果。

1. 对适用条件进行审查

企业破产法第七十三条第一款仅对债务人自行管理设定了两个方面的限制：一是程序限制，即由债务人申请并由法院审查批准；二是由管理人进行监督，但未对适用条件作出明确规定。最高人民法院2019年11月8日发布的《全国法院民商事审判工作会议纪要》（以下简称《九民会

---

① 参见最高人民法院民事审判第二庭编著：《〈全国法院民商事审判工作会议纪要〉理解与适用》，人民法院出版社2019年版，第562页。
② 参见何旺翔：《破产重整制度改革研究》，中国政法大学出版社2020年版，第133页。
③ 参见高丝敏：《我国破产重整中债务人自行管理制度的完善——以信义义务为视角》，载《中国政法大学学报》2017年第3期。

纪要》）第111条中列明了自行管理的审查条件：（1）两个积极条件，即债务人内部治理机制仍正常运转、自行管理有利于债务人继续经营；（2）两个消极条件，即债务人不存在隐匿或转移财产的行为、其他严重损害债权人利益的行为。

法院在收到天海防务自行管理的申请后，指导管理人在开展接管工作的同时对天海防务是否具备自行管理的条件进行核查并提交专项核查报告。结合管理人的核查报告，法院综合考量了债务人自行管理的能力、效益、风险控制以及对程序推进的影响等因素，准予债务人在管理人监督下自行管理财产和营业事务。主要核查内容如下。

第一，内部治理机制正常运转。天海防务作为创业板首批上市公司，其各项内部治理机制和制度非常完备，内部组织架构规范清晰，决策机构正常运转，从经营决策到业务执行都有专职对应的机构部门负责。

第二，自行管理有利于债务人继续经营。有利于继续经营是自行管理制度的效益优势所在，其审查与判断须建立在对债务人主营业务模式、经营现状、所处行业特性、供销渠道等商业要素综合考量的基础之上。以天海防务为例，管理人经核查发现天海防务主营的船舶设计与制造业务专业性强，需要较强的技术和专业背景；自行管理有利于维护客商关系、增强市场信心，有利于保持生产经营的连贯性，有助于保障在手项目的按期交付；自行管理灵活高效，能够对市场行情作出快速反应，并谋求新的订单。

第三，债务人不存在隐匿、转移财产的行为及其他严重损害债权人利益的行为。通过对天海防务近三年的审计报告、中国证监会及交易所调查与处罚记录、诉讼与仲裁记录进行检索核查，征询审计机构、职工、债权人的意见等方式开展调查，未有相关主体反映天海防务存在涉嫌严重损害债权人利益的行为。控股股东、管理层也根据管理人要求，向管理人提交了书面的承诺函，承诺公司高级管理人员不存在违法或欺诈行为。

2. 职权合理配置

我国企业破产法第七十三条第二款原则性地规定在自行管理下管理

人的职权由债务人行使。《九民会纪要》第111条限缩解释为"管理人职权中有关财产管理和营业经营的职权应当由债务人行使"①。笔者认为,自行管理制度一定意义上就是市场化分工,应体现"专业的事交由专业人士做"。因此,应对管理人与债务人的职责进行明确分工,使双方各展所长、各有侧重、分工协作。考虑到债权申报与审查、财产调查、破产撤销权、诉讼代表权等职责交由债务人行使,易引发利益冲突及债权人质疑,进而影响程序推进,因此该部分职责仍应由管理人行使为宜。

在天海防务重整案中,法院指导管理人、债务人对双方职权进行了分工,即债务人履行与日常经营活动有关的财产管理和营业经营、起草重整计划草案、上市公司信息披露等职责,管理人履行日常经营监督权(包含对不当行为的纠正,列席股东会、董事会、监事会等)、保管证照印鉴、协助与监督重整计划草案的起草、监督信息披露、审查债权、调查财产、主持审计评估、代表诉讼、组织召开关系人会议及企业破产法第三十一条至第四十条规定的职权等。双方对职责分工有分歧的,由法院决定由哪方履行。上述职责划分通过管理人制作的监督办法专章予以确定。

3. 有效监督

建立风险管控机制并实现有效监督是自行管理成败之关键。有效监督的核心内容应是对用印与资金的监管。以此为出发点设定如下的风险管控机制:由管理人接管印鉴,并根据债务人以往经营情况,规定超过一定金额经营业务由管理人对用印及资金流出进行审批。有观点认为,在债务人自行管理模式下,由管理人接管公章等行为意味着债务人实际上已并非独立进行"日常经营范围"内的决策。②笔者对此并不认同,依企业破产法第七十三条之规定,债务人自行管理限定在"管理人监督下",因此并不存在绝对意义上的"自行管理"。

---

① 最高人民法院民事审判第二庭编著:《〈全国法院民商事审判工作会议纪要〉理解与适用》,人民法院出版社2019年版,第565页。

② 参见包丁裕睿:《论重整程序中自行管理债务人的权限与监督》,载《中国政法大学学报》2021年第4期。

天海防务重整案中，法院指导管理人制定了监督办法，作为债务人自行管理期间的"章程"，对债务人、控股股东及管理层的行为进行约束，核心是建立证照印鉴使用、资金流动、信息披露、重整计划起草等方面的管控及监督机制；成立由公司核心管理层组成的自行管理事务小组作为专责机构，执行监督措施；明确在自行管理模式下，前述事务小组成员负有信义义务，破产法上管理人的责任承担规则应一并适用于小组成员。

三、各类市场主体充分参与

随着市场经济的不断发展，债务人企业类型多样化，参与重整的市场主体日趋多元。除保障债权人权益外，重整还应积极吸纳投资人、重整融资出借人等充分参与重整，提升重整成功率。同时，市场运行实践已证明，各类社会中介机构是市场机制运行最重要的主体之一。在重整中积极引入社会中介机构参与，能提升程序的透明度与公正性，在推进交易的同时又能降低交易成本。

（一）社会中介机构担任管理人

管理人作为破产程序中的重要机构之一，管理各项破产具体事务，破产程序能否公正、公平和高效推进，与管理人职责履行密切相关。① 根据企业破产法第二十四条之规定，管理人可以由清算组或社会中介机构担任。《最高人民法院关于审理企业破产案件指定管理人的规定》确立了以指定社会中介机构担任管理人为原则、以指定清算组为例外的规则。但在上市公司重整司法实践中，清算组模式在上市公司重整中占据了绝对主流地位，② 且清算组组成人员隶属于众多的政府部门，并由政府部门人员出任负责人。有观点甚至认为，上市公司重整的管理人选任机制呈

---

① 参见郁琳：《破产程序中管理人职责履行的强化与监督完善——以管理人的法律地位和制度架构为视角》，载《法律适用》2017年第15期。

② 参见李曙光、郑志斌：《公司重整法律评论：上市公司重整专辑》，法律出版社2019年版，第279页。

非市场化模式。①

政府主导的清算组在协调司法权与行政权、协调利害关系人以及维护社会稳定方面具有明显优势，但在中立性与专业性方面存在弊端，例如，利用其天然具备的谈判优势可能使市场化博弈与协商谈判机制扭曲，政府导入一定的行政资源虽可解燃眉之急但无法为债务人建立长久的市场竞争优势。反之，社会中介机构具有利益上的中立性，有利于维护重整各方当事人的利益，并具有能力上的专业性，可以高效推进重整。天海防务重整案中，法院通过随机摇号的方式在上海法院10家一级管理人中选任社会中介机构担任天海防务的管理人，并对管理人团队的组成提出了明确要求，如增加具备证券市场相关经验和专业能力的团队成员。管理人接受指定后，以市场化为导向，按照法律规定及上海破产法庭印发的《管理人履职要求告知书》的要求，通过管理人工作例会与书面报告的督导机制，勤勉、专业地推进各项工作。

（二）遴选审计、评估社会中介机构

社会中介机构在重整中亦发挥着润滑剂的作用。例如，由审计、资产评估、财务顾问等社会中介机构出具各类专项报告可以弥补重整中的信息不对称问题，从而推进程序。天海防务重整案中，管理人通过公开招聘选任了审计、评估机构，并通过市场机制节约了中介费用。一是从资质能力上，依据天海防务的特点以及疫情防控需要设置了一定的资质条件，如要求审计、评估机构具备从事军工涉密业务咨询服务安全保密资质，具有从事证券业务资格、重整项目经验，在上海有工作团队等，确保履职资质与能力。二是从程序的公平透明上，组建了评审委员会。三是专业能力上，合理设定评分细则，如考查竞标机构的资质业绩、服务方案和团队、现场陈述、报价等因素。四是从降低成本的角度出发，

---

① 参见丁燕：《上市公司重整中行政权运行的偏离与矫正——以45家破产重组之上市公司为研究样本》，载《法学论坛》2016年第2期。

采取竞争性谈判两轮报价，以第二轮报价作为最后报价，进一步降低破产费用。

（三）市场化竞争方式选定投资人

上市公司重整不仅应消解当前债务危机，更应以真正提高上市公司质量为核心。就此而言，吸引更多优质的产业投资人参与上市公司重整，改善公司资产负债结构和内部治理结构，更具优势。司法实践中，绝大部分的重整成功的案例都有赖于引入新投资人。

一是挽救实业。重整应侧重于挽救债务人具有重整价值的实业，而非形式上维持债务人存续。天海防务主营业务属于国家重点支持的行业领域且仍具备市场竞争力。保留核心资产与业务是重整的核心目标之一，而引入具有业务协同效应的产业投资人是关键。

二是市场化招募。考虑到天海防务所处行业仍在低谷、准入门槛高，又恰逢新冠肺炎疫情防控形势严峻，进入重整时并无意向投资人，经法院许可，在第一次债权人会议召开前通过线上线下公开招募投资人，并引入5家投资居间机构寻找优质投资人。

三是商业谈判。招募结束后，天海防务、管理人诚邀并配合意向投资人开展尽职调查，与20多家意向投资人签订了保密协议，开展了30多场商业谈判，初步商定包括投入资金、清偿方案、经营方案等在内的重整投资方案。同时，管理人、天海防务也对意向投资人的资金实力、行业背景、资信情况进行了尽职调查。

四是市场化比选。天海防务、管理人对正式提交的重整投资方案，从债权清偿率、投资者与天海防务主营业务的协同性、能否增强主营业务并提升营利能力、方案可行性等方面进行市场化比选，最终选定了重整投资人。在比选中，避免上市公司"卖壳式重整"和简单的"价高者得"，并重视投资方案中对债务人主营业务的改善、营运价值的恢复及经营方案的可行性等。

（四）提升债权人在重整中的参与度

债权人是债务人破产风险的最终承担者，理论上，债权人更偏向于选择有助于提升其债权清偿率的方案，也更有动力监督破产程序。但在实践中，债权人的程序参与权并未得到有效激励，债权人知情权、监督权常被束之高阁，得不到充分的保障。保护债权人利益是破产法的核心价值目标之一。

在天海防务重整案中，为便于债权人参与重整，采取了如下措施：一是提升程序的透明度，债务人、管理人主动且最大限度地向债权人汇报重整工作的进展以及提供决策（特别是对重整计划表决）所需的相关信息。二是提升债权人参与程序的便利度，除网络债权人会议外，法院利用现代网络通信技术召开工作会议，尽可能为债权人参与程序创设便捷途径。三是确保债权人畅通行使监督权，债权人及时听取重整工作进展汇报及重整计划草案说明并提出质询。四是发挥债权人委员会的作用，包括畅通信息传递渠道，推动谈判进程，提高决策效率，降低谈判成本；畅通诉求表达渠道，提升债权人整体参与的议价能力。

四、余论

构建规范有序的市场主体退出渠道，使优胜劣汰的市场机制得以发挥作用，真正发挥市场在资源配置中的决定性作用是企业破产法律制度的基础性作用之一。① 实践中，破产制度"污名化"现象仍比较严重，重整挽救功能尚未能完全被企业、社会、政府等各方面理解与重视，有关破产法实施的各种社会配套法律与制度远未建立完善。② 市场化重整中亦

---

① 参见最高人民法院民事审判第二庭编著：《最高人民法院关于企业破产法司法解释（三）理解与适用》，人民法院出版社2019年版，前言第1页。

② 如常态化的政府财政支持企业破产社会费用制度，职工工资保障基金、管理人报酬保障基金等制度，以及在工商管理、企业挽救融资制度、重整企业信用修复、破产企业税务合理调整、企业破产注销、企业档案保存管理等方面及时进行适应破产法市场化实施需要的改革。参见王欣新：《破产法》，中国政法大学出版社2019年版，第17页。

面临诸多理论与实践的困境。例如，重整程序及时启动与识别、预重整及与重整的衔接、重整中债务人治理结构、重整企业信用修复机制、重整中税务合理调整、重整管理人市场化专业化、重整融资及融资市场的培育等，仍有待进一步研究与探索。因此，需要市场、政府与司法机关凝聚共识，以市场化、法治化为导向，持续丰富和健全重整制度供给与市场化实践。

董事任期届满拒绝续任可请求涤除登记

——光大安石（北京）资产管理有限公司诉 重庆悠游光石企业管理有限公司等变更公司登记纠纷案

郝绍彬* 吕荣荣** 刘智铭***

【裁判要旨】

股东指派的董事任期届满后明确表示拒绝续任公司董事，在穷尽公司内部救济途径时，股东诉请公司涤除该公司董事登记事项的，人民法院应予支持。

【案件索引】

一审案号：重庆市渝中区人民法院（2020）渝0103民初11853号

【基本案情】

原告：光大安石（北京）资产管理有限公司（以下简称光大安石公司）。

被告：重庆悠游光石企业管理有限公司（以下简称悠游光石公司）。

被告：上海悠游堂投资发展股份有限公司（以下简称悠游堂公司）。

第三人：周某明。

---

* 重庆市第五中级人民法院法官。
** 重庆市渝中区人民法院法官。
*** 重庆市渝中区人民法院法官助理。

第三人：孙某文。

2016年，悠游光石公司成立。《悠游光石公司章程》规定：公司董事会由3名董事构成，其中股东悠游堂公司指派2名董事，股东光大安石公司指派1名董事；董事任期每届三年，任期届满，可连选连任。之后，经过光大安石公司指派，并与悠游堂公司共同形成股东会决议，任命周某明担任悠游光石公司的董事。

2020年1月，周某明分别向悠游光石公司及悠游堂公司、光大安石公司寄送董事辞职信，表示其任期届满不愿续任董事，要求悠游光石公司就其不再担任公司董事事项立即向公司登记机关备案，并请股东方立即另行委任董事。

2020年4月，光大安石公司向悠游光石公司去函，表示周某明任期已届满，要求其召开股东会并重新选任公司董事。

由于悠游堂公司不配合光大安石公司形成变更董事的股东会决议，光大安石公司遂诉至重庆市渝中区人民法院（以下简称渝中法院），请求悠游光石公司立即向重庆市渝中区市场监督管理局办理涤除周某明作为悠游光石公司董事的登记备案手续，并将公司董事由第三人周某明变更为第三人孙某文。

经传唤，悠游光石公司与悠游堂公司均未到庭参加诉讼。

【案件审理情况】

渝中法院审理认为：

《悠游光石公司章程》约定董事会构成及董事指派事宜，没有违反法律、法规的强制性规定，合法有效，对公司、股东、董事、监事和高级管理人员均具约束力。光大安石公司作为悠游光石公司的股东，指派董事既是其行使公司章程赋予的股东权利，也是其参与公司经营管理的重要途径，选举与更换董事事宜与光大安石公司存在法律上的利害关系，光大安石公司有权提起本案诉讼。

从法律关系看，公司与董事之间构成委托合同关系。现周某明董事任期已届满，通过函件、短信等方式明确表示不再担任悠游光石公司的董事，并要求公司就其不再担任公司董事事宜立即向登记机关备案，周某明与悠游光石公司的委托合同关系解除。依据公司登记管理条例第三十七条之规定，悠游光石公司理应涤除周某明在登记机关登记的董事事项。至于光大安石公司请求悠游光石公司就孙某文担任其董事事项办理登记的诉讼请求系公司内部事宜，是公司的自治范畴，司法公权力不宜强制介入，该项诉请不属于法院受案范围。

综上所述，依照合同法第四百一十条，公司法第十一条、第三十七条、第四十五条，公司登记管理条例第三十七条之规定，法院判决如下：（1）悠游光石公司于判决生效之日起十日内向重庆市渝中区市场监督管理局涤除第三人周某明作为悠游光石公司董事的登记事项；（2）驳回光大安石公司的其他诉讼请求。

一审宣判后，当事人均未上诉，本案判决已经发生法律效力。

【案例注解】

本案争议焦点系股东指派的公司董事任期届满，且明确表示不再继续担任公司董事的，涤除公司董事登记事项能否请求法院判令涤除，对此存在三种不同的处理意见。

第一种意见认为，涤除董事登记事项属于公司内部自治范畴，应裁定不予受理或驳回原告起诉。涤除董事登记事项的必要前提是公司依照章程作出决议（决定），而公司作出决议（决定）属于公司内部自治范畴，人民法院对此应力行谦抑，应以不属于民事诉讼受案范围或不符合起诉条件为由，裁定不予受理或驳回起诉。

第二种意见认为，在改选选出的董事就任前，原董事仍应当履行董事职务，应判决驳回原告起诉。董事登记事项属于公司法定登记事项，若允许董事在公司存续期间缺位，则易出现利用涤除诉讼规避董事责任、危害交易安全、破坏市场秩序的情况。同时，根据公司法第四十五条第二款规定，董事任期届满未及时改选，或者董事在任期内辞职导致董事会成员数低于法定人数的，在改选选出的董事就任前，原董事仍应当依照法律、行政法规和公司章程的规定，履行董事职务。在公司没有改选出新的董事前，原董事仍应继续履行董事职务，故原董事登记事项不能被判令涤除。

第三种意见认为，股东指派董事任期届满拒绝续任并穷尽内部救济措施后请求涤除董事登记事项的，应判决支持原告该部分诉讼请求。从公司设立董事的初衷来看，董事是指由公司股东会选举产生的实际管理公司事务的人员，其对公司的运营和发展具有直接管理作用。自然人成为董事应当与公司之间存在实质性利益关联，该种利益关联是其成为董事的前提和由来，也是董事履行职务、承担责任的基础。由无利益关联或不愿继续担任董事之人继续担任董事违背法律设立董事的初衷和本意，也可能损害公司、公司债权人及登记董事的权利。董事与公司之间的关系是合同法上的委托合同关系，委托人或者受托人可以随时解除委托合同，董事要求解除其与公司的委托合同关系，公司应当涤除董事在登记机关的董事登记事项。

笔者同意第三种意见，即股东指派董事任期届满拒绝续任并穷尽内部救济措施后请求涤除董事登记事项的，应判决支持原告该部分诉讼请求。主要有以下四点理由。

一、司法涤除董事登记事项属于民事诉讼受理范围

司法介入公司内部救济应当审慎，保持谦抑但并非绝对不可介入。从司法介入正当性而言，审判权的能动行使或者能动地行使审判权不仅是可能的，而且具有内在必然性。[①] 董事选举或变更系股东会之职权，虽属公司内部治理范畴，但当董事穷尽公司内部救济途径，而公司拒绝或客观不能在合理期间形成股东会决议（决定）时，董事与公司之间的利益冲突无法通过公司内部自治机制解决，人民法院过于谦抑将致董事权

---

① 参见江国华：《走向能动的司法——审判权本质再审视》，载《当代法学》2012年第3期。

益无法寻求救济。同时，行政机关作出董事登记事项是基于公司股东会决议（决定）。当董事辞职，要求行政机关涤除其董事登记事项时，因该董事无法提供涤除或变更董事所需要的相关决议（决定），也无法确定新的董事人选，行政机关往往不予处理，董事亦无法通过行政诉讼的方式维护自身权益。此种情况下，司法介入具备正当性和必要性，审判权应当能动行使，民事司法救济成为保护董事权益的最终保障。

法院有限受理涤除董事登记事项应当严格审查。本案从穷尽内部救济途径的审查而言，参照"申请无益"原则在股东代表诉讼中的运用，法律不要求当事人徒为毫无意义之行为。董事已根据公司章程或法律规定向公司提出辞职并要求股东会改选新董事，免除其董事的身份。公司明确拒绝，或在合理的期间内未能形成股东会决议（决定），或已经出现"公司僵局"无法出具改选新董事相关材料时，则应视为已穷尽内部救济途径。此类已穷尽内部救济途径的情形，人民法院应当受理该案件，不宜以保持司法谦抑、谨慎介入公司内部自治为由，裁定不予受理或驳回起诉。

二、司法涤除董事登记事项符合董事制度设立初衷

自然人成为董事须与公司之间具有信义关系或利益关系。作为法人的公司虽具独立人格，但其仅是法律拟制的"人"，作为无生命组织，其意思表示最终仍需借助特定的自然人或自然人组合来实现。① 公司法规定，股东会是公司权力机关，行使公司重大事项决策权；董事会为执行机关，具体执行股东会决策，负责公司具体经营管理。具体而言，董事会的职权包括召集股东会会议、决定公司经营计划和投资方案、制定公司年度财务预决算方案、制定公司基本管理制度等内容。董事会几乎决定公司所有重大事项，掌握和管理公司一切经营活动。作为董事会组成人员，董事实质掌管公司财产，执行股东会决议，拥有公司事务自由裁

---

① 参见袁碧华：《法定代表人的制度困境与自治理念下的革新》，载《政法论丛》2020年第6期。

量权。董事的忠实义务主要规范董事与公司之间利益冲突关系，勤勉义务旨在推动董事发挥聪明才智，两者共同成为评价董事履职的主要标准。① 因此，自然人成为董事须与公司之间具有信义关系或利益关系，并以维护公司整体利益为宗旨，保障董事会高效有序运转。同时，董事又是拥有独立利益的个体，始终有追求自身利益的冲动，由无信义基础、利益关联或根本不愿担任董事之人继续担任公司董事，难以保证其在行使职权、履行职务时继续保持忠实和勤勉，更无法发挥董事在公司正常经营中的作用。继续要求其作为公司登记董事，显然违背其真实意思表示，既不利于公司正常生产经营，亦不符合法律设立董事制度的初衷和本意。

　　董事维护股东利益的权利义务与董事个人权益应当适当平衡。从法律具体规定来看，公司法规定董事任期届满未及时改选，或者董事在任期内辞职导致董事会成员低于法定人数的，在改选选出的董事就任前，原董事仍应当依照法律、行政法规和公司章程的规定，履行董事职务。该规定之目的在于保证公司董事会的建制，避免董事会因董事缺额而无法履行职权，影响公司正常运营。穷尽内部救济原则的初衷在于维护公司主体的稳定性，司法介入"公司僵局"，也应尽量引导股东寻求其他方法。② 董事辞职后诉请涤除董事登记事项，人民法院应向公司释明诉讼耗时较长，并给予公司一定时间完成董事改选。至此，公司董事会理应及时召集股东召开股东会，公司股东应当及时选举新董事以保证董事会建制，避免影响公司正常经营。若公司拒不改选董事，此时不应以违反董事会建制规定为由，驳回登记事项涤除的诉讼请求。因公司治理已经形成"公司僵局"，内部自治失灵，董事登记事项是否被涤除对公司经营而言已无实际意义，应当着重保护董事作为普通公民的合法权益。

---

　　① 参见叶林：《董事忠实义务及其扩张》，载《政治与法律》2021年第2期。
　　② 参见兰丽专、郭兰君：《公司僵局诉讼之实务考查与制度完善》，载《人民司法·应用》2021年第13期。

三、司法涤除董事登记事项契合委托合同关系实质要件

公司法虽未对董事与公司的关系作出明确的界定，但公司法规定董事由董事会选举产生，并负责处理公司日常事务。首先，从法律关系设立来看，公司为了管理其日常事务，将管理公司事务权力赋予董事，因而与董事建立法律关系。该法律关系与委托合同中委托人和受托人约定，由受托人处理委托人事务而建立的法律关系一致。其次，从行为模式来看，董事执行股东会决议并向股东会报告工作的职权行使模式，与受托人应当按照委托人的指示处理委托事务并报告委托事项结果的行为模式一致。最后，从法律结果归属来看，董事处理公司事务的法律结果归于公司，与受托人处理委托事务的法律结果归于委托人的归属性一致。综上，确认二者之间法律关系设立、行为模式、法律结果归属的一致性，可以判定董事与公司之间构成委托合同关系。董事基于自身利益和公司股东利益，才对一家商业公司进行管理，公司也是为了管理其事务，将公司事务处置权力赋予受托人。

关于案涉解除委托合同关系应当履行的必要程序及后果，主流观点认为，委托合同任意解除的正当性基础在于，委托合同是以信任的存在为条件；只要彼此之间丧失信任，当事人就可以不附理由地随时解除合同，不在乎合同是否有期限。[①] 民法典第九百三十三条规定，委托人或者受托人可以随时解除委托合同，即委托人与受托人均有任意解除权。公司与董事之间构成委托合同关系，作为委托人的公司或者受托人的董事可以随时解除委托合同。案涉委托合同解除后，所涉权利义务关系终止，公司应当遵循诚信原则办理董事变更手续，没有及时变更的，董事要求涤除其在登记机关的董事登记事项是委托合同解除后的必然结果，法院应当予以支持。

---

① 参见武腾：《委托合同任意解除与违约责任》，载《现代法学》2020年第2期。

四、案涉董事登记事项涤除请求的审查思路

本案中，周某明的董事任期已经届满，并向悠游光石公司及委派其担任董事的光大安石公司发出辞职信，明确表示拒绝续任董事一职，要求悠游光石公司就该事项立即向公司登记机关备案。光大安石公司收到辞职信后要求悠游光石公司及悠游堂公司形成股东会决议变更董事，但悠游堂公司拒不与光大安石公司召开股东会，也不到庭参加诉讼，悠游光石公司的"公司僵局"无法化解，事实上已经不能形成股东会决议，涤除周某明董事登记事项的公司内部救济途径已经穷尽，只能通过司法救济的方式维护其合法权益，故本案属民事案件受理范围，法院应当依法审理。

周某明担任董事的任期已届满，其明确表示不愿继续担任悠游光石公司董事，无论从公司与股东的信义基础而言，还是从公司董事会建制而言，悠游光石公司均应及时形成股东会决议改选董事。悠游光石公司没有证据证明周某明要求涤除其董事登记事项系基于违法或损害公司、债权人利益的原因，此时应当保护董事周某明作为普通公民的合法权益。

鉴于公司与董事之间系委托合同关系，现周某明向悠游光石公司及股东明确表示不再担任悠游光石公司的董事，其已行使任意解除权，解除其与悠游光石公司之间的委托合同关系，双方之间的委托合同关系终止，悠游光石公司及时办理董事登记事项的变更或涤除手续系委托合同关系解除的应有之义。至于变更第三人孙某文为新任董事的诉请，既需考察其是否具备管理公司的专业能力，又需考察其是否具备履行忠实义务、勤勉义务的可能，因此该项诉请内容系公司内部事宜，已超越民事司法管辖范围，司法公权力不宜强制介入，故应当对该项诉讼请求依法予以驳回。

综上所述，股东指派的公司董事任期届满，且明确表示不再继续担任公司董事的，股东在穷尽公司内部救济途径、公司自治机制已然失灵后，与公司缺乏信义基础的董事已难以履行忠实和勤勉义务，股东诉请公司涤除该公司董事登记事项的，人民法院应予支持。

同业存款业务中表见代理及资金损失分担的认定

——广发银行股份有限公司福州分行与中国农业银行股份有限公司荆州分行等合同纠纷案

关晓海[*]

【裁判要旨】

尽管实践中存在由支行人员代分行办理相关手续的情形，但无证据证明已经形成行业惯例，不足以构成合同相对人有理由相信该人有代理权的表象。同时，交易双方均系金融机构，对交易过程中出现的犯罪分子欺诈行为均应保持更高注意义务，对于犯罪行为造成的财产损失，应根据双方在交易各个环节中的过错程度合理分担。

【案件索引】

一审：湖北省高级人民法院（2017）鄂民初73号
二审：最高人民法院（2021）最高法民终454号

【基本案情及案件审理情况】

上诉人（一审原告）：广发银行股份有限公司福州分行（以下简称广发福州分行）。

---

[*] 河南省高级人民法院法官。

上诉人（一审被告）：中国农业银行股份有限公司荆州分行（以下简称农行荆州分行）。

被上诉人（一审被告）：中国农业银行股份有限公司荆州经济开发区支行（以下简称农行荆州开发区支行）。

原审第三人：生命保险资产管理有限公司（以下简称生命保险公司）。

一、一审审理情况

广发福州分行向一审法院起诉请求：（1）判令解除编号为SMXC20151117-01的《协议存款合同》；（2）判令农行荆州分行、农行荆州开发区支行立即向广发福州分行偿付本金人民币255705553.16元、利息43500000元（以5亿元本金为基数，按年利率4%，自2015年11月17日暂计至2018年1月8日；自2018年1月9日起，以剩余本金255705553.16元为基数，按年利率4%，支付至剩余本金全部偿付之日止）；（3）本案诉讼费用由农行荆州分行、农行荆州开发区支行承担。

一审法院查明事实：

2015年11月10日上午，犯罪分子胡某晶冒充犯罪分子李某（系农行荆州分行弥市支行下岗清收人员）提供的农行荆州分行工作人员周某的身份，通过电话与广发福州分行工作人员吴某琴联系，谎称农行荆州分行想进行协议存款业务。吴某琴信以为真，在得到上级批准后，便将广发福州分行的通道公司生命保险公司工作人员苏某雄的联系方式告知胡某晶，由胡某晶与苏某雄联系在农行荆州分行开设通道公司存款账户一事。胡某晶谎称可以代为通道公司开户，苏某雄便根据开户要求将生命保险公司开户时需要提供的资料通过电子邮件等方式发给胡某晶。胡某晶将资料转交犯罪分子杨某伟，杨某伟通过犯罪分子殷某华、李某等人转交犯罪分子陈某瑞，由陈某瑞伪造了全套资料及印章。2015年11月12日，陈某瑞指使湖北赣丰新能源科技有限公司（以下简称赣丰能源公司）会计韩某兰及于某泳冒充生命保险公司员工，在农行荆州开发区支行，使用伪造资料及印章开设了户名为生命保险公司-荣光91号专户的账户，该账户由陈某瑞等人实际控制。账户设立后，胡某晶与吴某琴商议签署协议和汇款时间，胡某晶谎称具体业务由李某负责。2015年11月17日，广发福州分行工作人员王某华来到农行荆州分行。李某及犯罪分子黄某建冒充银行工作人员，与王某华在农行荆州分行委托资产经营部一办公室内签署了虚假的农行荆州分行与生命保险公司之间的《协议存款合同》。协议签订后，广发福州分行的5亿元资金便汇入了由陈某瑞等人实际控制的名为生命保险公司-荣光91号专户账户。2015年11月18日，陈某瑞指使韩某兰等人将生命保险公司-荣光91号专户账户中的5亿元资金转入赣丰能源公司账户内。2015年12月，农行荆州分行派人前往生命保险公司核实协议存款情况时，陈某瑞指使韩某兰与魏某喜指使的林某辉相互配合，由林某辉冒充生命保险公司经理，企图掩盖诈骗的事实。案发后公安机关对流入赃款的银行账户及相关财产进行了查封、扣押、冻结。案发后暂扣的265245446.84元赃款已返还广发福州分行。

为开展上述委托资产管理业务，广发福州分行作为委托人、生命保险公司作为管理人，案外人广发银行作为托管人，于2015年签订了编号为生命资产-广发银行-荣光资产管理计划091的《荣光91资管合同》一份。同时，李某及黄某建冒充银行工作人员与王某华签署的《协议存款合同》约定，农行荆州分行与生命保险公司双方共同友好协商，就生命保险公司根据《荣光91资管合同》管理的生命资产-荣光91号资产管理计划在农行荆州分行人民币协议存款事宜达成一致意见。协议存款金额为5亿元，协议存款期限61个月，自生命保险公司存款到达其在农行荆州分行开立的账户之日（即起息日）起算。

2015年11月17日，在上述《协议存款合同》签订后，生命保险公司受广发福州分行委托将协议存款资金5亿元依约从上述托管账户划入农行荆州开发区支行账号为1726560104001××××的生命保险公司-荣光91号专户，并附言"投资于协议存款"。前述资金到账后，农行荆州开发区支行临柜工作人员裴某勇于当日将《对公活期账户交易明细》交给王某华,并加盖了农行荆州开发区支行的业务办讫章及裴某勇的私章。随后,李某向王某华交付编号为(鄂)01-000048811的《中国农业银行单位定期存款开户证实书》。

2016年11月15日,广发福州分行向生命保险公司发出《关于向农行荆州分行催款的函》,要求生命保险公司立即向农行荆州分行宣布《协议存款合同》项下5亿元协议存款于2016年11月17日全部提前到期,并要求立即归还协议存款本金及利息。生命保险公司收到前述函告后,于当日向农行荆州分行发出《提前到期通知书》,书面通知前述协议存款提前到期及支取事宜。农行荆州分行未给予回应。

一审法院认为:(1)另案生效刑事判决已查明,案涉《协议存款合同》上所加盖的农行荆州分行印章系虚假公章,但这不影响双方之间依真实意思表示成立的民事法律关系。因广发福州分行不是《协议存款合同》的主体,且《协议存款合同》被生效的另案刑事判决书认定为虚假合同,广发福州分行诉请解除《协议存款合同》的事实基础不存在。广发福州分行将5亿元资金存入农行荆州开发区支行开立的案涉账户中,5亿元存款实际入账后,农行荆州开发区支行工作人员在其办公场所向广发福州分行交付入账流水和回单,并加盖了农行荆州开发区支行真实的业务办讫章及经办人的签名章。上述事实表明,广发福州分行与农行荆州分行之间的储蓄存款合同依法成立。(2)对于案涉损失,从专用存款账户开立环节来看,农行荆州分行、农行荆州开发区支行没有对开户申请人的法定代表人身份证件进行审查与核实,亦没有针对异地客户上门核查开户的真实性。从专用存款账户内资金管理和使用环节来看,农行荆州开发区支行备案留存的专用存款账户的资金性质虽为"其他需要专项管理和使用的资金",但该行备案的关于操作专户资金向赣丰能源公司转账5亿元所依据的证明材料仅是一张支票及一份《投资协议书》。农行荆州开发区支行在收到前述支票及《投资协议书》时,本有义务对其载明的资金性质及用途进行审查,但在该《投资协议书》存在显而易见的瑕疵的情况下,在款项存入的第二天即办理了涉案专户5亿元的转款事宜，明显具有重大过失。此外，在签订《协议存款合同》环节，农行荆州分行、农行荆州开发区支行对李某及其他非农行工作人员在其办公场所的活动未尽到监管职责。与此同时，广发福州分行作为专业的金融机构，明知法律法规对专户的开立及使用有着严格规定和特定程序，但其在专用存款账户开立环节，未对生命保险公司邮寄开户资料的疏忽尽到谨慎注意义务，导致犯罪分子有了可乘之机，亦存在一定过失。认定农行荆州分行应对扣除前述追回款项的其他本息损失部分向广发福州分行承担80%的赔偿责任。

一审法院判决：（1）农行荆州分行于判决生效之日起十日内向广发福州分行返还存款本金131935407.528元及相应利息［以131935407.528元为基数，自2015年11月18日起计算至付清之日止（按照中国人民银行同期存款利率标准计付）］；（2）驳回广发福州分行的其他诉讼请求。

二、二审审理情况

广发福州分行、农行荆州分行均不服，向最高人民法院提起上诉。广发福州分行上诉主要理由为：广发福州分行对案涉协议存款资金损失并无过错，农行荆州分行应对刑案追赃退款后的其他本息损失承担全部赔偿责任。虽然案涉开户资料是通过邮寄方式递送，但如果农行荆州分行及农行荆州开发区支行能够尽到应尽的审查义务，是不可能被犯罪分子利用虚假开户资料完成专户开户和转移开户资金的。因此，本案损失完全是由农行荆州分行和农行荆州开发区支行的过错导致，与广发福州分行无关。

农行荆州分行上诉主要理由为：（1）一审认定法律关系不清。本案中，广发福州分行以协议存款合同纠纷起诉，但生效的刑事判决书已经查明，案涉《协议存款合同》系犯罪分子伪造，广发福州分行与农行荆州分行之间不存在协议存款合同关系。据此，对广发福州分行的起诉应予驳回，其因犯罪行为造成的损失，可另行提起侵权纠纷的损害赔偿之诉。（2）一审法院对广发福州分行存在的过错事实认定不清。本案中，广发福州分行及其受托人生命保险公司的过错,是导致损失发生的决定性因素。过错至少包括:轻信陌生诈骗电话,未查验本人身份证,亦未经与农行荆州分行联系、核实,就相信了对方自报的身份;在开户环节,轻信、委托素未谋面的陌生人代办开立银行账户;未妥善保管空白银行转账支票、银行预留印鉴和密码器;将 5 亿元转入犯罪分子实际控制的账户。以上四点,都是导致 5 亿元资金被骗的致命过错,如果广发福州分行在任何一个环节尽到了审慎注意义务,就不至于发生资金被骗的后果。广发福州分行的过错与被骗结果具有直接因果关系,是导致 1.6 亿余元损失的根本性原因,一审认定农行荆州分行应承担 80%的责任、广发福州分行承担 20%的责任,明显错误。

最高人民法院二审认为:

(一) 关于案涉诉争法律关系的性质以及责任主体的确定问题

《最高人民法院关于适用〈中华人民共和国民事诉讼法〉的解释》第九十一条规定:"人民法院应当依照下列原则确定举证证明责任的承担,但法律另有规定的除外:(一)主张法律关系存在的当事人,应当对产生该法律关系的基本事实承担举证证明责任;(二)主张法律关系变更、消灭或者权利受到妨害的当事人,应当对该法律关系变更、消灭或者权利受到妨害的基本事实承担举证证明责任。"本案中,广发福州分行以农行荆州分行违反了案涉《协议存款合同》约定等为由提起本案诉讼,广发福州分行应对其与农行荆州分行之间成立协议存款合同关系等基本事实承担举证责任。但在协议缔约环节,广发福州分行、生命保险公司便是与冒充农行荆州分行工作人员的犯罪分子磋商合同事宜,对于广发福州分行、生命保险公司意欲与其建立协议存款关系的意思表示,农行荆州分行并不知晓。案涉《协议存款合同》虽在农行荆州分行委托资产经营部相关办公室签订,但《协议存款合同》上所加盖的农行荆州分行印章系伪造,具体签订《协议存款合同》的犯罪分子李某系农行荆州分行弥市支行下岗清收人员,在签订案涉《协议存款合同》时自称是农行荆州开发区支行副行长，而非农行荆州分行员工，广发福州分行认为李某有权代表农行荆州分行签订协议的原因之一系其他犯罪分子告知由李某负责签订协议，而李某并不具备代表农行荆州分行签订案涉《协议存款合同》的身份外观。尽管实践中可能存在由支行人员进行业务营销并代分行办理相关手续的情况，但本案中并无证据证明该做法已经形成行业惯例。并且，广发福州分行与农行荆州分行之前也没有进行过此类业务往来，对农行荆州分行办理此类相关业务的实际操作并无惯例可循。本案与李某身份相关的职务行为应是办理其所在支行的相关业务，而能够进入农行荆州分行办公场所、使用办公室等事实，并不能产生其具备有权代办分行相关业务的职务表象。且根据相关刑事生效判决查明事实，案涉《协议存款合同》为虚假合同，该份合同是本案所涉整个犯罪行为的一部分。一审法院据此认定广发福州分行诉请解除《协议存款合同》的事实基础不存在并无不当。

  本案中，农行荆州开发区支行开立了存款人为生命保险公司的案涉账户，该账户系犯罪分子利用伪造的生命保险公司相关资料开立，本案中并无证据证明农行荆州开发区支行开立该账户系基于农行荆州分行的指定，一审认定广发福州分行、生命保险公司与农行荆州分行就开立该账户达成了一致意思表示不当。依据现有证据尚不足以证明广发福州分行与农行荆州分行之间成立了储蓄存款合同关系，广发福州分行以农行荆州分行违反《协议存款合同》为由要求农行荆州分行承担相应责任理据不足。此外，案涉账户虽系基于犯罪分子利用伪造的资料开立，但广发福州分行已向该账户实际转款5亿元，基于该事实，广发福州分行与农行荆州开发区支行之间应成立一般存款合同关系。农行荆州开发区支行作为存款行，对广发福州分行所存入的款项负有安全保障义务，应就相关款项损失依法承担相应责任。农行荆州分行称其与农行荆州开发区支行之间虽系分支行关系但对各自的行为、责任不应混淆的上诉理由具有事实依据，一审法院对相关责任主体认定不当。

（二）关于广发福州分行和农行荆州开发区支行各自的过错以及相应责任承担问题

广发福州分行与农行荆州开发区支行之间构成存款合同关系，案涉存款虽系被犯罪分子凭预留印鉴、密码转出，但农行荆州开发区支行并不因此而必然免责，其应否承担相应责任及责任大小应结合其在案涉账户开立、入账、转款等环节中是否存在过错来综合认定。与此同时，我国合同法就违约责任通常采取严格责任原则，即合同一方当事人因违约给对方造成损失的，如果不能举证证明存在法律规定或者合同约定的免责事由，应就其违约给对方当事人造成的损害承担赔偿责任。但根据公平原则，如果合同另一方当事人对于损失发生也有过错，其亦应对损失承担相应的责任，并由此扣减对方的损失赔偿数额。一审法院据此规则确定损失分担并无不当。关于过错，广发福州分行与农行荆州分行、农行荆州开发区支行争议较大，双方均上诉称对方对损失的发生负有全部过错责任。对此具体分析如下：

一方面，广发福州分行存在一定程度的过错。其一，广发福州分行、生命保险公司均系金融机构，相比一般社会组织，对案涉犯罪行为应保持更高警惕。但广发福州分行对犯罪分子假冒农行荆州分行员工身份招揽业务的行为未保持必要警惕，轻信犯罪分子所称的代为开户，对犯罪分子自报的身份未经核实便将其推荐给生命保险公司，致使犯罪分子从生命保险公司处获得开户资料。特别是在开户环节，生命保险公司曾两次提醒广发福州分行，一是称犯罪分子要求提交的开户资料过少，二是犯罪分子寄回的开户回执上印章不清晰，广发福州分行均未给予重视，进而导致犯罪分子借机通过预留印鉴、密码等方式实现对账户的控制。其二，案涉《协议存款合同》签订环节。犯罪分子李某在签订案涉《协议存款合同》时自称是农行荆州开发区支行副行长，按照其自称的身份，其也无权代表农行荆州分行签订协议。协议签订地点系在农行荆州分行委托资产经营部，而非办理存贷款业务的相关部门，印章也并非由农行荆州分行管理印章的办公室工作人员加盖。对于上述现象,广发福州分行作为专业金融机构,未采取进一步措施对相关事实予以核实,存在过错。其三,领取存单环节。案涉款项转入后,广发福州分行称向农行荆州开发区支行临柜人员要求打印存单,但临柜人员未予以答复。在此情况下,广发福州分行未进一步核实临柜人员未予答复的原因,也未坚持要求在柜台打印存单。如前所述,广发福州分行作为专业金融机构,对于存单不是从柜台直接出具可能带来的风险应知晓,其仍轻信犯罪分子所作"存单李某已经打印好了,柜台没办法再打印"的陈述存在过错;且在收到犯罪分子交付的《中国农业银行单位定期存款开户证实书》后,对于该证实书上载明的开户行名称与所加盖的业务办讫章上显示的银行名称不一致等形式上的异常现象未能及时发现或引起重视,未尽合理注意义务,也未在收到该证实书后采取临柜查验真伪等较为谨慎的风险防范措施从而及时发现犯罪行为,避免后续损失的发生。由上可见,广发福州分行对于其异地开立账户内的资金可能存在的风险存在放任态度,对造成案涉款项损失存在一定程度的过错。广发福州分行称其对资金损失无任何过错的上诉理由不能成立。

另一方面,农行荆州开发区支行在案涉账户开立、资金转入及转出等环节也存在明显过错。其一,农行荆州开发区支行所开立的账户户名为生命保险公司-荣光91号专户,一审据此认定该账户为专用存款账户并无不当,农行荆州开发区支行称一审对案涉账户性质认定错误理据不足。《人民币银行结算账户管理办法》第十九条规定:"存款人申请开立专用存款账户,应向银行出具其开立基本存款账户规定的证明文件、基本存款账户开户登记证和下列证明文件:……"而本案中,农行荆州开发区支行称案涉账户系其他专用资金账户,账户开立时不需要上述规定中的十类资金证明文件,但对此并未提交相关证据予以佐证。《人民币银行结算账户管理办法》第二十八条第一款规定:"银行应对存款人的开户申请书填写的事项和证明文件的真实性、完整性、合规性进行认真审查。"而本案中,对于犯罪分子提供的伪造开户资料,农行荆州开发区支行仅进行了联网形式核查，未采取进一步措施核验开户资料的真实性。本案系异地开户，农行荆州开发区支行是在案涉账户内资金被犯罪分子转出后才进行上门核实工作，未在开户前进行该项工作。一审综合查明的相关事实认定农行荆州开发区支行违反《人民币银行结算账户管理办法》相关规定，在开户环节存在过错并无不当。其二，在资金转入环节。广发福州分行称其向农行荆州开发区支行临柜人员提出了打印存单的要求，农行荆州开发区支行对此予以否认，但其提交的相关监控录像没有声音，导致相关事实难以判定。农行荆州开发区支行作为金融机构，应持有完整的监控录像，其未向法庭提交，应推定广发福州分行的该主张成立。农行荆州开发区支行临柜人员在广发福州分行向其提出打印存单的要求后，未及时进行处理，且对于犯罪分子韩某兰在其营业场所内称"存单李某已经打印好"进而欺骗广发福州分行工作人员的行为也未予以警觉、重视，存在过错。其三，在资金转出环节。农行荆州开发区支行对于案涉大额资金转入仅一天时间便转出的异常情况未加警觉，对于《投资协议书》签订日期早于协议一方当事人赣丰能源公司成立时间等明显瑕疵均未进行审查。农行荆州开发区支行以犯罪分子转出该笔资金时使用的印鉴、密码与开户时相符为由主张尽到了审查义务理据不足。

通过上述分析表明，在案涉款项被诈骗并造成资金损失方面，双方均存在一定过错，农行荆州开发区支行作为存款行，应对存款资金安全负有更多保障义务，理应承担更大的责任。但一审法院在分析广发福州分行过错时仅考虑了其在开户环节未尽到谨慎注意义务，对广发福州分行在款项转入等环节的过错未予考虑不当。综合农行荆州开发区支行在案发后及时采取报案措施，客观上有利于防止损失扩大等全案事实，酌定农行荆州开发区支行对案涉款项本金及利息损失向广发福州分行承担60%的赔偿责任，广发福州分行自行承担40%的责任。

（三）关于具体损失计算问题

结合二审查明的事实，案涉5亿元款项中，截至2021年2月3日，广发福州分行通过刑事追赃获退款343940810.06元（335080740.59元+8860069.47元），本金敞口为156059189.94元（5亿元-343940810.06元），农行荆州开发区支行应向广发福州分行返还本金93635514元（156059189.94元×60%）。对于利息，广发福州分行一审中诉讼请求系请求按照年利率4%计算利息，二审上诉请求称应按照中国人民银行同期存款利率计算利息，但并未明确利率具体标准，而其上诉状所列利息计算表中载明的2.75%利率所对应的应为中国人民银行三年期定期存款基准利率，该主张并不违反法律规定，也不存在明显不当之处，法院予以支持。结合一审法院在"本院认为"部分将利率仅表述为"中国人民银行同期存款利率"，未明确是活期存款利率还是定期利率，表述过于概括，一并纠正。根据广发福州分行的计算，截至2020年9月22日，结合赃款发送情况，案涉资金产生利息37451711.88元。结合二审查明的另外两笔赃款发放情况，自2020年9月23日至2021年2月3日，另产生利息1619596.3元（158223795.24元×134天×2.75%÷360天）。截至2021年2月3日，案涉资金产生利息合计39071308.18元（37451711.88元+1619596.3元），农行荆州开发区支行应承担利息损失为23442784.9元（39071308.18元×60%），剩余利息以本金93635514元为基数，自2021年2月4日按照中国人民银行三年期存款利率计算至付清为止。

【案例注解】

　　银行作为金融机构，在进行同业存款等大额交易时应强化尽职调查、实施身份核实等措施，这既是金融机构内控风险的必要措施，也是金融机构履行账户限制管控义务的应有之义。但实践中，部分金融机构对相关业务未采取相应风险管控措施，导致被犯罪分子利用造成财产损失。对于因犯罪行为造成的资金损失，应在充分分析案涉同业存款业务双方在开户与款项转入、转出等不同环节分别所负义务的基础上，在当事人之间合理分担，准确界定各方责任。

一、签约场所对职务代理认定的影响分析

职务代理是根据代理人所担任的职务而产生的代理，即法人或非法人组织的成员以及主要工作人员就其职权范围内的事项实施的法律行为。职务代理无须法人或非法人组织的特别授权，其法律后果应当由法人或非法人组织承担。有关职务代理的法律规定主要为民法典第一百七十条①，该条确定了我国法律上的职务代理制度。由此规定可以解读出职务代理行为具有以下法律属性：首先，职务代理行为是一种职务行为。法人或非法人组织的工作人员就其职权范围内的事项以法人或非法人组织名义从事经营活动的，构成职务代理，代理人的职务、职权本身就是委托授权的证明，无须法人或非法人组织的特别授权。其次，职务代理行为是一种代理行为。代理人是执行法人或者非法人组织工作任务的人员，是以法人或者非法人组织的名义实施民事法律行为，代理人实施的民事法律行为必须是在其职权范围内的事项。最后，职务代理行为属于合法有效的代理行为。职务代理因其在先具有职务、职权等代理权表象，无须相对人举证代理权表象，只要交易相对人对该职权限制不知情，即产生合法有效的职务代理法律后果。职务代理制度本质上是一种归责制度，②其内容可以概括为三个主体、一个行为，核心是判断职务代理人的职权范围以及超越职权范围的效果归属。实践中，对职务代理的判断，应严格按照民法典的相关规定进行分析，签约场所等因素并非判断职务代理构成的法定要件，需结合是否存在职务授权等事实综合予以认定。本案中，犯罪分子李某虽系在农行荆州分行办公场所内与广发福州分行工作人员签订《协议存款合同》，但协议签订时，李某并非农行荆州分行或农行荆州开发区支行工作人员，仅为农行荆州分行弥市支行下岗清收

---

① 民法典第一百七十条规定："执行法人或者非法人组织工作任务的人员，就其职权范围内的事项，以法人或者非法人组织的名义事实的民事法律行为，对法人或者非法人组织发生效力。法人或者非法人组织对执行其工作任务的人员职权范围的限制，不得对抗善意相对人。"

② 参见冉克平、瞿燕妮：《论我国的商事职务代理制度及其完善——兼析〈民法总则〉第170条》，载《湖北警官学院学报》2019年第4期。

人员，其自称的身份也只是农行荆州开发区支行行长，且对于其自称的身份，广发福州分行并未核实。尽管实践中可能存在由支行人员进行业务营销并代分行办理相关手续的情况，但本案中并无证据证明该做法已经形成行业惯例。广发福州分行与农行荆州分行之前也没有进行过此类业务往来，对农行荆州分行办理此类相关业务的实际操作并无惯例可循。本案与李某身份相关的职务行为应是办理其所在支行的相关业务，而能够进入农行荆州分行办公场所、使用办公室等事实，并不能产生其具备有权代办分行相关业务的职务表象。同时，广发福州分行作为金融机构，对于李某安排在农行荆州分行委托资产部签订案涉协议，以及未现场加盖印章等异常行为虽有所警觉，但未采取进一步核实措施，加之李某在案涉《协议存款合同》上所加盖的农行荆州分行印章系伪造，广发福州分行仅以签约场所在农行荆州分行办公楼内为由主张其与农行荆州分行存在协议存款合同关系理据不足。

二、与有过错在契约责任上的适用认定

关于与有过错之减免责任，民法典分侵权责任①及合同责任②加以规定。与有过错，又称为过错相抵、混合过错，指受损害一方对于损害结果的发生存在过错的，在计算损失赔偿额时应当予以相应减少。与有过错与双方违约不同，与有过错中，仅发生一个损害，只是对该损害的发生，债权人也有过错；而在双方违约的情形，双方都违反了相互独立的合同义务，故存在两个违约行为，由此发生两个损害。与有过错与民法典第五百九十一条③规定的减损义务也有不同。理论中，有观点将减损义务作为与有过错的一种，也有观点将两者分开。但根据民法典将与有过

---

① 民法典第一千一百七十三条规定："被侵权人对同一损害的发生或者扩大有过错的，可以减轻侵权人的责任。"
② 民法典第五百九十二条第二款规定："当事人一方违约造成对方损失，对方对损失的发生有过错的，可以减少相应的损失赔偿额。"
③ 民法典第五百九十一条规定："当事人一方违约后，对方应当采取适当措施防止损失的扩大；没有采取适当措施致使损失扩大的，不得就扩大的损失请求赔偿。当事人因防止损失扩大而支出的合理费用，由违约方负担。"

错和减损义务分别立法的态度看，两者依据适用的时间阶段区分，与有过错解决的是损失发生的阶段，而减损规则解决的是损失扩大的阶段，两者发挥作用的场合不同。

根据上述规定，与有过错适用的前提是：债权人因债务人违约遭受损失；债务人的违约行为导致了损失的发生，但是，债权人的过错也是导致损失发生的原因（如果完全因为债权人的原因导致债务人无法履行债务，则债权人不得主张债务人违约）；债权人具有过错。此处的过错并非固有意义上的过错，而是属于"自己对自己的过错"，这可能是因债权人自身的行为部分导致了损害的发生。与有过错适用的法律后果则是扣减债务人相应的损失赔偿额。具体扣减的数额要综合考虑当事人的过错程度、原因力的强弱等因素。本案中，在案涉款项损失方面，双方均存在一定过错，农行荆州开发区支行作为存款行，应对存款资金安全负有更多保障义务，理应承担更大的责任。但一审法院在分析广发福州分行过错时仅考虑了其在开户环节未尽到谨慎注意义务，对广发福州分行在款项转入等环节的过错未予考虑不当。综合全案事实，二审综合双方在交易各个环节中的过错程度，对责任分担比例进行了调整。

征稿启事

《商事审判指导》由最高人民法院民事审判第二庭编写,由最高人民法院审判委员会副部级专职委员刘贵祥任编委会主任。本书以传播商事审判优秀指导意见,统一裁判尺度,介绍最高人民法院与全国地方各级法院优秀的商事审判经验,促进理论界与实务界的交流为己任,对全国商事审判工作起到了指导与参考作用,并为商事审判工作者和其他关注商事审判发展的专家学者提供了互动交流的平台。为了能有更多的优秀稿件反映商事审判的成果,特在此向全国法院系统人员、各院校学者征集与商事审判工作相关的稿件:

【商事审判调研】刊载最高人民法院与全国各级法院关于商事审判领域新情况、新问题的调研成果。要求调研立题新颖、数据翔实、分析论证透彻。

【商事审判案例分析】刊登全国法院系统有代表性和指导意义的案例。要求包括案件基本情况、裁判要旨以及法律问题的分析。

【学术专论】刊载理论界与实务界关于商事审判热点的文章。要求选题新颖、逻辑清晰、论证有据、观点明确。

联系人:陈明　　　　　电　话:010-67556817

投稿邮箱:shangshishenpan@163.com

最高人民法院民事审判第二庭
《商事审判指导》编辑部